Genetische Phänomenologie und Reduktion

PHAENOMENOLOGICA

COLLECTION PUBLIÉE SOUS LE PATRONAGE DES CENTRES
D'ARCHIVES-HUSSERL

38

ANTONIO AGUIRRE

Genetische Phänomenologie und Reduktion

ZUR LETZTBEGRÜNDUNG DER
WISSENSCHAFT AUS DER RADIKALEN
SKEPSIS IM DENKEN E. HUSSERLS

ANTONIO AGUIRRE

Genetische Phänomenologie und Reduktion

ZUR LETZTBEGRÜNDUNG DER
WISSENSCHAFT AUS DER RADIKALEN
SKEPSIS IM DENKEN E. HUSSERLS

MARTINUS NIJHOFF/DEN HAAG/1970

I.S.B.N. 90 247 5025 3

PRINTED IN THE NETHERLANDS

Die folgende Untersuchung stützt sich in allen wesentlichen Schritten auf die veröffentlichten Werke Edmund Husserls. Trotzdem war die Lektüre unveröffentlichter Manuskripte Husserls, besonders aus den Gruppen B und C, von großem Nutzen für die Abfassung der Arbeit. Darum möchte ich dem Direktor des Husserl-Archivs zu Löwen, Professor H. L. van Breda, für die Erlaubnis danken, aus unveröffentlichten Manuskripten zu zitieren.

Für die Unterstützung und Förderung, die ich von Professor Ludwig Landgrebe erfuhr, bin ich ihm zu besonderem Dank verpflichtet. Ebenso sehr möchte ich Dr. Klaus Held für seinen ständigen Ansporn zu dieser Arbeit danken.

„... ich brauche immerzu zweierlei: das strömende Feld der ‚Erlebnisse', worin ständig ein Feld Urimpression, abklingend in die Retention, vor sich die Protention, – andererseits das Ich, das von daher affiziert ist und zur Aktion motiviert ist. *Aber ist das Urimpressionale nicht schon apperceptive Einheit, ein Noematisches vom Ich her, und führt die Rückfrage nicht immer wieder auf apperceptive Einheit?*"[1]

EINLEITUNG

I

An vielen Stellen und in mannigfachen Zusammenhängen seines umfangreichen Gesamtwerkes erörtert Edmund Husserl die Möglichkeit der phänomenologischen Epoché und Reduktion und ihre Notwendigkeit für den Aufbau der Philosophie als letztbegründeter, letztverantwortlicher Wissenschaft. Diese Problematik, die man allgemein unter dem Titel „Wege zur Reduktion" kennt, ist Gegenstand der folgenden Untersuchung. In seinem Nachwort zur englischen Übersetzung der *Ideen I* sagt Husserl: „Ich habe in vieljährigem Nachdenken verschiedene gleichmögliche Wege eingeschlagen, um eine solche Motivation absolut durchsichtig und zwingend herauszustellen, die über die natürliche Positivität des Lebens und der Wissenschaft hinaustreibt und die transzendentale Umstellung, die phänomenologische Reduktion notwendig macht."[2] Husserl bedient sich hier des Wortes Reduktion für das Verfahren der transzendentalen Umstellung, die er sonst auch als die Epoché bezeichnet. Beide Begriffe werden von Husserl normalerweise ohne Bedeutungsunterschied verwendet. Er trifft aber zuweilen auch eine Differenzierung zwischen Epoché und Reduktion, so im § 41 der *Krisis*, dessen Titel lautet: „Die echte transzendentale Epoché ermöglicht die ‚transzendentale Reduktion' – die Entdeckung und Erforschung der transzendentalen Korrelation von Welt und Weltbewußtsein."[3] Wir folgen im allgemeinen jenem losen Gebrauch der beiden Termini. Dies können wir ohne Gefahr tun, da

---

[1] Manuskript C 7 I, S. 18; von mir hervorgehoben.
[2] „Nachwort", *Ideen III*, S. 148.
[3] *Krisis*, S. 154. Vgl. auch S. 247.

die besagten Begriffe zunächst als synonyme Bezeichnungen für die
Methode der Philosophie betrachtet werden können. Erst am Ende
der Abhandlung zeichnet sich die Möglichkeit einer Bedeutungstren-
nung zwischen Epoché und Reduktion ab – allerdings nicht mehr ganz
im Sinne Husserls.

Die Aufgabe, Philosophie als absolute Wissenschaft zu begründen,
ist für Husserl im Grunde das Problem der Gewinnung eines Verfahrens, durch das der sich philosophisch Besinnende die absolute Gewißheit erlangt, daß er im Gang seiner Besinnungen keine ungeprüf-
ten, unkritisch hingenommenen Erkenntnisse voraussetzt, kein Vorurteil mitgelten läßt, das die wissenschaftliche Reinheit des gedanklichen
Gebäudes zerstören würde. Daß die Philosophie es bisher nicht fertig-
gebracht hat, sich als solche absolut gerechtfertigte Wissenschaft zu
konstituieren, bezeugt für Husserl ihre Unfähigkeit, in voller Radikalität alle Voraussetzungen aus dem Wege zu räumen, die der Voraussetzungslosigkeit einer absoluten Wissenschaft im Wege stehen. Ihrem
eingeborenen Telos der Letztverantwortung hat die Philosophie nie
gerecht werden können, obschon in ihrer Geschichte zu aller Zeit ein
Streben, eine intentio auf dieses ihr Ziel der absoluten Reinheit hin
wirksam war. Diese intentio war stets die „Motivation", der „Ent-
wicklungstrieb" des philosophischen Denkens: „In einigen Philosophien zeitweilig relativ befriedigt, und doch nie letztbefriedigt, wird die
Philosophie zu immer neuen methodischen Besinnungen fortgetrieben;
sie nimmt immer neue methodische Gestalten an und kommt dabei
doch nie zu Ende. Sie kommt nie zu d e m Ende, das da heißt: wahrer
Anfang eines wahren Werdens aus der Kraft der einen wahren Methode. Wahre Methode kann hier aber nur diejenige heißen, die in absolut
zweifelloser Evidenz verstanden und betrachtet werden kann als die
den Sinn der Philosophie einzig erfüllende, durch sie einzig geforderte."⁴ Husserl sieht in seiner Phänomenologie die Verwirklichung
dieses wahren Anfanges, weil sie der Philosophie die Möglichkeit des
einzigen methodisch gesicherten v o r a u s s e t z u n g s l o s e n Vorgehens
gibt. So sagt er: „Phänomenologie: das bezeichnet eine Wissenschaft,
einen Zusammenhang von wissenschaftlichen Disziplinen; Phänomenologie bezeichnet aber zugleich und vor allem eine Methode und
Denkhaltung: die spezifisch p h i l o s o p h i s c h e D e n k h a l t u n g, die
spezifisch p h i l o s o p h i s c h e M e t h o d e."⁵ Die Phänomenologie ist

---

⁴ *Erste Philosophie I*, S. 142.
⁵ *Die Idee der Phänomenologie*, S. 23.

das Werkzeug, mit Hilfe dessen sich die Philosophie absolut begründen kann. Sie ist aber zugleich Resultat der Anwendung der phänomeno-logischen Epoché und Reduktion.

Bevor wir auf diese Feststellung näher eingehen, müssen wir vorher die Fragestellung dieser Arbeit hier sogleich gegen eine Aufgabe ab-grenzen, die sich mit guten Gründen *nicht* stellt: Darum sei an dieser Stelle hinzugefügt, daß Husserl neben der transzendentalphänomeno-logischen Epoché und Reduktion bekanntlich von einer zweiten Methode spricht, die die gesuchte strenge Wissenschaftlichkeit ver-bürgen soll. Wir meinen die eidetische Reduktion oder Intuition, die Wesensschau, durch die das Natürlich-faktisch-Empirische bzw. das Raum-zeitlich-Individuelle auf sein Eidos hin betrachtet wird, auf das Allgemeine, von dem es jeweils der besondere, konkrete „Fall” ist. Auch hier spricht Husserl von R e i n h e i t im Sinne der Befreiung des Erfahrenen von jeder faktischen Wirklichkeit und seiner Verwandlung in reine M ö g l i c h k e i t und stützt sich dabei auf das Verfahren der eidetischen V a r i a t i o n . Die reine Phänomenologie muß eine eide-tische Wissenschaft sein. Im § 34 der *Cartesianischen Meditationen* kennzeichnet Husserl die phänomenologische Methode als eidetisch und bezeichnet das Moment des Eidetischen als unentbehrlich für die „erste Verwirklichung einer philosophischen Wissenschaft – die einer ‚ersten Philosophie’ ”.[6] An dieser Stelle faßt Husserl seine über viele Werke verstreuten Äußerungen über phänomenologische Reduktion und eidetische Variation gewissermaßen programmatisch in folgender klaren Aussage zusammen: „So erheben wir uns zur methodischen Einsicht, daß n e b e n d e r p h ä n o m e n o l o g i s c h e n R e d u k t i o n d i e e i d e t i s c h e I n t u i t i o n d i e G r u n d f o r m a l l e r b e s o n d e r e n t r a n s z e n d e n t a l e n M e t h o d e n i s t (daß beide den rechtmäßigen Sinn einer transzendentalen Phänomenologie durchaus bestimmen).”[7]

Es ist nicht zu leugnen, daß Husserl hier die Bedeutung des Eide-tisch-Allgemeinen, des „Überhaupt” usw. für die Begründung der transzendentalen Phänomenologie entschieden unterstreicht, und es scheint beinahe so, als stellte er hier die eidetische Variation auf eine Ebene neben die transzendentalphänomenologische Reduktion. Und doch müssen wir ein an dieser Stelle naheliegendes Mißverständnis fernhalten: Das Verfahren der Überführung des Faktisch-Wirklichen ins Reich der Möglichkeit ist zwar insofern zum Aufbau der reinen

---

[6] *Cartesianische Meditationen*, S. 106.
[7] ebda.

phänomenologischen Wissenschaft unentbehrlich, als Wissenschaft überhaupt, nämlich im normal-natürlichen Sinne von Wissenschaft, die Allgemeingültigkeit beansprucht und daher auf das Allgemeine und Wesentliche des jeweiligen Forschungsgegenstandes abzielen muß. Das Verfahren der Überführung des Faktisch-Wirklichen ins Reich der Möglichkeit und Allgemeinheit trägt aber keineswegs zur Herstellung der *transzendentalen* Reinheit der Phänomene bei. Daß nur über das Allgemeine Aussagen von wissenschaftlicher Notwendigkeit möglich sind, ist von altersher seit den Anfängen der wissenschaftlichen Tradition des Abendlandes bekannt: Die Gewinnung des Reiches der Eide ist im Hinblick auf seine *letzten* Absichten im Grunde für Husserl kein Problem; die Letztbegründung der Philosophie ist nicht durch den Mangel an einer eidetischen Methode ausgeblieben, sondern deswegen, weil man dieses Verfahren, das man im Grunde immer schon stillschweigend anwandte, nicht der transzendentalen Methode dienstbar machte; denn die Beschäftigung mit eidetischen Allgemeinheiten schließt nicht aus, daß sie, obschon sie damit in einer Weise über das Naiv-Natürlich-Weltliche im Sinne des Empirisch-Faktischen hinausgeht, in anderer Hinsicht gerade dem Naiv-Natürlichen verhaftet bleibt. Sich mit rein Eidetischem befassen heißt noch lange nicht, sich mit ihm *transzendental* befassen. Darum kann Husserl in Zusammenhängen, in denen er eigens zum Ausdruck bringt und hervorhebt, daß seine Betrachtungen auf dem Boden der natürlichen Einstellung vollzogen sind, diese Betrachtungen gleichwohl eidetisch formulieren. So steht z.B. im § 34 der *Ideen I*, mit dem Husserl die Besinnungen zur Motivierung der transzendentalphänomenologischen Epoché einleitet, daß in diesen Besinnungen die Bewußtseinserlebnisse so zum Thema gemacht werden, „wie sie sich in der natürlichen Einstellung geben, als reale menschliche Fakta . . .".[8] Und doch kann Husserl hier sagen, die Betrachtung vollzöge sich „frei variierend und im reinen Überhaupt das invariant Verbleibende allgemein herausschauend . . .",[9] also in eidetischer Reduktion. Eben darum kann Husserl anschließend sagen: „Die singulären Fakta, die Faktizität der natürlichen Welt überhaupt entschwindet dabei unserem theoretischen Blick – wie überall, wo wir rein eidetische Forschung vollziehen."[10] Und einige Seiten danach, im § 39, drückt er sich folgendermaßen aus:

[8] *Ideen I*, S. 74.
[9] ebda.
[10] a.a.O., S. 75.

„Unsere Betrachtungen waren eidetisch; aber die singulären Einzelheiten der Wesen Erlebnis, Erlebnisstrom, und so von ‚Bewußtsein' in
jedem Sinne, gehörten immer noch mit zu der natürlichen Welt als
reale Vorkommnisse. Den Boden der natürlichen Einstellung haben
wir ja nicht preisgegeben.''[11] Aus diesen Stellen geht unzweideutig
hervor, daß Husserl, wenn er, wie an der vorhin angeführten Stelle,
davon spricht, daß durch den Übergang von den singulären Einzelheiten – vom „Dies-da'' – zum Wesen die Faktizität der natürlichen
Welt überhaupt „unserem theoretischen Blicke entschwindet'', damit
keineswegs sagen will, daß dadurch auch schon die natürliche im Sinne
der vortranszendentalen Faktizität der Welt aufgehoben sei;
der Übergang vom Dies-da zum Wesen hält sich durchaus noch in der
natürlichen Sphäre; mit dem Übergang aus dem natürlichen Leben in
die Transzendentalität hat er nichts zu tun.[12]

Man muß außerdem folgendes berücksichtigen: Platon ist für Husserl der Entdecker der Idee einer radikalen Wissenschaft, sofern er das
Reich des Bleibenden, dessen, was wahrhaft ist – das Reich der Eide –
dem der bloßen Meinung entgegenstellt und damit die Möglichkeit der
Aufstellung wahrer, endgültiger Aussagen eröffnet. Und doch hat es
Platon nach Husserl an einer letzten Ausarbeitung derjenigen Korrelation fehlen lassen, die zwischen der Sphäre des Wahren und der es
denkenden Subjektivität besteht, welche Ausarbeitung eben die transzendentale Aufgabe bedeutet. Wird diese Aufgabe nicht gelöst bzw.
gar nicht in Angriff genommen, so bleibt man befangen in der Naivität,
verstrickt ins Netz der Voraussetzungen und Selbstverständlichkeiten.

Ebenso geht aus der Auseinandersetzung Husserls mit dem Empirismus oder Naturalismus ganz deutlich die systematische Priorität
der phänomenologischen Reduktion hervor: Husserl bekämpft zwar
den Naturalismus – immer, in allen seinen Arbeiten – im Hinblick darauf, daß dieser die Existenz eines Reiches der Allgemeinheiten, Wesen-

---

[11] a.a.O., S. 87. Auch umgekehrt kann es ein „transzendentales Faktum''
„noch vor der eidetischen Wesensschau'' geben, wie Husserl am Anfang der Kapitel
über Assoziation in den *Analysen zur passiven Synthesis* schreibt (S. 119). An einer
anderen Stelle spricht Husserl sogar von einer „transzendentalen Tatsachenwissenschaft'' gegenüber der „eidetischen Transzendentalphilosophie''; vgl. Kant-
Rede, *Erste Philosophie I*, S. 258.
[12] Vgl. das Schema O. Beckers vom Übergang von der natürlichen in die eidetische bzw. transzendentale Einstellung in: „Die Philosophie Edmund Husserls'',
Kant-Studien, 35 (1930), 140. L. Eley bezieht sich auf dieses Schema in seinem
Buch *Die Krise des Apriori in der transzendentalen Phänomenologie E. Husserls*, S. 61.

heiten, Ideen usw. leugnet und derartiges als leere Worte oder gar
Hirngespinste abstempelt. Diese Leugnung ist aber für Husserl nichts
anderes als die unmittelbare Konsequenz aus der *Naturalisierung* des
Bewußtseins, die der Empirismus vollzieht. Bewußtsein, Bewußtseinscharaktere oder -momente als dinghaft-kausale Vorkommnisse zu
behandeln heißt wiederum für Husserl immer nur eins: Blindheit für
das Wesen des Bewußtseins als Intentionalität. [13] Daß das Bewußtsein in intentionaler Beziehung zu jeglicher Wirklichkeit steht, heißt
andererseits, daß jegliche Wirklichkeit sich in intentionales Korrelat
des Bewußtseins auflöst, in *Phänomen* oder *Erscheinung*. Der Irrtum
des Empirismus ist seine Unfähigkeit zu sehen, daß der Mensch immer
nur mit einer erscheinenden und nicht mit einer an sich seienden Wirklichkeit, mit einer intentional-immanenten und nicht mit einer absoluten Transzendenz zu tun hat und daß der Mensch kein Teilstück
einer vorhandenen, schlechthin vorausgesetzten Wirklichkeit ist. Aus
dieser Verdinglichung des Menschen oder konkreter: des Bewußtseins,
der Vernunft folgen alle seine anderen Irrtümer, folgt, daß der Empirismus Wesen und Ideales leugnet.

Nur also die Letztklärung der Seinsweise der Wirklichkeit als Phänomen, d.h. nur die transzendentalphänomenologische Besinnung, kann
das richtige Verständnis für die Wirklichkeit des Idealen gewährleisten
bzw. die Rechtfertigung der Anwendung der eidetischen Variation darstellen. Die reine Phänomenologie ist zunächst und prinzipiell in
dem Sinne rein, daß sie die Welt ins Phänomen, ins intentionale Korrelat verwandelt hat, – die Welt als Inbegriff des überhaupt für den
Menschen Seienden, darunter auch der Eide, der eidetischen Verhältnisse usw. verstanden. Diese Verwandlung ermöglicht eine rein transzendentale oder transzendentalphänomenologische Betrachtung der
Wirklichkeit, die dann, wenn sie Aussagen allgemeingültigen Charakters über Seiendes machen will, sich auch der eidetischen Variation be-
dienen muß. Die Letztbegründung – die apodiktische Begründung der
Wissenschaft, wird nicht durch die eidetische, sondern durch die phänomenologische Epoché und Reduktion gewährleistet. Die „wahre"
Methode ist die Reduktion auf Phänomen, auf Erscheinung. Sie ausschließlich, d.h. die Möglichkeit einer reinen Erfassung der Erscheinung, ist das Problem dieser Arbeit.

---

[13] Vgl. z.B. *Erste Philosophie I*, S. 112, 114; *Formale und transzendentale Logik*,
S. 216.

II

In den Vorlesungen über die *Idee der Phänomenologie* von 1907 behandelt Husserl erstmals methodisch die „erkenntnistheoretische Reduktion" oder „phänomenologische Reduktion".[14] Diese Vorlesungen bleiben unveröffentlicht bis 1950. Der Aufsatz von 1911 in der Zeitschrift *Logos*: „Philosophie als strenge Wissenschaft" erwähnt die Reduktion nicht ausdrücklich und spricht nur von der „phänomenologischen Einstellung" oder der „phänomenologischen Methode", wie Husserl sich schon in den *Logischen Untersuchungen* ausgedrückt hatte.

Erst die *Ideen zu einer reinen Phänomenologie und phänomenologischen Philosophie* (Erstes Buch) von 1913 bringen einen der Frage der natürlichen Einstellung und ihrer Überwindung durch die phänomenologische Reduktion eigens gewidmeten Abschnitt.[15] In diesem Abschnitt entwirft Husserl einen jener „gleichmöglichen Wege" von der Natürlichkeit zur Transzendentalität, den „cartesianischen", d.h. den Weg über den Aufweis der Möglichkeit des Nichtseins der Welt, der schon der Weg der Vorlesungen von 1907 war. Nach den *Ideen I* wiederholt Husserl in seinen Vorlesungen und spärlich erschienenen Werken mehrfach den cartesianischen Weg, führt aber außerdem noch andere Wege – den psychologischen, den lebensweltlichen usw. ein.

Unser Interesse gilt nun aber nicht einer Darstellung, Vergleichung, Entgegensetzung, Systematisierung oder dergleichen dieser Wege. Diese Aufgaben hat sich die bisherige Husserl-Literatur bereits mehrfach gestellt.[16] Obwohl es uns also nicht darauf ankommt, die Wege möglichst weitgehend zu differenzieren, sondern einen ihnen allen gemeinsamen Grundgedanken herauszuarbeiten, so müssen wir doch, eben um dieses Gedankens willen, auf einige Einzelheiten der Wege eingehen und vor allem den cartesianischen Weg ausführlicher analysieren. Diesen Aufgaben ist im wesentlichen der erste Teil dieser

---

[14] Vgl. *Die Idee der Phänomenologie*, S. 39, 44 usw.

[15] Vgl. *Ideen I*, Zweiter Abschnitt, S. 57 ff.

[16] Vgl. besonders die Schrift von Iso Kern *Husserl und Kant. Eine Untersuchung über Husserls Verhältnis zu Kant und zum Neukantianismus*, M. Nijhoff, Den Haag 1964, und seinen Aufsatz „Die drei Wege zur transzendental-phänomenologischen Reduktion" (*Tijdschr. voor Filos.*, 24 (1962), 302-349; ferner die Einleitung von Rudolf Boehm in dem von ihm herausgegebenen VIII. Band der Husserliana, dem zweiten Teil der *Ersten Philosophie*: „Theorie der phänomenologischen Reduktion". Die Abhandlung Ludwig Landgrebes „Husserls Abschied vom Cartesianismus" befaßt sich eingehend mit der „Theorie der phänomenologischen Reduktion". Vgl. *Der Weg der Phänomenologie*, S. 163 ff.

Arbeit, aber auch noch der zweite Teil gewidmet. Wir werden dabei unter anderem Gelegenheit haben, den Aufbau der „phänomenologischen Fundamentalbetrachtung" in den *Ideen I* (§§ 27–62) einmal so eingehend zu untersuchen, wie es dieses bedeutende Stück Husserlschen Denkens verdient. All dies aber dient, wie gesagt, ausschließlich dem Zweck, den einen Grundgedanken freizulegen, der in allen diesen Wegen, d.h. in allen Versuchen Husserls, den Zugang zur transzendentalen Sphäre zu bahnen, wiederkehrt. Dieser Grundgedanke ist, kurz gesagt, der, Epoché und Reduktion, d.h. das Verfahren der Freilegung des Transzendentalen, durch eine *Kritik des welterfahrenden Bewußtseins* motivieren zu wollen, Epoché und Reduktion aus dieser Kritik als ihr notwendiges Resultat hervorgehen zu lassen. Wir müssen uns auch deswegen so ausführlich mit den Wegen beschäftigen, weil Husserl den genannten Grundgedanken nicht immer expressis verbis durchgehalten, ja sogar bisweilen abgelehnt hat, z.B. dann, wenn er erklärt (*Erste Philosophie II, Krisis*), man müsse deswegen auf den cartesianischen Weg verzichten, weil er einer Kritik der Erfahrung bedürfe, – oder wenn er in der Kant-Rede einen direkten Weg vorschlägt, der diese Kritik nicht nötig habe. Demgegenüber haben wir zu zeigen, daß alle Wege notwendig auf dieser motivierenden Kritik beruhen, wobei unser Hauptinteresse nicht darin liegt, historisch-philologisch aufzuweisen, daß Husserl so und nicht anders vorgegangen sei, sondern darin, den Nachweis für einen entscheidenden systematischen Zusammenhang zu erbringen: Wir wollen zeigen, daß die Reduktion überall am Ende einer Besinnung steht, die implizit oder explizit die Aufgabe hat, die Grundstrukturen der menschlichen Erfahrung zu durchmustern und zu durchleuchten.

Jedoch auch auf dem Nachweis dieses systematischen Zusammenhangs liegt nicht das Hauptgewicht unserer Untersuchung, obwohl wir damit vermutlich auf etwas in der bisherigen Husserl-Forschung noch nicht bzw. nicht deutlich genug Gesehenes hinweisen und obschon wir so, und zwar durchaus *mit* Husserl, seine zeitweilige Überzeugung von der Möglichkeit eines direkten Zugangs zur Transzendentalität glauben als illusorisch erweisen zu können. Es geht uns vielmehr grundsätzlich um die *Konsequenzen*, die darin liegen, daß die Epoché Ergebnis der Kritik der Erfahrung ist; *denn diese Kritik ist nichts anderes als die Errichtung des transzendentalen Idealismus selbst*, so wie ihn Husserl z.B. ganz deutlich in den drei ersten Kapiteln der genannten „phänomenologischen Fundamentalbetrachtung" in den *Ideen I* entwirft, in den

Kapiteln also, in denen sich Husserl auf die Suche nach der *Möglichkeit der Epoché* begibt, d.h. ihre *Motivation* untersucht. Die Behauptung, daß die Reduktion immer Ergebnis der Kritik ist, mag zunächst recht harmlos und einleuchtend klingen – schließlich heißen die Wege ja „Wege z u r Reduktion" – und scheint darum zunächst eine erneute Untersuchung über dieses Thema kaum rechtfertigen zu können, zumal mehr als genug über die Reduktion geschrieben worden ist. Der Umstand aber, daß sie ein Ergebnis des transzendentalen Idealismus ist, ein Umstand, der, soweit uns bekannt, bisher kaum oder gar nicht beachtet wurde, rechtfertigt unseres Erachtens eine neue Untersuchung über die Reduktion.

Der Idealismus, von dem hier die Rede ist, muß zunächst einmal im Husserlschen Sinne richtig als *transzendentalphänomenologischer Idealismus* verstanden werden. Das heißt, die Kritik der Erfahrung, die er durchführt, kann keine naive, in der „natürlichen Positivität des Lebens und der Wissenschaft" vollzogene Reflexion sein; denn eine solche würde aufgrund ihrer Befangenheit im Netz der selbstverständlichen Vorgegebenheiten *in infinitum* in sich kreisen, ohne je auf das nächstliegende und für den radikal Denkenden quälendste Rätsel, das Rätsel der Erkenntnis eine Antwort geben zu können. Die Erkenntnis muß einmal als Rätsel zu Bewußtsein gekommen sein, und für dieses Rätsel muß eine Lösung gesucht werden: ohne das Bewußtsein von dieser Problemdimension kann keine Letztbegründung angestrebt werden.

Der transzendentale Idealismus ist keine naive *inspectio sui*, sondern eine Selbstbesinnung phänomenologischer Art, d.h. eine solche, die den naiv-natürlichen Boden bereits preisgegeben hat. Mit dieser Feststellung aber wird die Selbstbesinnung in eine paradoxe Situation gestellt: der transzendentale Idealismus bedarf, um ein phänomenologischer sein zu können, gerade der phänomenologischen Methode, der Reduktion, deren Motivation er doch sein sollte; er setzt das voraus, was er begründen will. Ist das nicht ein offensichtlicher Zirkel?

Eine vorläufige Lösung liegt zunächst in der Unterscheidung zwischen einer bloß methodischen und einer echt transzendentalphänomenologischen bzw. – philosophischen Reduktion. Jene befreit uns von der ausschließlichen Gerichtetheit auf Weltliches im normalnatürlichen Sinne und lenkt unseren Blick auf unsere Erlebnisse, dies aber so, daß wir die Erlebnisse dabei als E r s c h e i n u n g e n , d.h. als die Stätte der S e l b s t g e b u n g des Wirklichen betrachten. Das aber be-

deutet, daß in der Epoché des Anfanges, obschon sie in der Gestalt
einer bloß methodischen Einstellungsänderung auftritt, eine prinzipielle Entscheidung liegt, nämlich die, Gegenstand, Welt überhaupt
nur als Erfahrenes der Erfahrung gelten zu lassen.

Um was für eine Entscheidung handelt es sich hier, und woher
nimmt sie ihr Recht? Diese Fragen werden damit zum zweiten Hauptthema unserer Untersuchung. Der zweite Teil der Arbeit soll zeigen,
daß die fragliche Entscheidung den allerersten Bruch mit der
Naivität darstellt und daß dieser Bruch auf einer grundlegenden Einsicht beruht, die sich in der Aussage ausspricht: ,,Welt ist, aber daß
sie ist, ist meine Aussage." Was sich darin ausspricht, ist das *skeptische*
Bewußtsein, welches alles, was ist, auf das jeweils erfahrende Subjekt
bezieht. Der innere systematische Anfang der transzendentalphänomenologischen Selbstbesinnung liegt demnach, wie der zweite Teil
anhand bisher wenig beachteter Ausführungen Husserls zu diesem
Thema zu zeigen versucht, in der Skepsis.

Die Skepsis kehrt das Verhältnis von Erkenntnis und Wirklichkeit
um: Nicht diese ist das Erste, dessen sich jene nachträglich bemächtigen muß, sondern Wirklichkeit ist Wirklichkeit nur dank der Erfahrung. Die Epoché des Anfanges, die Epoché in bloß methodischer
Gestalt, ist eine skeptische Epoché. Sie tastet nicht die Objektivität dessen, was ist, an, sie macht keine Aussage über den Sinn von Sein
und Seiendem, aber sie erhebt zum methodischen Anfang der Besinnung den selbstverständlichen und nicht zu leugnenden Umstand, daß
von Objektivem nicht die Rede sein könnte, gäbe es nicht eine Subjektivität, für die es da ist. Mit anderen Worten: Das skeptische Bewußtsein, wenn es erst einmal ernstlich vom sich Besinnenden Besitz ergrif-
fen hat, stellt diesen vor die durchgängige Korrelation von Bewußtsein und Wirklichkeit.

Wenn nun die Wirklichkeit ausschließlich aus und in dieser Korrelation betrachtet wird, so heißt das, daß beispielsweise ein Gegenstand,
etwa dieses Haus dort nicht schlechthin und als Ganzes Thema der in
skeptisch-methodischer Einstellung durchgeführten Untersuchung
werden kann, sondern das Haus nur so, wie es von mir oder allgemeiner: von jemandem wahrgenommen, wie es in dieser oder jener
perspektivischen Orientierung ansichtig wird. Es geht nicht um das
Objekt als ein Ganzes, sondern um seine jeweilige Gegebenheitsweise
oder Erscheinung (,,Phänomen"). Nicht Gegenstand oder Welt
schlechthin, sondern das Wie ihrer Korrelation zum Bewußtsein, nicht

Seiendes, sondern Erscheinung wird zum notwendigen Anfang der Besinnung.

Mit der „Erscheinung" stoßen wir auf das dritte Hauptthema und die zentrale Problematik der Untersuchung, deren Erörterung der dritte Teil gewidmet ist. Das Verfahren der Phänomenologie kann deshalb beanspruchen, voraussetzungslos zu sein, weil es sich vom Objektiven abwendet und ausschließlich Erscheinungen, Phänomene ins Auge faßt; anders gesagt: die Möglichkeit der Phänomenologie als strenger Wissenschaft beruht auf der Möglichkeit, unter Einklammerung, Ausschaltung der Seinswirklichkeit streng nur die Erscheinungen – das Wie der Bewußtheit der Wirklichkeit zu thematisieren.

Die Erscheinung, d.h. der Gegenstand, so wie er für mich ist, unter den und den zeitlich-räumlichen Umständen und nicht in seiner o b - j e k t i v e n W a h r h e i t, der, die er für alle hat, sondern in seiner S i t u a - t i o n s w a h r h e i t, ist s u b j e k t i v, ist mir und nur mir eigen, sie ist meine Sicht, mein Anblick. Erscheinung ist der Teil, die Seite in der gegebenen zeit-räumlichen Perspektive und Orientierung, so wie sie von keinem Anderen zugleich erfahren werden kann; Erscheinung ist der jeweilige A s p e k t. Nun sehen wir aber im jeweiligen Vollzug ir- gendeines Aktes der Erfahrung nicht etwa den Aspekt, sondern den Gegenstand selbst a l s sich in diesem Aspekt d a r s t e l l e n d. Das heißt, der selbsterscheinende Teil, die selbstgesehene Seite wird a u f g e f a ß t a l s der ganze Gegenstand; in dieser Auffassung oder, wie Husserl sie auch nennt, Apperzeption wird demnach die Erscheinung selbst übersprungen, sie selbst bleibt im strengen Sinne u n w a h r g e n o m - m e n; als dieses Unwahrgenommene, aber gleichwohl bewußtseins- mäßig Erlebte hat sie nur die Funktion, das subjektive Datum, die „Materie" oder „Hyle" zu sein, die dazu da ist, aufgefaßt zu werden, und die so die Anwesenheit eines Gegenstandes für das Bewußtsein möglich macht. Die Auffassung der Hyle erwirkt die Erscheinung und z u g l e i c h das Für-mich-Sein des Seienden; denn indem das Bewußt- sein durch Auffassung der Hyle die Erscheinung hervorbringt, richtet es sich auf den Gegenstand, i n t e n d i e r t es ihn. Auffassung der Hyle ist mit anderen Worten I n t e n t i o n a l i t ä t, sie gibt uns den Gegenstand, „so wie wir ihn meinen", den „vermeinten Gegenstand als solchen".

Auffassung, Hyle und Erscheinung sind r e e l l e Komponenten des Bewußtseins, d.h. aus ihnen besteht das Erleben selbst in seinem leben- digen, jeweiligen Vollzug. Aber in diesem Erleben geht das Bewußt- sein über dieses Reelle hinaus auf den vermeinten Gegenstand, es

transzendiert sich, es weilt „draußen" in der Welt, es ist Bewußtsein von Etwas. Gibt es Bewußtsein, d.h. Erleben, so muß es Bewußt-
sein-von sein; der intentionale Gegenstand gehört unabtrennbar zum
erfahrenden Leben.

III

Die so verstandene Konstitution der Welt durch Auffassung der
Hyle ist eins der am heftigsten angegriffenen Lehrstücke der Husserlschen Phänomenologie. Denker, die in anderer Hinsicht viel und sehr
viel von Husserl übernommen haben und im Grunde nur seine Phänomenologie fortsetzen wollen, trennen sich an dieser Stelle von Husserl,
erklären, sie wollten jenen „Dualismus" von Auffassung und Hyle
hinter sich lassen bzw. überwinden, und versuchen zu beweisen, daß
Husserl selbst ihn nicht als die letzte und wahre Gestalt der Lehre von
der Intentionalität ansah. Wenn Husserl in den *Ideen II* von einer
„vor theoretischen Konstituierung"[17] und ihren „Vorgegebenheiten"[18] spricht, so kommentiert Merleau-Ponty dazu: „C'est sans doute
en pensant à ces êtres singuliers que Husserl évoquait ailleurs une
constitution qui ne procéderait pas par saisie d'un contenu comme
exemplaire d'un sens ou d'une essence (*Auffassungsinhalt – Auffassung
als* . . .), une intentionnalité opérante ou latente comme celle qui
anime le temps, plus vieille que l'intentionnalité des *actes* humains".[19]
Sartre, bei aller Beibehaltung der Intentionalität, verdammt in *Das
Sein und das Nichts* die Husserlsche Bestimmung der Hyle als ein
„Bastard-Sein . . ., das vom Bewußtsein abgelehnt wird und einen Teil
der Welt nicht bilden kann".[20] A. Gurwitsch, der in seinem Buch
Théorie du champ de la conscience streng an der Phänomenologie
Husserls festhalten will, urteilt über den besagten „Dualismus" ebenso: „La notion d'intentionnalité, fondamentale pour la phénomé-
logie, doit . . . être soumise à une réinterprétation pour devenir indé-
pendante de la conception dualiste de la conscience, avec laquelle elle

---

[17] *Ideen II*, S. 5.
[18] ebda.
[19] M. Merleau-Ponty, „Le philosophe et son ombre", in: *Signes*, S. 209.
Mit der „intentionnalité opérante ou latente" meint Merleau-Ponty wahrscheinlich so etwas wie die „fungierende Intentionalität", von der Husserl z.B. in der
Krisis spricht. Husserl bezeichnet aber diese Intentionalität als die „universale
Apperzeption" (S. 213), die noch in der Naivität bleibt, d.h. sich noch nicht selbst
als weltkonstituierende – was besagt: in ihrer Eigenschaft als „Apperzeption", also
Auffassung – reflektiv erschlossen hat.
[20] J.-P. Sartre, *Das Sein und das Nichts*, S. 26. Vgl. unten S. 161, Fußnote 48.

est en quelque sorte liée chez Husserl."[21] Durch die Rolle der Sinn-
lichkeit in diesem „Dualismus" sieht es nach Gurwitsch so aus, als ob
„l'hypothèse de la constance intervenait subrepticement dans les in-
vestigations phénoménologiques",[22] und das heißt, „à l'intérieur d'un
contexte théorique qui l'exclut par définition".[23]

Der dritte Teil unserer Arbeit knüpft an diesen „Dualismus" an und
ist über weite Strecken im Grunde nichts als seine ausführliche Erörterung. Wir verfolgen damit aber keineswegs eine Art „Rehabilitierung"
dieses berüchtigten Schemas, schon deswegen nicht, weil seine Analyse
hier nicht Selbstzweck ist, sondern, wie eben skizziert, zu unserer Aufgabe der Begründung der transzendentalphänomenologischen Reduktion gehört. Darüber hinaus glauben wir allerdings, daß die Struktur
Auffassungsinhalt-Auffassung als. . . viel tiefgreifender ist, als man im
allgemeinen denkt, ja daß sie das Rückgrat der gesamten transzendentalphänomenologischen Lehre, d.h. des transzendentalphänomenologischen Idealismus ist. Uns scheint zudem, daß sie auch dort weiterhin
im Spiele ist und den Sinn der transzendentalphänomenologischen Besinnung wesentlich bestimmt, wo Husserl von Auffassung und Auffassungsinhalt kaum oder gar nicht mehr spricht, wie etwa in der *Formalen und transzendentalen Logik*, in *Erfahrung und Urteil*, in den
Cartesianischen Meditationen, oder gar in der *Krisis*, wo Husserl mit
der Lehre von der Lebenswelt eine gewisse Wendung in seinen philosophischen Meditationen anzukündigen scheint.[24] Wir sehen aber die
Beibehaltung – und zwar die philosophisch legitime Beibehaltung –
dieser Bewußtseinsstruktur darin zum Ausdruck kommen, daß Husserl
bis zum Ende seines schöpferischen Lebens unablässig an der Bestimmung des Bewußtseins als eines a p p e r z e p t i v konstituierenden fest-
hält, m.a.W. daß er die Welt immer als die u n i v e r s a l e A p p e r z e p-
t i o n der letztfungierenden Subjektivität bestimmt.

„Apperzeption" ist einer der ersten von Husserl in seine eigene
Terminologie aufgenommenen Begriffe. Er erscheint schon in den
Logischen Untersuchungen[25] und bezeichnet, wie wir bereits sagten, die

---

[21] A. Gurwitsch, *Théorie du champ de la conscience*, S. 221.
[22] a.a.O., S. 219.
[23] a.a.O., S. 220.
[24] In: „Zur phänomenologischen Theorie des Bewußtseins", *Phil. Rundschau*, 8
(1961), 306 weist Landgrebe in einer Besprechung des genannten Buches Gurwitschs
auf die „nirgends revozierte Unterscheidung der ,Ideen . . .' von sensueller Hyle
und intentionaler Morphé . . ." hin.
[25] Vgl. seine Definition in *Logische Untersuchungen II*, V, S. 385; unten S. 133.

Auffassung, den Akt der Beseelung, durch den die bloße Hyle zur Erscheinung von Etwas wird. Wo Apperzeption am Werke ist, da muß es auch eine Schicht der „bloßen" Materie geben. Nun müssen wir aber eine wesentliche Ergänzung zum bisher Gesagten hinzufügen: Die Charakterisierung der Struktur Apperzeption – Hyle in den ersten Schriften Husserls ist in der Hauptsache an den Rahmen einer statischen Deskription der erfahrenen Wirklichkeit gebunden. Sie dient der Auslegung der Wahrnehmung als des selbstgebenden Aktes, in dem sich uns die Gegenstände in leibhafter Evidenz als „sie selbst" zeigen. Mit der Struktur Apperzeption – Hyle soll die Verfassung desjenigen Aktes gekennzeichnet werden, in dem sich für uns jegliche Gegenständlichkeit ursprünglich konstituiert. Unter diesem Titel der Konstitution wird hier vor allem die Rückbezogenheit jeglicher Gegenständlichkeit auf die sie original gebende Anschauung bzw. die Verwiesenheit jedes modifizierten, nicht selbstgebenden Aktes auf die original gebende Anschauung aufgedeckt. Doch die Beschränktheit dieser statischen Gestalt intentionaler Analyse wurde von Husserl schon in den *Ideen I* klar gesehen. Hier sagt er: „Auf der Betrachtungsstufe, an die wir bis auf weiteres gebunden sind, die es unterläßt, in die dunklen Tiefen des letzten, alle Erlebniszeitlichkeit konstituierenden Bewußtseins hinabzusteigen, vielmehr die Erlebnisse hinnimmt, wie sie sich als einheitliche zeitliche Vorgänge in der immanenten Reflexion darbieten, müssen wir aber prinzipiell unterscheiden:. . .".[26] Und es folgt die Unterscheidung zwischen den hyletischen und den intentionalen Momenten des Bewußtseins. Die „dunklen Tiefen" sind die des „inneren", des Zeitbewußtseins; seine Erörterung hat Husserl also vorher aus den *Ideen I* ausgeschlossen: „Zum Glück können wir die Rätsel des Zeitbewußtseins in unseren vorbereitenden Analysen außer Spiel lassen. . .".[27]

Obwohl sich die Unterscheidung von Apperzeption und Hyle, wie Husserl in den angeführten Sätzen sagt, zunächst auf einer nur vorläufigen, nämlich der statischen Betrachtungsstufe ergibt, so wird doch ihr letzter Sinn nur aus der dort noch nicht erreichten bzw. ausgeklammerten Dimension der Zeitanalytik verständlich. Indem das Schema Apperzeption – Hyle einen zeitlich-geschichtlichen Sinn gewinnt, wird die Phänomenologie *genetisch*, und es vollendet sich der transzendentalphänomenologische Idealismus, die durchgeführte Kritik der Erfah-

---

[26] *Ideen I*, S. 208.
[27] a.a.O., S. 198.

rung. Wie diese geschieht, versuchen wir im zweiten Kapitel des dritten Teils zu zeigen. Die transzendentale Geschichte der Subjektivität, das heißt, den Akt ihrer Selbst- und Weltkonstitution, bezeichnet Husserl als eine Genesis, die als eine „Form der Zeitlichkeit"[28] das Apriori der urfungierenden Subjektivität darstellt. Dieses Apriori ist ein „Formensystem der *Apperzeption*".[29]

Die statische Phänomenologie muß zur genetischen werden, wenn sie den letzten Sinn von Sein und Seiendem aufklären will. Der Übergang von der einen zu der anderen besteht in einer schrittweisen Vertiefung der Besinnung, bis sie die außer Spiel gelassenen „dunklen Tiefen" einholt. Den Ausgangspunkt für diese Vertiefung bildet der statisch gewonnene Gegenstand als das intentional „Vermeinte als solches". Durch Enthüllung der Horizontstruktur seiner Erfahrung treten nach und nach die verschiedenen Strukturen des welterfahrenden Lebens zutage. Dieses enthüllt sich als ein „endloser Lebenszusammenhang", in dem alle seine Gegenständlichkeiten in strenger Motivation auftreten. Das jeweils Begegnende, d.h. der wirklich gesehene Aspekt wird aufgefaßt, apperzipiert als ein Seiendes einer bestimmten Art. Das wirklich Erfahrene – das „Perzipierte" – wird als etwas apperzipiert, das heißt: es wird als etwas erfahren, das dem Erfahrenden schon in irgendeiner Weise bekannt ist, und dieses Etwas wird jeweils einem bestimmten typisch vorbekannten und vertrauten Erfahrungsrahmen eingeordnet, der seinerseits ein habitueller Erwerb aus der Geschicht des Erfahrenden ist. *Apperzeption ist die Überführung des Gegebenen in seine Geschichte*, die in Gestalt des geschichtlich erworbenen Horizonts das gegenwärtige Leben der transzendentalen Subjektivität bestimmt; die Apperzeption und das heißt die Intentionalität ist die in der jeweiligen Erfahrung sichtbar werdende genetisch-geschichtliche Verfassung der transzendentalen Subjektivität. Wenn die Vertiefung der Besinnung bis zu dieser genetischen Verfassung vorgedrungen ist, enthüllt sich die gesamte Wirklichkeit als genetische Differenzierung eines undifferenzierten, absoluten Anfanges. Im Unterschied zur Ungeschichtlichkeit der urfungierenden Subjektivität erweist sich jegliches Seiende und die Wirklichkeit im Ganzen als apperzeptives Gebilde, als von Grund auf geschichtliches Resultat. Die vollkommen durchgeführte Auslegung der transzendentalen Sub-

---

[28] *Cartesianische Meditationen*, S. 114.
[29] ebda.; von mir hervorgehoben. Vgl. *Formale und transzendentale Logik*, S. 277–279.

jektivität, in der sich alles – die Natur, die Welt, die Anderen, Gott – genetisch konstituiert, ist der transzendentalphänomenologische Idealismus.[30]

Der Idealismus wird in dieser Arbeit entwickelt, weil er als die durchgeführte Kritik der Erfahrung die transzendentalphänomenologische Reduktion motivieren soll. Die Reduktion soll dabei im Sinne Husserls als der Rückgang auf „reine" Phänomene, d.h. auf die horizont- und damit apperzeptionsfreie Erscheinung angesetzt werden. Aber der transzendentale Idealismus fördert gerade die durchgängige Geschichtlichkeit, d.h. apperzeptive Verfassung alles Seienden zutage. Das durch eine skeptische Epoché möglich gewordene Gelingen der motivierenden Vorbereitung der Reduktion stellt also diese und damit die Möglichkeit einer strengen Wissenschaft, d.h. einer solchen, die in der Einstellung des uninteressierten Selbstzuschauers konstituiert werden sollte, paradoxerweise gerade in Frage. Die Diskussion dieser Aporie bildet den Abschluß der Arbeit. Mit dieser Diskussion versuchen wir zugleich einen Beitrag zur Frage der von Husserl wiederholt angekündigten „Kritik der Kritik" zu leisten. „Die an sich erste Erkenntniskritik, in der alle andere wurzelt", sagt Husserl, „ist die transzendentale Selbstkritik der phänomenologischen Erkenntnis selbst".[31] Diese Kritik führen wir so aus, daß wir der obigen Frage: „Aber ist das Urimpressionale nicht schon apperceptive Einheit, ein Noematisches vom Ich her, und führt die Rückfrage nicht immer wieder auf apperceptive Einheit?", die Husserl zwar stellte, aber nie eindeutig beantwortete, auf den Grund gehen.

---

[30] Von diesem genetischen Verständnis des phänomenologischen Idealimus her kann man kaum von einer Preisgabe des Schemas Auffassungsinhalt – Auffassung sprechen, wie sie R. Boehm bei Husserl zu erkennen glaubt (Vgl. *Vom Gesichtspunkt der Phänomenologie*, besonders S. 106 ff., und *Die Phänomenologie*). Die Husserltexte, die Boehm in seiner Ausgabe der Zeitvorlesungen als Belege für die Auflösung jenes Schemas vorlegt (Vgl. Nr. IV der ergänzenden Texte), scheinen uns eine solche Interpretation nicht zu rechtfertigen. Gegen die eine Anmerkung in den Zeitvorlesungen: „. . . nicht jede Konstitution hat das Schema Auffassungsinhalt – Auffassung", die Boehm als eine wichtige Stütze seiner Argumentation anführt, steht Husserls ganzes Werk bis in seine Spätzeit, wie die folgende Untersuchung zeigen wird: Die Auflösung jenes Schemas wäre die Preisgage der transzendentalen Idee. Allerdings läßt sich diese Behauptung nur verifizieren, indem man jenes Schema je nach Konstitutionsstufe zureichend bestimmt.

[31] *Formale und transzendentale Logik*, S. 255. Vgl. auch: *Cartesianische Meditationen*, S. 62 und S. 68; *Erste Philosophie II*, 53. Vorlesung; T. Seebohm, *Die Bedingungen der Möglichkeit der Transzendental-philosophie* usw.

INHALTSVERZEICHNIS

ERSTER TEIL

REINE PHÄNOMENOLOGIE UND
TRANSZENDENTALE PHILOSOPHIE

I. NATÜRLICHE UND PHÄNOMENOLOGISCHE EINSTELLUNG

§ 1. LETZTBEGRÜNDETE WISSENSCHAFT UND ERKENNTNISTHEORETISCHE BESINNUNG

Durch die phänomenologische Reduktion will Husserl die Philosophie als eine „universale Wissenschaft aus absoluter Rechtfertigung"[1] begründen. Die Philosophie soll auf diese Weise den „Radikalismus wissenschaftlicher Selbstverantwortung"[2] wiedererlangen oder auch erstmals erlangen, der zwar seit Platon als grundlegendes Wesensmerkmal jeder echten Wissenschaft galt, jedoch weder von einer der Wissenschaften im normalen, positiv-dogmatischen Sinne noch von der Philosophie jemals erreicht wurde. Der „Geist des Radikalismus",[3] des „Radikalismus des Letzten",[4] der nach Husserl die Ursprünge des philosophisch-wissenschaftlichen Denkens beseelte, das, was „Wissenschaft zur Wissenschaft macht", ist verlorengegangen.[5] Weil die Wissenschaften diesen ihren Ursprung vergessen haben und dadurch sinnentleert geworden sind, sind sie zu Spezialwissenschaften geworden: „Die Wissenschaft ist in der spezialwissenschaftlichen Form zu einer Art theoretischer Technik geworden, die, wie die Technik im gewöhnlichen Sinne, viel mehr auf einer in der vielseitigen und vielgeübten praktischen Betätigung selbst erwachsenden ‚praktischen Erfahrung' beruht . . . als auf Einsicht in die ratio der vollzogenen Leistung".[6] Die „vollzogene Leistung" ist die wissenschaftliche Erkenntnis selbst, allgemeiner: die Tätigkeit des Erkennens überhaupt. Was Wissenschaft zur Wissenschaft macht, ist nach Husserl die erkenntniskritische

---

[1] *Erste Philosophie II*, S. 30.
[2] *Formale und transzendentale Logik*, S. 3.
[3] *Erste Philosophie II*, S. 10.
[4] a.a.O., S.32.
[5] a.a.O., S.10.
[6] *Formale und transzendentale Logik*, S. 3.

Rechtfertigung der Erkenntnis,[7] die Erkenntnistheorie oder Theorie der Vernunft.

Husserl hat die Notwendigkeit der Überwindung der Natürlichkeit und die daraus folgende Konstitution der Phänomenologie immer in direkten Zusammenhang mit der erkenntnistheoretischen bzw. wissenschaftstheoretischen Problematik gebracht. Eine radikal letztbegründete Wissenschaft – deren Suche Leitidee seines ganzen Schaffens gewesen ist – läßt sich nur durch die richtige Lösung des Erkenntnisproblems aufbauen. So lesen wir schon in den *Logischen Untersuchungen*: „Die eben erörterten Motive der phänomenologischen Analysen hängen, wie man leicht sieht, wesentlich mit denjenigen zusammen, welche aus den allgemeinsten e r k e n n t n i s t h e o r e t i s c h e n G r u n d f r a g e n entspringen".[8] Und noch in der *Krisis*, seinem letzten großen Werk, bekennt Husserl sich entschieden als Erkenntnistheoretiker: „Sowie aber der leere und vage Titel Anschauung statt ein Geringes und Unterwertiges gegenüber dem höchstwertigen Logischen, in dem man vermeintlich schon die echte Wahrheit hat, zu dem Problem der Lebenswelt geworden ist, ... tritt die große Verwandlung der ‚Erkenntnistheorie', der Wissenschaftstheorie ein, in der schließlich Wissenschaft als Problem und Leistung ihre Eigenständigkeit verliert und zum bloßen Partialproblem wird".[9] Und in der der *Krisis* beigegebenen Abhandlung „Vom Ursprung der Geometrie" nennt Husserl die Erkenntnistheorie eine „eigentümlich historische Aufgabe",[10] wobei „historisch" hier besagt, daß Erkenntnis selbst als Leistung des Menschen ein in der zeitlichen Verfassung der Subjektivität wurzelndes Phänomen ist. Es sei angemerkt, daß sich in dieser Kennzeichnung der Erkenntnis als historisch eine gewisse Wandlung im Denken Husserls von den *Logischen Untersuchungen* bis zur *Krisis* ausdrückt, obwohl die Kennzeichnung andererseits durchaus auch als eine Vertiefung der ursprünglichen Ansätze Husserls aufgefaßt werden kann.[11]

Mit den „Grundfragen der Erkenntnistheorie", von denen eben die Rede war, meint Husserl diejenigen Fragen, die sich auf das An-sich-Sein der Gegenstände und deren Verhältnis zu unserer Erfahrung beziehen, – ein Verhältnis, in dem sie zu etwas Subjektivem werden.

---

[7] *Erste Philosophie II*, S. 10.
[8] *Logische Untersuchungen II*, S. 8.
[9] *Krisis*, S. 137/138.
[10] a.a.O., S. 379.
[11] Vgl. unten S. 187-189.

Dieses Verhältnis ist dem naiv-natürlichen Denken normalerweise insofern unbekannt, als es als eine fraglose Selbstverständlichkeit hin-
genommen und nicht selbst zum Thema der Forschung gemacht wird.
Das natürliche Denken beruht auf dem Glauben an eine „psychische
Immanenz" und eine „reale Transzendenz" und verharrt in diesem
Glauben, unbekümmert um die Korrelation von beiden Sphären.[12]
Wenn nun die erkenntnistheoretische Fragestellung einsetzt, so bedeutet das gerade, daß diese Korrelation zum Thema gemacht wird; denn
die Erkenntnistheorie fragt nach der M ö g l i c h k e i t der Erkenntnis,
das heißt danach, wie es möglich ist, daß ein sich innerhalb der Subjektivität abspielender, „immanenter" Prozeß – das Erleben, die Erfahrung – den „außerhalb" seiner an sich seienden Gegenstand in
dieser seiner Transzendenz antreffen und hierdurch Objektivität erlangen kann. Wie ist Erkenntnis, und zuhöchst allgemeingültige,
w a h r e Erkenntnis möglich, wenn doch Immanenz – das Psychische,
die Akte – einerseits und Transzendenz – die Dinge, die Welt – andererseits zwei voneinander getrennte, einander fremde Sphären bezeichnen?
Ist im übrigen nicht jede Bestimmung von Objektivem, wahrem Seienden, jede wahre Erkenntnis, die die Sache selbst in ihrem eigenen Sein
zu treffen beansprucht, ein Prozeß, der sich vollständig in mir ab-
spielt? Ist nicht solche vermeintlich wahre und objektive Erkenntnis
immer nur *meine* Erkenntnis, *meine* Erfahrung, *meine* Meinung, also
mein „subjektives Gebilde"? „Wie kann nun aber die Erkenntnis ihrer
Übereinstimmung mit den erkannten Objekten gewiß werden, wie
kann sie über sich hinaus und ihre Objekte zuverlässig treffen"?[13]

§ 2. DAS PRINZIP DER REINEN EVIDENZ

Für den Aufbau einer letztbegründeten Wissenschaft ist die Einsicht
in die „ratio der vollzogenen Leistung", die Erkenntnistheorie grund-
legend. Weil den positiven Wissenschaften die l e t z t e Einsicht in diese
Leistung, diese Tätigkeit, die das Erkennen darstellt, niemals aufging –
jedenfalls nie in endgültiger Form –, weil ihnen also eine Kritik der
letzten subjektiven Bedingungen jeglicher Erkenntnis fehlt, sind sie
alle mit Voraussetzungen behaftet, mit Vorurteilen und Vorgegebenheiten; sie alle nehmen vieles als „selbstverständlich" hin, was eine
radikale Wissenschaft allererst auf seine Evidenz, d.h. auf seinen

---

[12] Vgl. *Die Idee der Phänomenologie*, S. 17–19.
[13] a.a.O., S. 20.

Wahrheitsgehalt prüfen würde, sie sind deshalb nicht im Stande, eine letzte Rechtfertigung ihrer eigenen Erkenntnisse zu geben.

Eine Wissenschaft, die sich radikal begründen will, in der der „Wille zur letzten Verantwortlichkeit"[14] waltet, darf nichts als vor-gegeben hinnehmen. „Vor" ihr kann es nichts geben, das für sie mit Wahrheitsgeltung und in Selbstverständlichkeit bereits bestünde und bei dem sie nur „zuzugreifen" hätte.[15] Sie muß sich zuallererst den Anfang verschaffen, und d.h. vor allem die *Methode*, durch die sie zur Voraussetzungslosigkeit gelangt.

Nichts voraussetzen, kein Vor-Urteil dulden, das heißt, wenn der sich radikal Besinnende wirklich mit letzter Radikalität vorgehen will, daß er sich auf das beschränkt, was sich ihm in absoluter, vollkommener, in jeder Hinsicht erfüllter *Evidenz* aufdrängt, was ihm nicht nur als *es selbst*, *leibhaft*, vor Augen steht, sondern klar, deutlich, endgültig erscheint, was jegliches nur Indizierte, verweisungs- oder vorgriffshaft Antizipierte und so jeden Zweifel an seinem Wahrheitsgehalt von sich ausschließt, mit einem Wort, was für ihn a p o d i k t i s c h gilt. Der sich Besinnende muß dabei danach streben, das in der Erkenntnis Gemeinte so zu erfassen, w i e es von ihm in seinen Erkenntnisakten gemeint war, er muß zu erreichen suchen, daß das Gemeinte seine Meinung in Vollkommenheit erfüllt. Der Erkenntnis muß es hier um totale Deckung mit dem Erkannten, um adaequatio gehen. Nur in dieser ist das Gemeinte selbst g e g e n w ä r t i g und nicht bloß ver-gegenwärtigt durch eine antizipierende, vor- oder rückgreifende Mitmeinung. „Adäquate Evidenz ist diejenige Evidenz, in der das Vermeinte und Selbstgegebene sich decken".[16] Eine adäquate ist eine r e i n e Evidenz. Der sich radikal Besinnende muß sich daher an das Prinzip der reinen Evidenz, d.h. an das Prinzip der vollkommenen Selbstgegebenheit des Vermeinten halten: „Selbstgebung soll für uns Maß und ihr absolutes Optimum das letzte Maß sein . . .".[17] Reine Evidenz wird damit zum Kriterium des in a p o d i k t i s c h e r Gewißheit Bewußten und hiermit des in einer strengen Wissenschaft einzig Gültigen erhoben. In diesem Sinne definiert Husserl die wahre Methode der Philosophie, die phänomenologische Reduktion – und zwar schon ganz früh – auch als „Beschränkung auf

[14] *Phänomenologische Psychologie*, S. 345, Fußnote.
[15] *Erste Philosophie II*, S. 6.
[16] Manuskript B I 22 II, S. 4; vgl. allgemein die Vorlesung 31 der *Ersten Philosophie II*.
[17] *Erste Philosophie II*, S. 33.

die Sphäre der reinen Selbstgegebenheiten ... der reinen Evidenz".[18]

Diese Forderung der reinen Evidenz setzt Husserl an den Anfang der Reflexion, die der Philosophie durch Konstitution der Phänomenologie einen apodiktischen Boden schaffen will. Husserl hat andererseits durch einen erst durch die Phänomenologie möglich gewordenen Begriff von Evidenz eine Revolution in ihrer Auffassung einleiten wollen, indem der Evidenz der von der Tradition ihr zugesprochene Charakter: „absolutes Kriterium der Wahrheit",[19] d.h. Evidenz „im S i n n e e i n e r a b s o l u t e n A p o d i k t i z i t ä t"[20] abgesprochen wird, also anscheinend das abgesprochen, was für jene Erfahrung des Anfanges im Grunde gefordert wird. Bekannt sind ja die ausführlichen Analysen Husserls in den *Analysen zur passiven Synthesis*, der *Formalen und transzendentalen Logik* oder *Erfahrung und Urteil*, in denen er seine neue Bestimmung der Evidenz der traditionellen scharf gegenüberstellt, weil diese unter Evidenz eine „absolute Erfassung der Wahrheit"[21] versteht, eine Erfassung also, die dadurch charakterisiert wäre, daß das Gemeinte in s e i n e m absolut an sich seienden, von jedem Moment des bloß Subjektiven losgelösten Seinsgehalt erkannt würde. Indem die Tradition Evidenz auf „apodiktische, absolut zweifellose und sozusagen in sich fertige Einsicht"[22] reduziert, gibt sie damit eine grundverkehrte Interpretation[23] von ihr, die in der Folge darauf hinausläuft, sie als Charakter gewisser ausgezeichneter Akte anzusehen oder gar als ein gewisse Akte mitbegleitendes Gefühl usw. Damit wird zugleich gesagt, daß andere Erlebnisse wie zum Beispiel und vor allem die äußere Wahrnehmung der Evidenz in der Gebung ihrer Gegenstände völlig ermangeln, da solche Erlebnisse diese immer nur unvollkommen erfassen können, d.h. immer die Möglichkeit offen lassen, daß ihre Gegenstände „in Wahrheit" nicht sind. Dagegen ist für Husserl *phänomenologisch* richtig, wie wir unten in der Konstruktion des Idealismus ausführlich darlegen werden, daß die äußere Wahrnehmung trotz ihrer Unvollkommenheit genau so selbstgebend ist wie diejenigen Akte, durch die wir uns logische Gesetze, mathematische Verhältnisse, Apriorisches jeglichen Typus aneignen. Die Wahrneh-

---

[18] *Die Idee der Phänomenologie*, S. 21.
[19] *Formale und transzendentale Logik*, S. 140.
[20] ebda.
[21] a.a.O., S. 245.
[22] a.a.O., S. 144
[23] a.a.O., S. 140.

mung eines Hauses gibt uns das Haus mit derselben Evidenz wie ein Denkakt die Summe aus 2 und 2. Daß dies in der Tradition nicht gesehen wurde, ist für Husserl die Folge des Mangels an einer „ernstlichen *phänomenologischen* Analyse"[24] der Bewußtseinsleistung, die man gemeinhin als Evidenz bezeichnet.

Es ist nun klar, daß die Evidenz der Selbstgebung, die Husserl für den Anfang der Reflexion fordert, nicht diejenige sein kann, die er z.B. auch der äußeren Wahrnehmung phänomenologisch beimißt. Nicht nur deswegen, weil man vor der Konstitution der Phänomenologie keinen schon phänomenologisch geklärten Begriff als Grundsatz setzen kann, sondern noch vielmehr deswegen, weil die Selbstgebung des Anfanges doch apodiktischen Charakter aufweisen bzw. möglichst viel von der angestrebten Apodiktizität enthalten soll. Husserl räumt wohl der Welterfahrung ihr Recht – und zwar ihr ursprüngliches Recht auf Selbstgebung ein, stimmt aber mit der Tradition darin überein, daß sie ein unvollkommen gebender Akt ist und deshalb einer sich radikal verstehenden Wissenschaft keinen apodiktischen Boden verschaffen kann. Der selbstgebende Charakter der äußeren Wahrnehmung – der Erinnerung, der Phantasic usw., für ihre jeweiligen Gegenstände und auf ihre jeweilige Art – wird sich innerhalb der transzendentalen Phänomenologie als ein grundlegendes Moment erweisen, reicht aber für den Anfang der Reflexion nicht aus. Am Anfang der philosophischen Besinnung steht das Gebot, von dieser wie von jeder Erfahrung abzusehen, die der Forderung nach Voraussetzungslosigkeit nicht standhalten könnte, und nur nach einer solchen Ausschau zu halten, in der Selbstgebung nicht nur allgemein Selbstanwesenheit, Selbsthabe des Gegenstandes, sondern r e i n e, a d ä q u a t e und damit z w e i f e l l o s e Selbstgegebenheit ist. Von jeglicher n o r - m a l e n, naiv geradehin vollzogenen (Welt-) Erfahrung muß der Anfangende abrücken, von der natürlichen Evidenz oder Evidenz der Positivität[25] zu einer solchen, die man vorausgreifend schon „transzendental"[26] nennen kann und die zunächst bloß die Bedeutung hat, daß die radikale Reflexion zu einer Evidenzerfahrung strebt, die alle Vorurteile, Voraussetzungen, Selbstverständlichkeiten überwindet. Folgerichtig steht für Husserl der natürliche Evidenzbegriff, also derjenige der absoluten Erfassung der Wahrheit, welcher

---

[24] ebda.; von mir hervorgehoben.
[25] *Erste Philosophie II*, S. 30.
[26] ebda.

„von der naiv vorausgesetzten Wahrheit-an-sich die Evidenz kon-
struiert",[27] dem Radikalismus der Voraussetzungslosigkeit gerade im
Wege. *Zugunsten der Evidenz im Sinne der apodiktischen Selbstgebung*
muß die Evidenz als absolute Apodiktizität verlassen werden. Denn
solch ein Evidenzkriterium impliziert, daß es etwas an sich und von
sich her Seiendes gibt, das wir in seiner Wahrheit in ausgezeichneten
Akten des Typus „Evidenz" erreichen können. Nun ist etwas, das an
sich wahr ist, dessen Wahrheit der Erkennende einfach hinnimmt, und
das nicht in und durch Erkenntnis (im weitesten Sinne dieses Wortes)
allererst als Wahrheit hervortritt, das es also v o r der Erkenntnis bereits gibt, nichts anderes als ein Vor-urteil, eine Vorgegebenheit. Das
Vorurteil über Evidenz als absolute Erfassung der Wahrheit hängt
also zusammen mit dem „. . .Vorurteil der absoluten, an sich seienden
Welt als Substrat von selbstverständlich ihr zugehörigen Wahrheiten
an sich".[28] Die Vorstellung von einer an sich seienden Welt ist nun
die Grundvorstellung des natürlich-vorkritischen, vorphilosophischen
Lebens. Will die Reflexion zur Letztbegründung die am Anfang zu
setzende Apodiktizität der Selbstgebung erreichen, so muß sie die naive
Apodiktizität der Wahrhcit-an-sich, das natürliche Leben überwinden.
Die Überwindung heißt hier: Epoché. Bereiten wir uns allmählich den
Weg zu ihr.

§ 3. DAS NATÜRLICHE LEBEN UND DIE RÜCKWENDUNG ZUR SUBJEKTIV-RELATIVEN LEBENSWELT

In der Voraussetzung der an sich seienden Welt lebend ist der
Mensch auf die durch seine verschiedenartigen Erfahrungsakte ge-
meinten Gegenstände in sehr verschiedenen Graden von Passivität
und Aktivität bezogen; er lebt – nimmt wahr, denkt, handelt – hinein
in eine ihm immerzu v o r g e g e b e n e Welt von Gegenständlichkeiten
realer oder auch idealer Natur: Dinge, Personen, Werte, Zahlen, wissenschaftliche Theorien usw., die ihn, indem sie ihn auf verschiedenar-
tige Weise affizieren, zu einem passiven oder aktiven Verhalten ihnen
gegenüber veranlassen, so daß der Mensch S t e l l u n g nimmt zu ihrem
Sein (Vermutlichsein, Nichtsein, Möglichsein usw.), mit anderen
Worten, daß er sich für sie in einem weitesten Sinne i n t e r e s s i e r t.
Der natürliche Mensch ist in seinem wachen Leben beständig interes-

[27] *Formale und transzendentale Logik*, S. 245.
[28] a.a.O., S. 244

siert auf Gegenstände gerichtet; er beschäftigt sich mit ihnen, entweder
passiv in bloßer Hinnahme der „rein affektiven Vorgegebenheit", im
„passiven Seinsglauben", oder aktiv in erfassender Wahrnehmung,
er bedient sich ihrer in Verfolgung seiner praktischen Zwecke, gestaltet
sie dabei vielleicht um und schafft sich damit neue Gegenstände, oder
er bestimmt sie wissenschaftlich durch die höheren Akte des theoretischen Denkens. All diese Gegenständlichkeiten, ob reale oder ideale,
sind jeweils Ziel, *Telos* seines sinnlich-praktischen oder theoretischen
Tuns; auf sie als objektive im voraus seiende Pole geht sein abzielendes
Streben. „Im schlicht natürlichen Leben t e r m i n i e r e n alle Zwecke in
„der" Welt und t e r m i n i e r t alle Erkenntnis in wirklich Seiendem,
das die Bewährung sichert".[29] „In jedem *actus* ist . . . das Ich konti-
nuierlich-bewußtseinsmäßig bei seinem Ziel als Telos . . . *Inter est* – in
der Tat, wenn im weitesten Sinn von Interessiertsein, von Interesse gesprochen wird, so drückt sich damit unter einiger Erweiterung des
normalen Wortsinns das Grundwesen aller Akte aus. . .".[30]

Der Mensch ist aber nicht nur durch solche Akte auf die ihm vorgegebene Welt bezogen, die, wie die Wahrnehmung, ihre Gegenstände
in leibhaftiger Selbstgegebenheit erfassen. Was er in ursprünglich
stiftenden, einstimmig verlaufenden Akten erfährt, hat für ihn von
nun an den Charakter des „wirklich Seienden". Und diese Seinsgeltung
bleibt bestehen, soweit nicht neue Erfahrungen die seinsstiftende Entscheidung jener ursprünglichen Akte entkräften. Auch diese Geltungen
von früher her sind also für den Menschen eine bleibende Habe, sie
sind vorgegebenes Seiendes, auf das er sich immer wieder in Akten der
Vergegenwärtigung zurückbeziehen kann.

Auf diese Weise befindet sich der Mensch des natürlichen Lebens
in einer immerzu vorhandenen, an sich seienden, f e r t i g e n Welt von
real oder ideal wirklichen Gegenständen, einem Universum fragloser
selbstverständlicher Vorgegebenheit. Die Welt i s t und sie ist s c h l e c h t -
h i n ; die menschliche Erfahrung oder Erkenntnis hingegen gilt dem
Verständnis des natürlichen Lebens als etwas diesem vorgegebenen
Sein gegenüber Nachträgliches; denn dem natürlichen Leben geht es
immer nur darum, die an sich seiende Welt in dieser ihrer Wahrheit
schlicht aufzunehmen oder vielleicht auch, worin aber prinzipiell kein
Unterschied liegt, wissenschaftlich zu bestimmen. Die „subjektiven
Erscheinungen", die jeweiligen Darstellungen oder Perspektiven, in

---

[29] *Krisis*, S. 180.
[30] *Phänomenologische Psychologie*, S. 412.

denen sich uns das Seiende zeigt, die Gegenstände, die Welt, wie sie sich uns „subjektiv" gibt, all dies „bloß Subjektive" geht dabei zu Lasten unserer psychophysischen oder sonstigen personellen Individualität, es wird zu den jeweiligen „Umständen" der Erfahrung gerechnet; und es kommt dem natürlichen Leben allein darauf an – weil es eben von jener Überzeugung der wahren, an sich seienden Welt geleitet ist –, von diesem Subjektiven möglichst wegzusehen, es beiseitezuschieben und zu überwinden, um der Identität und Wahrheit der erfahrenen Realität willen, in einem unaufhörlichen, endlosen Prozeß der objektiven Erfahrung, der Festlegung bzw. näheren Bestimmung der Bestände der Erfahrungswelt. Dieser auf der untersten Stufe der jeweils sinnlich-anschaulichen Erfahrungswelt anhebende Prozeß der Objektivierung oder „Idealisierung", wie Husserl sagt, findet seine höchste Steigerung im Bereich der positiven Wissenschaften, die ihren Sinn darin sehen, das an sich Wahre, die von jeglicher möglichen subjektiven Beimischung befreite Wirklichkeit aufzudecken.

Dieser an sich vorhandenen Welt rechnet sich der natürliche Mensch selbst zu als ein Seiender neben anderem Seienden im Ganzen der Welt, in der Natur und ihrem real-kausalen Zusammenhang. Er ist „in" der Welt, „in" der Natur, von ihr affiziert und in sie hineinwirkend. Für das natürliche Leben ist demnach die Beziehung, die er, der Mensch, mit den anderen Seienden unterhält, eine „innerweltliche", ein Zusammentreffen, das zwischen einer Realität – nämlich ihm, der leib-seelischen Einheit: Mensch – einerseits und anderen Realitäten – Dingen, Werten, Zahlen, anderen Menschen – andererseits zustandekommt, wenn der Mensch sich erkenntnismäßig betätigt, praktisch handelt, theoretisch urteilt, Umgang mit anderen Menschen aufnimmt usw. Beide Seiten dieser Beziehung, Erkennendes und Erkanntes, liegen für das Verständnis des natürlichen Lebens auf derselben Ebene; sie ordnen sich gleichermaßen in das Nebeneinander des Seienden ein.

Indem aber das natürliche Bewußtsein den Menschen als ein Stück raumzeitlich-kausaler Realität auffaßt, als ein Seiendes „mehr" im Universum des Seienden, verkennt es eben damit den fundamentalen Unterschied zwischen Mensch und Realität. Geht der Mensch im Universum der Dinge auf, so geht zugleich die wirkliche Transzendenz der Welt verloren. Das Bemühen Husserls, nebenbei gesagt, wird genau darin bestehen, die wahre Wirklichkeit, die wahre Transzendenz der Welt zum Verständnis zu bringen.

Will der Reflektierende in unbedingter Radikalität, und d.h. in absoluter Voraussetzungslosigkeit vorgehen, will er auf das zurückgehen, was er als es s e l b s t, leibhaftig vor Augen hat, so muß er sich von der Voraussetzung dieser an sich seienden, ,,objektiven", ,,wahren", ,,vor-gegebenen" Welt lösen – dies jedoch nicht so, daß er hierdurch Welt oder Wirklichkeit verliert; denn da es ihm um eine radikale Begrün-dung der *Philosophie* geht, muß er über Sein und Seiendes Aussagen machen können.

Sich dieser wahren, an sich seienden Welt in der Besinnung ent-ledigen und doch zugleich Welt behalten, bedeutet nach allem bisher Gesagten nichts anderes, als gerade zu der Welt, zu den Gegenständen zurückkehren, die, im Gegensatz zu den wahren, an sich und d.h. für alle geltenden, ,,bloß subjektiv" sind, die bloß für denjenigen gelten, der sich besinnt. Die radikal voraussetzungslose Besinnung besteht im Rückgang auf die Welt, wie sie unter den und den ,,subjektiven" Um-ständen, perspektivisch verzerrt, in aller Relativität, mit einem Wort: ,,bloß subjektiv" erfahren wird; sie ist Rückgang auf die Lebenswelt als ,,die Welt der bloßen, traditionell so verächtlich behandelten δόξα".[31]

[31] *Krisis*, S. 465. Der Begriff der Lebenswelt verfestigt sich bekanntlich bei Husserl erst relativ spät zu einem philosophischen Terminus. *Erfahrung und Urteil* und die *Krisis* enthalten die genaueren Bestimmungen dieses Begriffes: er bezeichnet vor allem im systematischen Zusammenhang den Gegenpol der durch Idealisierung konstruierten objektiven Welt der Wissenschaft, d.h. die subjektiv-relativ er-scheinende ,,vorwissenschaftliche" Alltagswelt, die zu jener in einem Fundierungs-verhältnis steht. Aber abgesehen von diesem Verhältnis (vorwissenschaftlich-wissen-schaftlich) ist die Lebenswelt nichts anderes als die phänomenal erscheinende Welt, so wie sie Husserl von seinen ersten Schriften an immer charakterisiert, die einzige Welt, von der ich mit Sinn reden kann im Gegensatz zur objektiven Welt für alle; die Analysen der *Krisis*, in denen Husserl die Lebenswelt auf ihre Grundstrukturen hin betrachtet – vgl. z.B. §§ 28 und 45–48 – unterscheiden sich nicht – abgesehen vielleicht nur von einer stärkeren Hervorhebung der Rolle der Kinaesthesen bzw. der Leiblichkeit überhaupt – von den Analysen, die in den anderen Schriften Husserls der Charakterisierung der subjektiv erscheinenden Welt gewidmet sind. Husserl verwendet an einigen Stellen den Begriff der Lebenswelt als annähernd synonym mit natürlicher Einstellung, wie in der *Krisis*, S. 108. ,,In allen Bewäh-rungen des natürlichen Interessenlebens, des sich rein in der Lebenswelt haltenden, spielt der Rückgang auf die ‚sinnlich' erfahrende Anschauung eine prominente Rolle". Die natürliche Einstellung vertritt hier das sinnliche vorwissenschaftliche Leben. Nun ist aber die wissenschaftliche Denkhaltung viel ,,natürlicher" als die vorwissenschaftliche: in ihr vollendet sich ja die totale Objektivierung der Wirk-lichkeit, wie Husserl selbst so viele Male (*Ideen II*, *Formale und transzendentale Logik*, *Krisis* usw.) ausführlich darlegt. Natürliches Leben – natürliche Denkhal-tung, natürliche Einstellung – als sich musterhaft in der wissenschaftlichen Haltung verkörpernd, kann man nicht ohne Widerspruch in den Begriff der Lebenswelt übergehen lassen. Im Gegenteil: natürliche Einstellung und Lebenswelt stehen gerade im völligen Gegensatz. Der Begriff der Lebenswelt wird in der vorliegenden Arbeit nur in dieser strengen Bedeutung verwendet. Vgl. auch unten S. 178 Fußnote.

Denn nur d i e s e r W e l t ist der radikal sich Besinnende z w e i f e l l o s gewiß, da er nur diese Welt in S e l b s t g e g e b e n h e i t haben kann; nur
die Erlebnis- oder Erfahrungswelt kann er „absolut verantworten".
„Worüber jeder zweifellos aussagen kann, ist das jeweilig wirklich
Gegebene, das so Aussehende als so Aussehendes. Das Seiende an sich
selbst (oder ein Seiendes selbst), losgelöst von jedem Aussehen, . . . ist
nicht erfahren und nicht erfahrbar".[32]
    Die Besinnung auf Letztverantwortung, deren Ziel eine Wissen-
schaft in absoluter Apodiktizität, und das heißt: in zwingender Notwendigkeit, Rationalität ist, sieht sich damit im Zuge ihres Strebens
nach Voraussetzungslosigkeit auf eine Methode verwiesen, durch die
sie, die Besinnung, auf das reduziert wird, was „bloß subjektiv" ist, auf
den „Heraklitischen Fluß"[33] der subjektiven Erlebnisse und Erscheinungen. Es ergibt sich die paradoxe Situation, daß die Letztbegründung
der Wissenschaft, d.h. die Letztbegründung von Objektivität, ihre
Gründe im „bloß Subjektiven" suchen muß.

§ 4. NATÜRLICHE UND REINE REFLEXION

    Die soeben skizzierte Rückwendung von der an sich seienden Welt
oder besser vom „geradehin Hineinleben" in diese Welt zu den subjektiven Erlebnissen ist freilich nichts anderes als das, was Husserl
Reflexion nennt. Diese Reflexion, die der Letztbegründung der Philosophie dient, muß aber richtig verstanden werden: Es kann sich nicht
um eine n o r m a l e Reflexion handeln, wie wir sie in unserem natürlichen, vorkritischen Leben jederzeit vollziehen bzw. vollziehen können.
Denn die grundsätzlich „natürliche" Einstellung des Menschen ändert
sich noch keineswegs damit, daß das Subjekt der Erfahrung, statt
weiter im Vollzug des geradehin gerichteten Aktes zu leben, seine subjektiven Erlebnisse in den Blick nimmt und über sie Aussagen macht.
Auch der Mensch des natürlichen Lebens ist durchaus mit der Möglichkeit vertraut, in reflektive Akte überzugehen, was sich etwa sowohl
in der schlichten Form der Aussage: „ich sehe dieses Haus" nieder-
schlägt, wie auch in wissenschaftlichen Aussagen, wie sie etwa die
Psychologie, Soziologie, Anthropologie usw. nur auf Grund von Re-

---

[32] *Erste Philosophie I*, S. 58. Dieser Satz wird von Husserl zur Kennzeichnung des
skeptischen Denkens der Sophisten verwendet. Er gibt aber genau sein eigenes
Denken wieder, wie wir im zweiten Teil dieser Arbeit darlegen.
[33] *Krisis*, S. 159.

flexion über ihren Gegenstand machen können. Zwar leben dann der Psychologe, Anthropologe usw. nicht mehr in der „Grundeinstellung"[34] des reflexionslosen Lebens, da sie gerade dieses Leben zum Thema ihrer Besinnungen gemacht haben; sie haben schon eine Distanz zu ihm – und das heißt in erster Linie zu sich selbst, eingenommen, wodurch ihnen das Leben überhaupt zum Gegenstand werden konnte. Durch den Vollzug dieser Ich-Spaltung hat der Wissenschaftler dieser Disziplinen bereits einen Bruch mit jener naiven Grundeinstellung vollzogen und die Einstellung des reflektierenden Ich, des Selbstbetrachters – d.h. des Zuschauers seiner eigenen Akte, nämlich der des unreflektierten Ich, – eingenommen. Aber solange er die vom unreflektierten, geradehin erfahrenden Ich vollzogene Seinssetzung – den Glauben an die an sich seiende Wirklichkeit – mit in seine reflektiven Akte übernimmt, d.h., solange er sich auch in der Reflexion weiter *stellungnehmend* zur Wirklichkeit verhält, bleibt er in der Natürlichkeit; denn er setzt sich damit weiter als Menschen, als ein reales Weltliches, er „apperzipiert" sich noch immer als „menschliche Person" in der Welt und setzt damit diese Welt voraus. „Wenn ich mich in dieser n a t ü r l i c h e n Einstellung reflektiv erfahrend betrachte, also als Menschen finde, so ergibt eine weitere Reflexion auf mein Ich, das da Subjekt dieser Erfahrung ‚Ich-Mensch' ist, wieder mich, den Menschen, und so *in infinitum*...".[35]

Dieses „in infinitum" drückt keine Unmöglichkeit aus, sondern nur die Tatsache, daß die Reflexion der Natürlichkeit von sich aus, mit ihren eigenen, natürlichen Mitteln, die Voraussetzungen der Naivität nicht überwinden kann. Die natürliche Reflexion denkt aus der Natürlichkeit, in der Natürlichkeit, sie ist vollständig in ihrer Verstrickung befangen, und sie bleibt in infinitum darin, solange sie nicht diese Verstrickung selbst durchschaut und versucht, sich ihr zu entziehen. „Bloß darin ist das natürliche Leben . . . beschränkt, aber darum nicht etwa einer Täuschung unterlegen, daß es in seiner ‚Natürlichkeit' fortlebend, keine Motive hat, in die transzendentale Einstellung überzugehen...".[36]

Wir kennen aber das in der natürlichen Denkhaltung fehlende „Motiv": Der sich Besinnende will eine Wissenschaft begründen, die sich radikal verantwortet, er will Philosoph werden. In der natürlichen Denkhaltung lebend ist ihm aber die Einsicht[37] aufgegangen, daß sie –

[34] Vgl. *Erste Philosophie I*, S. 260.
[35] *Erste Philosophie II*, S. 418.
[36] „Nachwort", *Ideen III*, S. 153.
[37] Diese Einsicht kommt auf *in* der Natürlichkeit, ist allerdings zugleich deren

die Natürlichkeit oder das natürliche Denken – keinen apodiktischen Boden für eine solche Wissenschaft abgeben kann. Das natürliche Leben setzt die Welt voraus als absolute Tatsache.

Der sich Besinnende muß sich auf seine Erlebnisse und durch sie auf die „so und so aussehende Welt" richten. Besinnt er sich aber natürlich, so faßt er sich als Menschen *in* der Welt auf, seine Erlebnisse sind „psychophysische" Tatsachen, innerweltliche, realkausale Begebenheiten und als solche nicht selbstgebend. Die der Letztbegründung der Philosophie dienende Reflexion muß auf die Erlebnisse zurückgehen; diese Reduktion auf die Erlebnisse muß so beschaffen sein, daß jene Natürlichkeit – die Weltvoraussetzung – ausgeschaltet wird und die erfaßten Erlebnisse keine weltvoraussetzenden Vorkommnisse mehr sind.

Die Methode der radikal reflektierenden Besinnung ergibt sich unmittelbar aus diesen Überlegungen: Die natürliche Reflexion versteht die Erlebnisse, die sie reflektiert, immer noch als weltlich-reale Vorkommnisse, weil sie die Seinsgeltung dieser Erlebnisse beibehält, da sie ihren Wahrnehmungsglauben teilt; denn dasjenige, was für die natürlichen Akte, die zum Gegenstand der radikalen Reflexion geworden sind, wirklich Daseiendes, d.h. an sich Vorliegendes ist, das bleibt auch für sie, die Reflexion, Daseiendes. Sie vollzieht das Interesse, die Stellungnahme der geradehin ausgeübten Akte, d.h. der Akte im Weltglauben mit. Die Reflexion der Letztbegründung muß also diesen Weltglauben der reflektierten Akte fahrenlassen; sie darf ihn nicht mehr mitmachen, wenn sie voraussetzungslos vorgehen will.

In dieser „anomalen" Reflexion[38] nimmt dann die jeglicher Reflexion eigene Ichspaltung eine ganz eigentümliche Form an: Ich, als mich über meine eigenen Akte oder Erlebnisse erhebendes und ihnen zuschauendes Ich enthalte mich jeglicher Stellungnahme zum Sein des Erfahrenen, ich betätige mich nicht mehr als am Sein des Wahrgenommenen interessiertes Ich; in der neuen Reflexion gehe ich nicht mehr meinen „normalen", „weltlichen" Interessen nach, was aber keineswegs besagt, daß ich zu einer wie auch immer verstandenen gänzlichen Untätigkeit übergehe, sondern konkret bedeutet: ich versage mir jedes Urteil oder, allgemeiner, jede Erfahrung im weitesten Sinne, die in sich eine schlechthinnige Seinssetzung – eine Weltvoraus-

Überwindung, indem sie gerade die besagte Verstrickung durchschaut. Über diesen ersten Bruch mit der Natürlichkeit vgl. hier S. 89ff.

[38] *Erste Philosophie II*, S. 92.

setzung – in irgendeiner Seinsmodalität – wirklich, möglich, wahrscheinlich, unmöglich usw. – enthält. Das heißt aber auch nicht, daß ich von der früheren Seinsüberzeugung zu einer Seinsnegation übergehe, oder zu einem Vermutungs-, Wahrscheinlichkeitsbewußtsein, oder anderen Bewußtseinsmodifikationen solcher Art. Sondern vielmehr: ich enthebe mich jeder Seinsentscheidung; ich schalte schlechthin jede Form von Seins- oder Weltinteresse aus. Indem ich das tue, klammere ich die Weltwirklichkeit ein, übe ich *Epoché* und werde so zum uninteressierten, unbeteiligten Selbstzuschauer.[39]

Durch diesen Vollzug der Epoché nehme ich meine Erlebnisse aus der Welt, aus der Naturkausalität heraus. Sie sind für die Betrachtung keine realen Vorkommnisse mehr, und damit ist gesagt, daß sie nicht als Erlebnisse des realen Menschen, d.h. meines in der Welt körperlich anwesenden und durch meinen Leibkörper kausal affizierten Selbst angesehen werden. Die Reflexion im Dienste der Letztbegründung, der es darum geht, nur das gelten zu lassen, was sich als es selbst und rein zeigt, und die deswegen mit jeder Voraussetzung aufräumen muß, muß die Voraussetzung außer Kraft setzen, daß ich Mensch in der Welt bin.

Nehme ich nun mein Bewußtseinsleben in diesem Sinne aus der Welt heraus, dann setze ich damit voraus, daß dieses mein Leben zu seinem Sein der Welt nicht bedarf, daß es in sich selber und aus sich ein Ganzes, eine geschlossene Einheit ist. Die „Herausnahme"[40] meines Bewußtseinslebens aus der Welt ist zwar nur ein methodischer Kunstgriff, sie muß aber andererseits den Sachen, um deren Erklärung es gerade geht, gerecht werden, sie darf mit ihnen nicht in Widerspruch stehen.

---

[39] Vgl. die ausführliche Darstellung Husserls dieser „phänomenologischen Theorie der Epoché auf dem Grunde einer Theorie der Reflexion überhaupt" in *Erste Philosophie II*, S. 87-111 u.S. 313, ad 87. Auch *Phänomenologische Psychologie*, Beilage XVIII, in der Husserl aus der zur Reflexion gehörenden Ichspaltung die Methode der phänomenologischen Reduktion „deduziert", wie er sich selbst ausdrückt (S. 440). Vgl. unsere Erörterung des cartesianischen Weges unten § 8 für die Frage, wie Husserl die Epoché in den *Ideen I* darstellt. Hier arbeitet er zwar nicht direkt mit dem Unterschied in den Reflexionsweisen, aber das ist im Grunde nur ein Darstellungsunterschied; denn beide Male handelt es sich natürlich um dasselbe: Aufhebung der Seinswirklichkeit der Welt, die in meiner Freiheit liegt. Nur durch die Epoché wird die Reflexion geeignetes Mittel zur Begründung der Wissenschaft.
[40] Vgl. unten S. 138.

Wie ist das aber möglich? Kann ich wirklich widerspruchslos von der Tatsache absehen, daß ich Mensch bin und als solcher immer schon in einer Welt, in einer Natur lebe? Kann ich methodisch davon absehen, daß mich von Seiten dieser Natur Affektionen treffen, daß die Welt meine Erlebnisse, meine Erfahrung im weitesten Sinne bestimmt, determiniert? Ist das alles auf einmal nicht wahr, ist die Welt und ich in ihr nicht vorhanden? Welche Freiheit erlaubt mir, die Seinsgeltung der Welt einfach einzuklammern? ,,Mit der natürlichen Welt ist individuelles Bewußtsein in doppelter Weise verflochten: es ist irgendeines Menschen oder Tieres Bewußtsein, und es ist, wenigstens in einer Großzahl seiner Besonderungen, Bewußtsein von dieser Welt''.[41] ,,Dabei ist doch Bewußtsein und Dinglichkeit ein verbundenes physisches und nur so konkretes Ganzes..., zu oberst verbunden in der realen Einheit der ganzen Welt''.[42] Meine Erlebnisse, indem sie Erlebnisse von der Welt sind, müssen doch die Welt voraussetzen, die, auf mich wirkend, meine Erlebnisse und Erscheinungen verursacht. Wenn es sich aber so verhält, dann behält die natürliche Denkhaltung Recht damit, den Menschen als ein Seiendes neben anderen Dingen und zugleich als mit ihnen in der Einheit des Ganzen verbunden anzusehen. ,,Was kann denn übrig bleiben'', fragt sich Husserl bei der Einführung der Epoché, ,,wenn die ganze Welt, eingerechnet uns Menschen, ausgeschaltet ist?''.[43]

§ 5. DER DOPPELSINN DER VORBESINNUNGEN ZUR REINEN REFLEXION ODER EPOCHÉ

Der Vollzug der Epoché bereitet also Schwierigkeiten. Solche Fragen wie die gerade angeführten und viele ähnliche stellt sich Husserl immer wieder, wenn er die Problematik der Reduktion behandelt; die Umkehr vom natürlichen zum phänomenologischen Leben oder Denken beschäftigt ihn unaufhörlich; stets aufs neue und unermüdlich widmet er sich der Aufgabe, die Überwindung der Positivität, das Verlassen des natürlichen Bodens und die Einnahme des phänomenologischen

---

[41] *Ideen I*, S. 87.

[42] a.a. O., S.88. Dieses wie das vorhergehende Zitat bezeichnen in den *Ideen* den Anfang der Besinnung, die den paradoxen Status des Bewußtseins – rein in sich ein Ganzes seiend und doch verflochten mit der natürlichen Welt – aufklären will. Die Aufklärung besteht aber in der Einsicht in den richtigen Sinn der Verflochtenheit mit der natürlichen Welt.

[43] *Ideen I*, S. 69.

bzw. transzendentalphänomenologischen Standorts „von Anfang an" einsichtig zu machen, diesen Weg überzeugend zu motivieren. Auf diese Weise entstanden zahlreiche Betrachtungen oder Besinnungen oder vielleicht besser: Vorbesinnungen; es entstanden die „verschiedenen gleichmöglichen Wege", wie wir in der Einleitung zitierten.[44]

Am Anfang des § 51 der *Ideen I* sagt Husserl im Rückblick auf die Vorbetrachtungen: „Reflexion kann freilich jeder vollziehen . . ., aber damit ist noch nicht phänomenologische Reflexion vollzogen und das erfaßte Bewußtsein nicht reines Bewußtsein. Radikale Betrachtungen, derart wie wir sie durchgeführt haben, führen uns erst dazu, zur Erkenntnis durchzudringen, daß es so etwas wie das Feld transzendental reinen Bewußtseins überhaupt gibt . . .".[45] Und in einer Fußnote dazu fügt er hinzu: „Diese Betrachtungen *motivierten* mich, als vernunftkritisch einzusehen, daß eine transzendentale Epoché vollziehbar ist, die eine . . . transzendentale Philosophie ermöglicht".[46]

In Beilage XXII der *Phänomenologischen Psychologie* und nach einer Reihe von Besinnungen, die den Übergang von der phänomenologisch-psychologischen Reduktion in die transzendentale klarmachen sollen, sagt Husserl: „Ich habe danach die seiende Welt . . . erkannt als seiend aus meinen Geltungsleistungen . . . *Bin ich nun soweit klar*, so sage ich: Jedes Glaubens, den ich habe, kann ich mich enthalten",[47] d.h. ich kann universal transzendentale Epoché üben.

Die langen Erörterungen des zweiten Weges in den Vorlesungen zur *Ersten Philosophie* (2. Teil) hatten die Funktion, die Möglichkeit der Epoché zu begründen, wie Husserl von S. 160 – „Möglich wird diese universale Epoché . . ." – bis S. 163 darlegt. Ähnlich äußert sich Husserl, was Möglichkeit und Motivation der Epoché betrifft, auch in den anderen Schriften, in denen er sie darstellt.

Mit anderen Worten, diese Betrachtungen sollen die Motivation, den Grund für den Vollzug von Epoché und Reduktion beibringen. Die Epoché ist ein Akt des sich frei besinnenden Menschen.[48] Als

---

[44] Vgl. oben S. VII.
[45] *Ideen I*, S. 119.
[46] a.a.O., S. 120; von mir hervorgehoben.
[47] *Phänomenologische Psychologie*, S. 464; von mir hervorgehoben.
[48] *Phänomenologische Psychologie*, S. 443: „Im voraus liegt es in jedem natürlichen Bewußtsein, daß es in sich Weltliches in Geltung hat. Es ist also ein Akt notwendig, der diese Geltung außer Spiel setzt, ein Akt der Epoché. . ."

Akt muß er selbst innerhalb des „endlosen Lebenszusammenhanges"[49] stehen, muß daher „Erfüllung" vorangegangener Lebensstrecken sein, die ihn intentional in sich schon antizipiert hatten; denn von dieser Verfassung sind, wie wir noch sehen werden, grundsätzlich alle Akte der Subjektivität. Den Horizont der besagten Motivation freizulegen, ist die Aufgabe der Vorbesinnungen, ihr Ergebnis ist die Epoché.[50]

Im oben angeführten Zitat aus *Ideen I*[51] liegt aber noch der Hinweis auf eine weitere Fragedimension. Es wird dort gesagt, daß die vollzogene Reflexion auf das Bewußtsein, durch die die Motivation der Epoché aufgedeckt werden soll, eine p h ä n o m e n o l o g i s c h e sei. An anderen Stellen der *Ideen I* finden wir die Feststellung, daß die Betrachtungen „phänomenologisch-psychologischer Natur" sind.[52] Im zweiten Teil der *Ersten Philosophie*, nach der Darstellung des cartesianischen Weges, entwirft Husserl die Theorie der reinen („anomalen") Reflexion, wie wir sie im vorigen Paragraphen skizzierten[53], aus welchem Entwurf dann der zweite, psychologische Weg hervorgeht. Über diese Theorie, die Husserl selbst eine „n a t ü r l i c h e S e l b s t b e s i n n u n g oder Reflexion" über die Reflexion nennt,[54] sagt er, daß sie als „Teil einer Phänomenologie der phänomenologischen Reduktion zu betrachten (ist)",[55] als eine „phänomenologische Theorie der ἐποχή auf dem Grunde einer Theorie der Reflexion überhaupt"[56] und schließlich als „Stücke einer Phänomenologie der Akte phänomenologischer R e d u k t i o n".[57] Die Reflexion über die reflektiven Akte hat hier keineswegs schon den Charakter eines Weges zur transzendentalen Sphäre, sondern will zunächst nur die Möglichkeit einer „bloß phänomenologischen" Epoché herausarbeiten. Und doch ist sie schon eine phänomenologische Besinnung. Auch in der *Krisis* wird von einer

---

[49] *Erste Philosophie II*, S. 153.
[50] Vgl. z.B. *Erste Philosophie II*, S. 417: „Die transzendental reine Selbsterfahrung gibt mir nun einen neuen Boden bleibenden Seins . . . Nur daß eben das transzendentale Ich in dieser Art zu sein und für sich konstituiert zu sein prinzipiell noch unfähig ist, seiner selbst innezuwerden, sich selbst in seiner Reinheit thematisch zu erfahren . . . dazu muß es erst in die *Motivationen* hineingeraten . . . und *enden*, phänomenologische Reduktion zu üben"; Hervorhebungen von mir.
[51] *Ideen I*, S. 119.
[52] *Ideen I*, § 34, Titel; S. 467, ad 74, 16 und 74, 19 usw.
[53] Vgl. oben S. 15.
[54] *Erste Philosophie II*, S. 87.
[55] a.a.O., S. 312, Fußnote 2.
[56] a.a.O., S. 313.
[57] ebda.

„Phänomenologie der phänomenologischen Reduktion" gesprochen.[58]
Damit ergibt sich die Schwierigkeit, daß diejenige Reflexion, durch die
es zum ersten Mal im Leben zur Phänomenologie kommen soll, selbst
bereits phänomenologischer Art sein muß; die Phänomenologie
scheint sich somit selbst vorauszusetzen.

Stellt nicht gerade auf der anderen Seite der Vollzug der phänomenologischen Reduktion den notwendigen ersten Schritt zu jeglicher
phänomenologischen Analyse dar? Wie kann eine phänomenologische Beschreibung des Bewußtseins ohne implizite oder explizite
Anwendung der sie ermöglichenden Methode durchgeführt werden?
In einer „Phänomenologie der Epoché" scheint demnach ein Zirkel zu
liegen. Wenn der Zirkel vermieden werden sollte, müßten die Betrachtungen zur Epoché offenbar schon in der „vorphänomenologischen",
in der „natürlichen" Denkhaltung vollzogen werden können, und man
müßte noch innerhalb dieser Denkhaltung zeigen können, daß die bereits vollzogenen vorphänomenologischen Denkschritte den Übergang
zur transzendentalen Seinsauffassung notwendig machen.

Daß für den Gang der Betrachtungen diese Reihenfolge der Denkschritte erforderlich ist, räumt Husserl in der Tat ein, wenn er an einer
früher bereits zitierten[59] Stelle aus dem „Nachwort" fortfährt: „Selbstverständlich ist der notwendige Ausgang für jeden dieser Wege der von
der natürlich-naiven Einstellung, welche als ‚selbstverständlich' vorgegebenen Seinsboden (als nie nach diesem Sein befragten) die Welt
der Erfahrung hat".[60]

Diese Aussage Husserls wird durch die verschiedenen konkreten
Darstellungen der darin erwähnten Wege nur bestätigt: Jedesmal wenn
Husserl mit den Besinnungen über den Vollzug der Reduktion beginnt, hebt er hervor, daß er die Reduktion „vom natürlichen Boden
aus" ausführen wird.

So heißt es zu Anfang von § 34 der *Ideen I*, in dem die Erfahrungskritik einsetzt: „Wir sind in natürlicher Weise auf die ‚reale Welt' gerichtet und vollziehen, ohne die natürliche Einstellung zu verlassen,
eine reine psychologische Reflexion auf unser Ich und sein Erleben".[61]
Im Anschluß daran entwickelt Husserl den „cartesianischen" Weg zur
Reduktion. Im zweiten Teil der *Ersten Philosophie* schlägt er den

[58] *Krisis*, S. 250.
[59] Vgl. oben S. VII.
[60] „Nachwort", *Ideen III*, S. 148/149.
[61] *Ideen I*, S. 74.

anderen, schon erwähnten Weg zur Transzendentalität ein, den über die phänomenologische Psychologie.[62] Sobald es Husserl darum geht, die phänomenologisch-psychologischen Ergebnisse des ersten Schrittes der Betrachtungen in echt transzendentale zu verwandeln, d.h. die phänomenologisch-psychologische Reduktion in die transzendentale zu überführen, greift er auf ein strukturelles Moment der konkreten Welterfahrung zurück, mit dessen Hilfe er die Möglichkeit des Vollzuges einer u n i v e r s a l e n – und d.h. dann der echt transzendentalen – Epoché sichtbar machen will. Es handelt sich um den Unterschied zwischen der aktuellen und der potentiellen bzw. habituellen Geltung, m.a.W. um die Horizontstruktur der Erfahrung, und zu diesem Unterschied bemerkt Husserl ausdrücklich, er sei ,,vor aller Wissenschaft, vor aller Theorie aufweisbar . . ., rein vom natürlichen Boden aus, in n a t ü r l i c h e r R e f l e x i o n''.[63] Der Weg zur Transzendentalität beginnt also offenbar eigentlich schon in der Natürlichkeit. Der Anfang dieses neuen Weges über die phänomenologische Psychologie war eine Theorie der Reflexion, die Husserl, wie wir schon zitierten,[64] als eine ,,natürliche Selbstbesinnung'' ansieht.

Der § 43 der *Krisis*, der der ,,Charakteristik eines neuen Weges zur Reduktion in Abhebung gegen den ,,cartesianischen Weg'' gewidmet ist, beginnt folgendermaßen: ,,Wir wollen hier so vorgehen, daß wir neu anfangend, und rein vom natürlichen Weltleben aus, die Frage nach dem Wie der Vorgegebenheit der Welt stellen. Die Frage der Vorgegebenheit der Welt verstehen wir zunächst so, wie sie sich von der natürlichen Einstellung aus allverständlich darbietet . . .''[65]. Und so weiter.

Demnach nehmen die Betrachtungen zum Thema der Motivierung der phänomenologischen bzw. transzendental-phänomenologischen Reduktion nach Husserl ihren Ausgang in der natürlichen – ja, sogar in der ,,natürlichen-naiven'' – Einstellung, sie sind aber z u g l e i c h eine Phänomenologie der Epoché mittels einer phänomenologisch-psychologischen Beschreibung des Bewußtseins. Eine Phänomenologie hat aber den naiv-natürlichen Boden schon hinter sich gelassen, sie ist schon auf ,,Inneres'' im phänomenologischen Sinne, auf Phänomene oder reine Erlebnisse gerichtet.

---

[62] Vgl. *Erste Philosophie II*, S. 126.
[63] *Erste Philosophie II*, S. 144/145.
[64] Vgl. oben S. 19.
[65] *Krisis*, S. 156/157.

Mag also Husserl noch so sehr versichern, die Wege zur Reduktion setzten in der naiv-natürlichen Einstellung ein – soweit diese Wege eine phänomenologische Beschreibung der Erfahrung sind (und das sind sie in der Tat aufgrund ihres Beginns mit einer Beschreibung des Bewußtseins, die keine Welt mehr voraussetzt, sondern schon von Anfang an darauf hinzielt, diese Welt aus dem Bewußtsein verständlich zu machen), ist schon eine entscheidende Wendung eingetreten, deren Bedeutung nicht darin liegt, daß die Betrachtung einen r e f l e x i v e n Charakter aufweist, sondern darin, daß sie p h ä n o m e n o l o g i s c h e r Natur ist. Mit anderen Worten, die Wendung vom naiv-natürlichen Leben in das phänomenologische hat sich bereits vollzogen. Und doch gehört die damit erreichte Stufe der Besinnung noch zur Natürlichkeit; denn die Betrachtungen zur transzendentalen Reduktion dienen gerade dazu, den transzendentalen Boden allererst freizulegen, ja sogar, wie in der Theorie der Reflexion der *Ersten Philosophie II*, den „bloß phänomenologischen".

Man wird fragen, um was für eine Phänomenologie es sich da handelt, die sich in der Natürlichkeit durchführen läßt, obschon anderseits von Husserl überall festgehalten wird, daß die phänomenologische Denkhaltung die Negation der natürlichen ist? Und umgekehrt ist zu fragen, in welchem Sinne hier von einer Natürlichkeit gesprochen werden kann, die sich mit Phänomenologie verträgt? Hier stoßen wir offensichtlich auf das „schwierige Verflochtensein der natürlichen Einstellung mit einer universalen Epoché", von dem Husserl spricht,[66] jenes zentrale Problem, dessen Lösung er immer wieder versucht hat.

Die Betrachtungen zur Motivation der Reduktion sind also eine reine Phänomenologie des Bewußtseins. Das Problem liegt darin, das sei noch einmal hervorgehoben, daß diese Phänomenologie des Bewußtseins schon einen Bruch mit der Natürlichkeit voraussetzt. Dieses Problem stellt zwar sachlich die erste Frage innerhalb der Problematik der phänomenologischen bzw. transzendentalphänomenologischen Reduktion dar, wir können es aber erst später ausführlich erörtern. Zunächst müssen wir noch eingehender untersuchen, welche Rolle die reine Phänomenologie des Bewußtseins in den Betrachtungen zur Motivation der Reduktion und d.h. innerhalb der Problematik der Wege zur Reduktion spielt.

---

[66] *Phänomenologische Psychologie*, S. 473.

§ 6. PHÄNOMENOLOGIE ALS „GEBIET NEUTRALER
FORSCHUNGEN" UND ALS ÜBERGANG ZUR
TRANSZENDENTALPHILOSOPHIE

Die reine Phänomenologie ist, wie das Zitat aus der *Idee der Phänomenologie*, das wir schon anführten,[67] zeigt und wie wir gleich ausführlicher erörtern werden, eine Wissenschaft, die für sich selbst, ohne unmittelbare philosophische Absicht, als bloße Erforschung der r e i n e n Erlebnisse ausgeführt werden kann. Den besten Beweis dafür liefern die *Logischen Untersuchungen*. Hier legt Husserl sowohl eine streng logische Analyse unter Anwendung der phänomenologischen Methode vor – besonders in den Untersuchungen I. bis IV. – wie auch andere Analysen, die zwar letztlich die Ausarbeitung jener reinen Logik vorbereiten sollen, für sich betrachtet jedoch nur reine Phänomenologie der Subjektivität sind und sowohl der Konstitution der Logik wie verschiedener anderer Disziplinen – Psychologie, Erkenntnistheorie usw. – dienen können. Besonders deutlich wird das am Beispiel der V. und VI. Untersuchung. In beiden legt Husserl im Grunde nichts anderes als eine rein phänomenologische „Theorie der Erfahrung" vor, in der er Grundstrukturen des Bewußtseinslebens – Reelles und Intentionales, Erscheinung und Erscheinendes, Evidenz, Erfüllung usw. – darstellt. Er entwirft hier eine „reine Phänomenologie der Erlebnisse überhaupt"[68] und nicht nur eine solche derjenigen Akte, die vornehmlich der logisch-noetischen Sphäre entspringen. Diese allgemeine Phänomenologie ist nach Husserl ein Gebiet „neutraler Forschungen".[69]

Dieser Entwurf einer Phänomenologie ohne eigentliche philosophische Absicht bezeichnet aber keineswegs nur ein Frühstadium im Schaffen Husserls. Die *Phänomenologische Psychologie* (Vorlesungen von 1925) z.B. entwickelt in vollem Umfange eine reine Phänomenologie,[70] in der die gesamte Problematik der intentionalen Konstitution der Wirklichkeit im Bewußtsein in Angriff genommen wird. In diesen Vorlesungen geht es Husserl nicht so sehr um Psychologie im Sinne

---

[67] Vgl. oben S. VIII
[68] *Logische Untersuchungen II*, S. 2.
[69] ebda.
[70] Husserl unterscheidet nicht zwischen reiner Phänomenologie und reiner oder phänomenologischer Psychologie: „Die reine Phänomenologie . . . kann natürlich auch Psychologie genannt werden, reine Psychologie in einem ganz bestimmten Sinn". (*Phänomenologische Psychologie*, S. 217).

konkreter Untersuchungen zu einzelnen Strukturen des erfahrenden
Bewußtseins als vielmehr darum, dieser dann zu praktizierenden
Psychologie zunächst die Gestalt einer reinen Wissenschaft zu geben.
Eine reine Psychologie läßt alle empirisch-natürlichen Inhalte beiseite
und verzichtet darauf, sich auf real-kausale Natur voraussetzendes
Psychophysisches zu berufen, sie berücksichtigt aber gleichzeitig alle
dem in seiner so verstandenen Reinheit erfaßten Bewußtsein zugehörigen Momente, sie will Bewußtsein vollständig erfassen. Ein solches, von der traditionellen Psychologie nie gesehenes Moment ist der
wahrgenommene Gegenstand als solcher, das intentionale Korrelat der
Erfahrung. Husserl muß also auch hier die menschliche Erfahrung in
ihren Grundstrukturen durchmustern, um jene Forderung einer reinen
und zugleich vollständigen psychologischen Wissenschaft begründen zu
können.

So finden wir in der *Phänomenologischen Psychologie*, vor allem im
Text der §§ 28 bis 36, alle wesentlichen Bestandstücke des in anderen
Werken mit eigentlich philosophischer Absicht – *Ideen I, Cartesianische Meditationen*, Vorlesungen zur *Ersten Philosophie, Krisis* – auf-
tretenden transzendentalen Idealismus: Das Objektive und seine Gegebenheitsweise, die Erscheinungssynthese, die hyletische und intentionale Struktur der Erfahrung (Empfindung und Auffassung), den immanenten Zeitfluß, die reelle Immanenz und die intentionale Transzendenz usw. Und doch bemerkt Husserl schon gleich zu Beginn
seiner ,,Kennzeichnung der neuen Psychologie'' (§ 4), daß in diesen
Untersuchungen im Feld der reinen Subjektivität ,,weder Philosophie
vorausgesetzt werden noch Philosophie systematisch betrieben werden
(soll)''.[71] ,,Wir wollen'', sagt er ausdrücklich, ,,in der natürlichen Einstellung bleiben, . . .''. Einige Seiten später weist Husserl darauf hin,
daß er hier nicht näher auf die Kantische Lösung der Frage nach der
möglichen Erfahrung der Welt eingehe, und bemerkt bei dieser Gelegenheit: ,,Uns bewegen ja überhaupt keine philosophischen Interessen
im Sinn einer Transzendentalphilosophie''.[72] An noch späterer Stelle
im selben Text erörtert Husserl schließlich die Epoché und sagt von
ihr: ,,Von dem Verständnis dieser Methode hängt das Verständnis der
gesamten Phänomenologie ab . . .; und das, ob wir es (wie ich neuer-
dings scheide) auf eine philosophisch-transzendentale Phänomenologie

---

[71] a.a.O., S. 48.
[72] a.a.O., S. 94.

abgesehen haben, oder wie hier auf eine psychologische Phänomenologie . . .".[73]

Diese klare Scheidung zwischen einer reinen Phänomenologie oder
phänomenologischen Psychologie und der transzendentalen Phänomenologie oder transzendentalphänomenologischen Philosophie finden wir fast überall in den Werken Husserls. Im zweiten Teil der *Ersten
Philosophie*,[74] in der *Formalen und transzendentalen Logik*,[75] in der
Krisis[76], in vielen Beilagen der *Ersten Philosophie* und der *Phänomenologischen Psychologie* (als klarstes Beispiel Beilage XXII der *Phänomenologischen Psychologie*), im „Encyclopaedia Britannica Artikel",[77]
in den „Amsterdamer Vorträgen",[78] in den *Cartesianischen Meditationen*[79] werden beide Disziplinen sowie die ihnen entsprechenden Zu-
gangsmethoden getrennt behandelt.

Im „Nachwort" zu den *Ideen I* bezieht sich Husserl konkret auf die
Kongruenz und Parallelität zwischen der rein intentional-eidetischen
Psychologie, die er „als eine positive, auf die vorgegebene Welt bezogene Wissenschaft . . ."[80] und als eine ganz und gar unphilosophische Wissenschaft bezeichnet, und der philosophischen Wissenschaft
der transzendentalen Phänomenologie. Hier ist auch von jener „Nuance" die Rede, die beide Wissenschaften trennt und die mit einer
„bloßen" Einstellungsänderung zusammenhängt, einer Änderung, die
allerdings „eine große, ja für alle echte Philosophie entscheidende Bedeutung haben soll".[81]

Um die Verdeutlichung und Überbrückung der mit dieser „Nuance"
angezeigten Unterscheidung bemühen sich im Grunde auch die meisten
der vorhin angeführten Schriften. Und das heißt m.a.W.: neben
den Schriften, in denen Husserl Phänomenologie sozusagen „um der
Phänomenologie willen" betreibt – und hierzu gehören auch die
unzähligen veröffentlichten und unveröffentlichten Seiten mit inten-

---

[73] a.a.O., S. 188.
[74] Vgl. *Erste Philosophie II*, IV. Abschnitt: „Phänomenologische Psychologie,
transzendentale Phänomenologie und phänomenologische Philosophie".
[75] Vgl. 6. Kapitel des 2. Abschnittes: „Transzendentale Phänomenologie und
intentionale Psychologie".
[76] Vgl. dritter Teil, B: „Der Weg in die phänomenologische Transzendentalphilosophie von der Psychologie aus".
[77] Vgl. *Phänomenologische Psychologie*, S. 277 ff.
[78] Vgl. a.a.O., S. 302 ff.
[79] Vgl. § 35.
[80] „Nachwort", *Ideen III*, S. 147.
[81] ebda.

tionalen Bewußtseinsanalysen, Konstitutionsanalysen usw. – stehen andere, in denen Husserl die Darstellung der reinen Phänomenologie oder der phänomenologischen Psychologie nur als Sprungbrett benutzt, um von dort aus in „kopernikanischer Wendung" in die echt transzendentalphänomenologische bzw. -philosophische Dimension zu gelangen.

Denn die Bedeutung der Phänomenologie bzw. der phänomenologischen Methode für die Philosophie ist Husserls frühe Überzeugung. Die Phänomenologie wurde von ihm kaum nur als eine wissenschaftliche Arbeitsmethode verstanden, auch wenn er von ihr manchmal, wie gesagt, nur in diesem Sinne Gebrauch machte. Schon in den *Logischen Untersuchungen* steht der Satz: „Hier [in der reinen Phänomenologie] ist ein Kreis erreichbarer und für die Ermöglichung einer wissenschaftlichen Philosophie fundamentaler Entdeckungen".[82] In der *Formalen und transzendentalen Logik* schreibt Husserl im Rückblick auf die *Logischen Untersuchungen*, daß die phänomenologischen Untersuchungen des II. Bandes „den Weg zu einer transzendentalen Phänomenologie bahnten",[83] und mit Bezug auf die in den *Logischen Untersuchungen* vollzogene Klärung der Evidenz heißt es an späterer Stelle: „Ich bin der sicheren Überzeugung, daß erst durch die aus ihr erwachsende Einsicht in das Wesen und die eigentliche Problematik der Evidenz eine ernstlich wissenschaftliche Transzendentalphilosophie ... möglich geworden ist".[84] Ähnliche Äußerungen finden sich in der *Krisis*,[85] in der Kant-Rede,[86] in *Erfahrung und Urteil*[87] und anderswo.

Die reine Phänomenologie ist aber eine „ganz und gar unphilosophische Wissenschaft". Zwar stellt sie als spezifische Wissenschaft vom Subjektiven eine Änderung der Lebensform dar, die mit der natürlichen Positivität des Lebens gebrochen hat, aber dieser Bruch mit der Natürlichkeit ist kein „endgültiger", „schlechthinniger", „absoluter". Die Reflexion verbleibt, auch als bereits bewußt phänomenologische, innerhalb einer, wie wir sagen könnten, „phänomenologischen Natür-

---

82 *Logische Untersuchungen II*, (Erste Auflage), S. 12.
83 *Formale und transzendentale Logik*, S. 136.
84 a.a.O., S. 145.
85 Vgl. *Krisis*, S. 237.
86 *Erste Philosophie I*, S. 233. Hier in der Kant-Rede sagt Husserl, daß die Phänomenologie in ihrer ersten Entwicklungsstufe „eine bloße Methode rein intuitiver Deskription" war, und bemerkt dabei, daß auf dieser Stufe „übrigens eine Reihe von Phänomenologen stehen geblieben ist"; vgl. S. 231.
87 Vgl. *Erfahrung und Urteil*, S. 78.

lichkeit". Die Phänomenologie als bloße Erforschung der reinen Subjektivität hat es noch nicht auf eine endgültige Bestimmung der „letzt-
wahren Wirklichkeit" abgesehen, d.h. zugleich: auf eine, die um
ihrer selbst willen vollzogen würde und die das rein Subjektive nicht
nur zu dem Zweck darstellte, um auf diese Weise eine methodisch ge-
sicherte Grundlage für eine systematische Begründung anderer Disziplinen – der Psychologie, Logik, Erkenntnistheorie usw. – zu erhalten.[88] Daher besteht eine wesentliche Aufgabenstellung der Besinnungen Husserls darin, die bloß phänomenologische Denkhaltung in
eine streng philosophische, in die „spezifisch philosophische Denkhaltung" zu überführen, die phänomenologische oder phänomenologisch-psychologische Reduktion in die transzendentalphänomenologische zu verwandeln oder, noch einmal anders gesagt, die Phänomenologie zur Philosophie werden zu lassen.

Ja, sogar eine „transzendentale Wissenschaft der Subjektivität"
kann noch einen „schlichten Sinn" haben und muß in echt transzendentalphilosophische Wissenschaft überführt werden. Denn Husserl
sieht auch „Nuancen" zwischen diesen beiden Reflexionsstufen, so
z.B. in der Kant-Rede, in der er neben der *wahrhaft* transzendental-
wissenschaftlichen bzw. transzendentalphilosophischen Einstellung
eine transzendentale Einstellung für möglich hält, unter der eine „rein
bewußtseinstheoretisch"[89] gerichtete Forschungsart zu verstehen wäre.
Eine solche Forschungsart stellt aber im Grunde wieder nur eine
solche „Umwendung der natürlichen Denkungsart"[90] dar, wie es
schon die phänomenologische war. Diese reflektive Umwendung aber
wird bereits mit dem „Radikalismus und der Universalität
reiner Bewußtseinsbetrachtung"[91] vollzogen. Durch sie wird
zwar das ,in sich absolut abgeschlossene Reich rein subjektiven Seins"[92]
zugänglich; was aber philosophisch auf diesem Wege zustandekommt,
ist zunächst nur ein „schlichter Sinn"[93] von Transzendentalität. Nur
eine über diese Umwendung hinausgehende methodische Besinnung,
die „den Sinn und das Recht der Forderung der fraglichen Reinheit
tiefer geklärt (hat)",[94] kann dann zur „Begründung einer Transzen-

---

[88] Vgl. *Erste Philosophie II*, S. 142–143 und S. 440-450.
[89] *Erste Philosophie I*, S. 255.
[90] a.a.O., S. 254.
[91] ebda.
[92] ebda.
[93] a.a.O., S. 255.
[94] ebda.

dentalphilosophie als strenger Wissenschaft"[95] führen.

Entsprechende Unterscheidungen lassen sich der Theorie der phänomenologischen Reduktion in der *Ersten Philosophie* entnehmen: Eine transzendentale Einstellung als universale Bewußtseinstheorie kann noch Naivität – Unphilosophisches – bedeuten; denn es gibt, wie Husserl hier ausführt, eine transzendentale Naivität als ,,Parallele der natürlichen Naivität".[96] Es ist nämlich eine transzendentale Wissenschaft, eine ,,transzendentaldeskriptive Phänomenologie"[97] möglich, die zunächst ,,ohne eigentlich philosophische Prätention",[98] ,,vor allem philosophischen Interesse"[99] aufgebaut wird. Und dies ist deswegen möglich, weil die diese Wissenschaft ermöglichende transzendentale Reduktion, d.h. diejenige Besinnung, die zu dieser Wissenschaft führt, ,,von der Motivation des anfangenden Philosophen losgelöst werden kann".[100]

Es könnte so scheinen, als stelle diese transzendentale Wissenschaft – im ,,schlichten" Sinn von ,,Transzendentalem", ,,ohne eigentliche philosophische Prätention" – eine neue Stufe gegenüber der reinen Phänomenologie als u n i v e r s a l e Wissenschaft von der Subjektivität dar. Im Grunde besteht ein solcher Unterschied beider Wissenschaften nicht. Ein solcher Unterschied bestünde nur dann, wenn Husserl unter der Phänomenologie im Sinne einer noch nicht philosophischen Wissenschaft von der Subjektivität eine Anwendung der phänomenologischen Methode auf die Analyse einzelner subjektiver Akte verstünde. In Wirklichkeit aber erstreckt sich die Phänomenologie als Wissenschaft von der Subjektivität, so wie sie von Husserl z.B. in der ,,Theorie der phänomenologischen Reduktion" oder in der *Krisis* dargestellt wird, v o n   v o r n h e r e i n auf das gesamte universale Feld des subjektiven Lebens.[101] In der ,,Theorie der phänomenologischen Reduktion" geschieht sogar folgendes: Husserl vertieft die Besinnung über den ,,zweiten" – den psychologischen – Weg von einer bestimmten Stelle an, um auf diese Weise den gesuchten Umschlag der

---

[95] ebda.
[96] *Erste Philosophie II*, S. 170.
[97] a.a.O., S. 171.
[98] a.a.O., S. 172.
[99] ebda.
[100] a.a.O., S. 170.
[101] Vgl. dafür vor allem die Berichtigungen Husserls an seinen Ausführungen im Haupttext der Vorlesungen der *Ersten Philosophie*, S. 316–317, und *Krisis*, S. 152-153 und S. 254-255. Der ursprüngliche Text von *Ideen I* wurde in diesem Sinne verbessert; vgl. die Einfügung S. 67 bis 68, 19 (S. 465, ad 67, 26. . .).

phänomenologischen Psychologie in die transzendentalphänomenologische Philosophie herbeizuführen; und zwar soll diese Vertiefung
durch die Entdeckung der Horizontstruktur und durch den damit verbundenen Aufweis des „endlosen Lebenszusammenhangs" geschehen.
Husserl glaubt zunächst, damit den Umschlag vollzogen zu haben. Und
doch bemerkt er nachträglich zum Ende dieser universalen Besinnung: „Nun fehlt die wahre Charakteristik der transzendentalphilosophischen Reduktion gegenüber der universalen psychologischen
Reduktion".[102] Damit ist klargestellt, daß eine in voller Universalität
durchgeführte phänomenologische Wissenschaft von der Subjektivität
nicht *eo ipso* schon wahre Transzendentalphilosophie ist, obwohl sie
mit Recht als eine „transzendental-deskriptive Phänomenologie" bezeichnet werden darf.

Unsere Prüfung der Aussagen Husserls über eine transzendentale
Wissenschaft „ohne philosophische Prätention" machte einerseits
deutlich, daß eine solche Wissenschaft keine neue Stufe darstellt; sie
ergab andererseits noch einmal, daß eine Besinnung, die die Natürlichkeit der vorphänomenologischen und die der phänomenologischen
Stufe überwinden und die echt philosophische Ebene erreichen will,
auf Einsichten angewiesen ist, aufgrund deren alle, auch die bereits
„transzendentalen" Erkenntnisse überstiegen werden können und
müssen. Die Besinnung muß zu den letzten Gründen und Einsichten
vorstoßen, um Philosophie begründen zu können.

Aus dem Gesagten ergibt sich, daß das naiv-natürliche Leben in das
phänomenologische und dieses dann in das transzendentalphiloso-
phische übergehen muß. So steht in den „Amsterdamer Vorträgen":
„In diesen zwei Stufen verteilen sich die zwei Grundschwierigkeiten des
Eindringens in die neue Phänomenologie: nämlich und fürs erste die
Schwierigkeit des Verständnisses der echten Methode einer rein ‚in-
neren Erfahrung', die schon zur Ermöglichung einer psychologischen
Phänomenologie . . . gehört, und fürs zweite die Schwierigkeit des
Verständnisses der alle Positivität übersteigenden transzendentalen
Fragestellung und Methode".[103] Die Phänomenologie als erster
Bruch mit der Natürlichkeit, als Gerichtetsein auf Phänomene, über-
steigt noch nicht alle Positivität, die Welt bleibt in „Endgeltung".[104]

---

[102] *Erste Philosophie II*, S. 319.
[103] *Phänomenologische Psychologie*, S. 348.
[104] *Erste Philosophie II*, S. 447.

Jene „gleichmöglichen Wege" des Nachwortes stellen nichts anderes
dar als die wiederholten Versuche Husserls, das phänomenologisch-
natürliche Leben in das echt transzendentalphänomenologische zu
verwandeln.

Die Besinnung, die zunächst die Natürlichkeit des vorphänomenologischen Lebens hinter sich läßt, muß dann die phänomenologische
Natürlichkeit überwinden. Ein langer Weg liegt zwischen der Naivität
des außer- oder vorphänomenologischen Lebens und dem absoluten
Boden der Transzendentalität. Diesen Weg muß die Besinnung durch-
schreiten. „. . . Jede wirklich radikale Besinnung beginnt mit Naivität
und schreitet in jeder Stufe zunächst naiv fort. Was Naivität eigentlich
ist und was eine ‚Kritik', die sie überwindet, das wird selbst zur Hauptsache im Fortgang der Besinnung, die einen endgültigen Boden und
auf ihm eine endgültige Methode der Erzeugung jener Art Einsichten
schaffen will, bei denen es soll sein Bewenden haben können und müssen".[105]

---

[105] Manuskript B I 14 XIII, S. 6.

II. DIE WEGE ZUR REDUKTION ALS EINE PHÄNOMENOLOGISCHE KRITIK DER ERFAHRUNG

§ 7. DIREKTE UND INDIREKTE WEGE

Ein erstes Ergebnis unserer bisherigen Analyse ist also, daß die Besinnung, die zur Philosophie führt, einen Weg über die reine Phänomenologie einschlagen muß: von der Natürlichkeit zur Phänomenologie, von dieser zur Transzendentalphilosophie.

Diesem Ergebnis scheint nun zu widersprechen, daß Husserl wiederholt und mit verschiedenen Begründungen zwischen direkten und indirekten Wegen in die Transzendentalität unterscheidet und daß nach seiner Aussage nur für die indirekten Wege der Umweg über eine zunächst zu erstellende reine Phänomenologie oder phänomenologische Psychologie, eine Wissenschaft der Lebenswelt, eine Kritik der positiven Wissenschaften usw. vonnöten ist. Die direkten Wege hingegen brauchen nach Husserls Behauptung diese Zwischenglieder nicht; sie sind ein unmittelbarer Einstieg in die transzendentale Sphäre. Dies wird ganz eindeutig an einer Stelle der „Amsterdamer Vorträge" ausgesprochen:,,1) Es ist ja zunächst klar, daß man, ohne überhaupt an die Psychologie anzuknüpfen (*so wenig als an eine sonstige Wissenschaft*), sogleich die Bewußtseinsbezogenheit aller Objektivität in Erwägung ziehen, das transzendentale Problem formulieren, zur transzendentalen Reduktion und durch sie zur transzendentalen Erfahrung und eidetischen Forschung fortschreiten, also *direkt* eine transzendentale Phänomenologie zu Werke bringen kann. In der Tat ist dies der Weg, den meine ‚Ideen' zu verfolgen versuchten. 2) Andererseits kann man . . . zuerst um alle transzendental-philosophischen Interessen unbekümmert . . . die Idee einer eidetisch phänomenologischen Psychologie systematisch ausbilden und sie selbst begründen, in der vollen Universalität einer Phänomenologie der Intersubjektivität. Nachher bietet gerade die Eigenart der dann notwendigen phänome-

nologischen Epoché als ,Einklammerung' der ganzen Welt, während
doch die Geltung der natürlichen Welt zugrundeliegt, ein naheliegendes
Motiv, diese Reduktion zu radikalisieren, das transzendentale Problem
in seiner reinsten Gestalt zu erwecken und mit der kopernikanischen
Umwendung auch eine transzendentale Umwendung der psychologischen Phänomenologie zu geben".[1]

Der cartesianische Weg der *Ideen*, den Husserl auch im zweiten Teil
der *Ersten Philosophie* und in den *Cartesianischen Meditationen* be-
schreitet, ist, so sagt er, ein direkter Zugang zur transzendentalen
Phänomenologie als Philosophie, ein Weg also, der sich gar nicht erst
bei der Ausarbeitung einer reinen Phänomenologie oder phänomenologischen Psychologie aufhält, sondern direkt die Umstellung vom
natürlichen vorphänomenologischen in das transzendentale Leben
vollzieht. Auch in den Erörterungen der Kant-Rede kündigt sich nach
Husserl die Möglichkeit eines direkten Weges an.[2]

In der Fortsetzung der soeben angeführten Sätze aus den „Amsterdamer Vorträgen" lobt Husserl die großen propädeutischen Vorzüge
des „indirekten Weges"[3] über die Psychologie gegenüber dem direkten der Ideen: Da die absolute Fremdartigkeit der transzendentalen
Einstellung, ihr Widerspruch zur Positivität des natürlichen Lebens,
die Radikalität und Universalität, mit denen sie vollzogen werden
muß, den Zugang zu ihr sehr erschweren, erleichtert oder vermittelt die
Psychologie als eine – trotz ihrer phänomenologischen Neugestaltung –
noch immer natürliche Wissenschaft den Überschritt zur Transzendentalität. Die Gangbarkeit des cartesianischen, direkten Weges – und
ebenso eigentlich die des Weges der Kant-Rede – wird von Husserl in
diesem Sinne in Frage gestellt. Husserl entscheidet sich hier für das
Reflexionsschema, das wir in Paragraph 4 darlegten[4].

Auch in der *Krisis* kritisiert Husserl den cartesianischen Weg wegen
seiner Direktheit. In diesem Werk versucht Husserl zum letzten Mal
zwei Wege „in Abhebung gegen den cartesianischen". Einer von ihnen
ist wieder ein „Weg in die phänomenologische Transzendentalphilosophie von der Psychologie aus", der andere versucht die transzendentale Sphäre „in der Rückfrage von der vorgegebenen Lebenswelt
aus" zu erreichen. In der Durchführung dieses Weges wirft Husserl

---

[1] *Phänomenologische Psychologie*, S. 347; Hervorhebung von mir.
[2] *Erste Philosophie II*, S. 312; Manuskript B I 9 XIII, S. 31.
[3] *Phänomenologische Psychologie*, S. 347.
[4] Vgl. oben S. 13 ff.

dem cartesianischen vor, daß er „wie in einem Sprunge"[5] zum transzendentalen Ego bringt, so daß, bei diesem angelangt, „man zunächst
ratlos ist, was damit gewonnen sein soll, und gar, wie von da aus eine
neue und für eine Philosophie entscheidende . . . Grundwissenschaft
gewonnen sein soll".[6] Diese Grundwissenschaft ist die Phänomenologie der Lebenswelt, die nur nach Vollzug der transzendental-phänomenologischen Reduktion in radikaler Begründung ausgebildet werden kann. Aber bevor sie zum Gegenstand dieser Grundwissenschaft
wird, kann die Lebenswelt bereits in einem noch nicht transzendentalen Sinn als die subjektiv-relative, bewußtseinsbezogene Welt zum
Thema werden, als subjektiv-relative Umwelt, die im natürlichen
Leben „Erscheinung" von der wahren, objektiven Welt ist. Die wissenschaftliche Befragung der Vorgegebenheit dieser Lebensumwelt als
der Welt „seiender Dinge im beständigen Wandel relativer Gegebenheitsweisen"[7] ist der neue Weg zur Transzendentalphilosophie.

Hatte früher die Psychologie die vermittelnde Funktion beim
methodisch adäquateren Zugang zum Reich des Transzendentalen,
so wird diese Funktion hier von der so verstandenen Wissenschaft der
Lebenswelt übernommen; auf dem Wege über sie gelangt man, indirekt, in jenes Reich.

Die Direktheit des cartesianischen Weges der *Ideen* liegt für Husserl
gemäß dem eben angeführten Passus aus den „Amsterdamer Vorträgen" darin, daß man „ohne überhaupt an die Psychologie anzuknüpfen . . . sogleich die Bewußtseinsbezogenheit aller Objektivität in Erwägung ziehen, das transzendentale Problem formulieren, . . . zur
transzendentalen Reduktion . . . fortschreiten" kann.

Nun bezeichnet Husserl andererseits überall den cartesianischen
Weg als eine Kritik der Erfahrung, durch welche die Möglichkeit des
Nichtseins der Welt gezeigt wird. Diese Kritik kann aber, wenn sie
dieses Ziel erreichen will, nicht darauf verzichten, zunächst mannig-
fache Strukturen und Charaktere der Welterfahrung, wie etwa Erscheinung, Reelles und Intentionales, Selbstgegebenes und Mitgemeintes, Motivation usw. zum Thema zu machen, d.h.: Der cartesianische Weg führt nur über eine Kritik der Erfahrung in die transzendentale Sphäre, und seine „Direktheit" ist so gesehen nicht mehr
überzeugend. Auch dieser Weg ist vielmehr so sehr *indirekter* Natur,

---

[5] *Krisis*, S. 158.
[6] ebda.
[7] *Krisis*, S. 157.

daß Husserl selbst in den Vorlesungen zur *Ersten Philosophie* ihn gerade dieser Indirektheit wegen verläßt und einen anderen, direkteren, versucht, den Weg über die direkte Anwendung der Epoché des uninteressierten Selbstzuschauers. „Genügt es nicht", sagt er dort nämlich, „ohne mit jener langwierigen Kritik der Welterfahrung zu beginnen und die Möglichkeit der Nichtexistenz der Welt zur Evidenz zu bringen, *direkt* an den einzelnen Akten die Epoché des interesselosen Selbstbetrachters ins Spiel zu setzen?"[8]

Husserl bezieht sich mit seinem Vorwurf der Indirektheit hier auf den Umstand, daß der cartesianische Weg allererst nur unter Einschaltung einer Kritik der Erfahrung, die die Möglichkeit des Nichtseins der Welt aufzuweisen hat, den transzendentalen Boden freilegen kann. Nun könnte allerdings die cartesianische Besinnung insofern noch als ein direkter Weg gelten, als sie, wie es scheint, auf die vorauszuschickende Darstellung einer psychologischen Phänomenologie nicht angewiesen ist. Es scheint, als könnte man die cartesianische Besinnung in diesem Sinne doch noch als eine direkte Überführung des vorphänomenologischen in das transzendentalphilosophische Leben bezeichnen.

Jedoch auch dies ist nur zum Teil zutreffend. Denn ganz richtig ist vielmehr, daß der eigentlichen cartesianischen Meditation, wie sie vor allem in den *Ideen I* durchgeführt wird, durchaus eine phänomenologisch-psychologische Epoché voraus- und zugrundeliegt. Die Kritik der Welterfahrung, durch die die Möglichkeit des Nichtseins der Welt nachgewiesen werden soll, bewegt sich vollständig auf phänomenologischem Boden, und die Bemühung Husserls kann mit vollem Recht auch hier als der Versuch aufgefaßt werden, eine „bloß phänomenologische" Reduktion bzw. Einstellung in die transzendentalphänomenologische bzw. -philosophische zu verwandeln.

Um dies zu verdeutlichen, wollen wir im Folgenden auf einige Einzelheiten der Darstellung des cartesianischen Weges eingehen, wie sie Husserl in den *Ideen I* vorlegt. Wir werden auf diese Weise zugleich größere Klarheit in der Frage der bloß phänomenologischen und der transzendentalphänomenologischen Reduktion gewinnen können.

---

[8] *Erste Philosophie II*, S. 127.

§ 8. EINIGE ASPEKTE DES CARTESIANISCHEN WEGES IN DEN IDEEN I

Im Vorwort der *Ideen I* kündigt Husserl an, er wolle in diesem Buch den Weg zu einer reinen Phänomenologie bahnen und sie als Grundwissenschaft der Philosophie nachweisen.[9] Durch geeignete Betrachtungen soll ein Zugang zur Phänomenologie geschaffen werden. Diese ist ja nur in einer neuen, dem natürlichen Leben fernliegenden Einstellung, in der „phänomenologischen", möglich. Das Verständnis der Eigenart dieser neuen Denkhaltung erfordert methodisch einen vorherigen Einblick in das Wesen der „natürlichen Denkungsart", als deren Modifikation jene neue gilt. „Wir werden vom natürlichen Standpunkt ausgehen, von der Welt, wie sie uns gegenübersteht, von dem Ich-Bewußtsein, wie es sich in der psychologischen Erfahrung darbietet, und die ihm wesentlichen Voraussetzungen bloßlegen".[10]

Der natürlichen Einstellung oder Denkungsart haben wir schon einige Überlegungen gewidmet.[11] Sie werden durch die folgenden Besinnungen Husserls in den *Ideen I* etwas mehr an Bestimmtheit gewinnen.

Der Bloßlegung der Voraussetzungen der natürlichen Einstellung widmet Husserl eine Reihe von Betrachtungen, teils vor der Einführung der Epoché (§§ 27 bis 32), teils nach ihrer Einführung (§§ 33 bis 55). Diese letzten Paragraphen sind die wichtigeren, und erst hier dringt Husserl zu den verborgenen Strukturen der Subjektivität vor, die im natürlichen Leben ihre Funktion anonym vollziehen.

„Wir beginnen unsere Betrachtungen als Menschen des natürlichen Lebens, vorstellend, urteilend ..., in natürlicher Einstellung' ".[12] Was „natürliche Einstellung" besagt, erklärt Husserl folgendermaßen: „Ich bin mir einer Welt bewußt, endlos ausgebreitet im Raum, endlos werdend und geworden in der Zeit. Ich bin mir ihrer bewußt, das sagt vor allem: ich finde sie unmittelbar anschaulich vor, ... ich erfahre sie ..., in den verschiedenen Weisen sinnlicher Wahrnehmung sind ... Dinge ... für mich einfach da ...".[13] Die Selbstbezeichnung

---

[9] Vgl. *Ideen I*, S. 3.

[10] a.a.O., S. 5.

[11] Vgl. oben S. 9 ff.

[12] a.a.O., S. 57. In einem anderen Zusammenhang kehren wir wieder zu diesem Anfang der Betrachtungen zurück und interpretieren ihn aus einer vertieften Sicht; vgl. unten S. 100 ff.

[13] ebda.

„Mensch des natürlichen Lebens" soll im Sinne Husserls deutlich machen, daß er selbst als sich Besinnender sich als Menschen betrachten will, der in der Natürlichkeit eine Reflexion vollzieht. Die durch diese Reflexion gewonnenen Erkenntnisse über die Welt des natürlichen Menschen sind deshalb auf eine Subjektivität bezogen, die sich selber noch nicht als Konstitutionszentrum gesehen hat bzw. sich methodisch nicht als solches sehen will. Husserl spricht vom Menschen und seiner „natürlichen" und d.h. eigentlich: vorkritischen, vorphilosophischen Weise, die Welt zu erfahren.

Das wird noch deutlicher, wenn Husserl im weiteren Verlauf der Betrachtung die natürliche Einstellung mit Hilfe des Begriffs des „Horizonts" erläutert. Dinge gibt es für mich nicht nur in der ausgezeichneten Weise des „wirklich selbst-anwesend", „mein tatsächliches Wahrnehmungsfeld ausmachend", sondern es gibt auch einen Bereich des Mitgegenwärtigen, einen mehr oder minder bestimmten räumlichen und zeitlichen Horizont.[14] Dank dieses Horizontes des Mitwahrgenommenen sind für mich Dinge da, die ich nicht mehr wahrnehme, oder solche, die ich erst wahrzunehmen gedenke, auch solche, die vielleicht nur auf sehr mittelbare Weise mit dem wirklich Wahrgenommenen in Verbindung stehen. Diese Verbindung kann eventuell hergestellt werden durch eine Reihe von Vergegenwärtigungen, – diese Verbindung mit meinem aktuellen Wahrnehmungsfeld ist hier aber noch nicht „transzendental" gedeutet, d.h. als ein Umstand verstanden, der das Sein selbst des nicht direkt Wahrgenommenen verbürgt. Der Mensch der natürlichen Einstellung kann durch Reflexionen wissen, daß es für ihn über die konkret erfahrenen Dinge hinaus andere und immer wieder andere gibt, in fortschreitender räumlicher und zeitlicher Entfernung – und dies endlos – und daß alle einen Horizont um den jeweiligen aktuellen Kern bilden;[15] aber er lebt in der Naivität der Überzeugung von einer an sich seienden Welt und erkennt nicht die wahre Bedeutung der Horizontmäßigkeit des Gegebenen. Die Radikalisierung der Reflexion wird eben darin bestehen, diesen naiven Sinn

[14] a.a.O., S. 58.
[15] Vgl. auch *Phänomenologische Psychologie*, S. 429: „Die natürliche Einstellung, die des natürlichen in die Welt Hineinlebens der Menschen ist eine konsequente Beständigkeit des geradehin unmittelbaren oder mittelbaren Intendierens auf Gegenstände hin, die von vornherein in der Sinnesform von Objekten vorbestimmt sind –, Objekten ‚der' Raumwelt. Das sagt: sie sind nicht als vereinzelte Gegenstände bewußt, sondern immerzu mit einem offen endlosen unbestimmten, aber zu enthüllenden Horizont, in dem immer nur Objekte vorfindlich sind . . . im voraus als Objekte einer Welt gemeint . . .".

des Für-mich-Seins der Dinge und ihrer Horizonte phänomenologisch
zu erklären.

Die Betrachtung des natürlichen Lebens gipfelt in der Herausstellung
seines allgemeinen Charakters als des einer bewußtseinsmäßigen
„Generalthesis", durch die Welt, Wirklichkeit, immer da ist, an sich
seiend und „höchstens hier oder dort ,anders' als ich vermeinte".[16]
Diese Thesis besteht aber nicht in einem besonderen Akt des Erfahrenden, sondern ist eine eigenartige Weise des Vollzuges eines j e d e n
Aktes, ja eine besondere Weise zu leben überhaupt, die „normale", die
„natürliche", die mit sich bringt, daß wir bei allen Unstimmigkeiten,
Brüchen, Zweifeln in der Erfahrung der Welt doch im ständigen, obschon unthematischen G l a u b e n an ihre Wirklichkeit leben. Die Welt
ist, trotz allen Scheins, aller Irrtümer, die manches schon als wirklich
angenommene Seiende als Nichtseiendes erweisen, trotz Illusion,
Täuschung und Halluzination. Die Welt bleibt immer da, schlechthin
seiend, ja, sie ermöglicht überhaupt erst so etwas wie Irrtum, Täuschung und dergleichen.

Diese Beschreibung der natürlichen Einstellung, wie sie vom Menschen vollzogen wird, der i n ihr lebt, kann uns noch nicht ihre „wesentlichen Voraussetzungen" enthüllen. Das wird erst dann möglich,
wenn diese Weise des Lebens von jemand betrachtet wird, der sie nicht
mehr mitmacht, sondern ü b e r sie vom erhöhten Standpunkt einer
neuartigen Reflexion aus reflektiert. Die Beschreibung gibt nur wieder,
was wir erleben, wenn wir kritiklos die Welt hinnehmen; sie macht
noch nicht meditierend diese Hinnahme a l s Hinnahme und ihre Voraussetzungen sichtbar.

Und doch ist zu beachten, daß diese erste unkritische Meditation
schon in der ersten Person vollzogen wird: „. . . jeder für sich sage Ich
und sage aus mit mir, was er ganz individuell vorfindet".[17] Das aus-
sagende Ich, also das Subjekt der Reflexion, betrachtet sich immer
noch als empirisches oder psychologisches Ich. Obschon also einerseits
die Reflexion im ganzen noch nicht die Grenzen der Natürlichkeit
überschreitet, liegt doch in diesem Rückzug auf mich selbst und in der
damit verbundenen Forderung an den Reflektierenden, zu sehen, „was
er ganz individuell vorfindet", doch schon ein Bruch mit aller Natürlichkeit; der sich Besinnende ist bereits auf etwas aufmerksam geworden, das den Blick nach innen lenkt, und zwar etwas, wodurch die

---

[16] *Ideen I*, S. 63.
[17] a.a.O., S. 57, Fußnote.

Reflexion instandgesetzt wird, nicht „in infinitum" Reflexion des natürlichen, weltvoraussetzenden Menschen bleiben zu müssen.

Mit dieser Beschreibung der natürlichen Einstellung hat Husserl die Möglichkeit des Vollzuges der Epoché freigelegt, die Freiheit für ihren Vollzug. Denn Epoché besagt, wie wir schon gesehen haben, nichts anderes als Einklammerung, Ausschaltung, Aufhebung, Außergeltungsetzung der Seinswirklichkeit der Welt. Aber hier in den *Ideen* heißt das ganz konkret Aufhebung der Generalthesis der natürlichen Einstellung, durch die die Welt für uns immer da ist. Diese Außer-Geltung-Setzung vollziehe ich *unter gleichzeitiger Beibehaltung meiner Überzeugung vom wirklichen Sein des Ausgeschalteten.* „Die Thesis, die wir vollzogen haben, geben wir nicht preis, wir ändern nichts an unserer Überzeugung...".[18] Ich kann die Epoché üben, ich bin frei dafür, weil ich mit meiner Urteilsenthaltung der erfahrenen Wirklichkeit in ihrem Wirklich-da-Sein nichts antue, weil ich das All des Seienden in seinem Sein belasse und nur von der Setzung ihrer Wirklichkeit methodisch Enthaltung übe: „In Bezug auf jede Thesis können wir und in voller Freiheit diese eigentümliche ἐποχή üben, eine gewisse Urteilsenthaltung, die sich mit der unerschütterten und ev. unerschütterlichen, weil evidenten Überzeugung von der Wahrheit verträgt".[19] Ich leugne also nicht die Wirklichkeit, ich zweifele nicht an ihr. Der Zweifelsversuch führt mit sich die Ansetzung der Möglichkeit des Nichtseins des Bezweifelten.[20] Die Epoché sagt nichts über Sein oder Nichtsein, entzieht sich hier jeglicher *Stellungnahme*, läßt das Sein des Seienden gelten, aber – darauf kommt es an – nimmt es methodisch nicht mehr einfach hin als Seinsboden des menschlichen Tuns.

In dieser Enthaltung von der Stellungnahme, vom Interesse, erlange ich die Haltung der „Uninteressiertheit". Der Mensch, der schon ansprechbar für die Aufforderung geworden ist, sich im emphatischen Sinne „Ich" zu nennen, und zu sagen, „was er ganz individuell vorfindet", also sich selbst zuzuschauen, wird so zum „uninteressierten Selbstzuschauer". Auf diese Reflexionshaltung waren wir schon gestoßen, als wir die reine „anomale" Reflexion erörterten.[21]

---

[18] a.a.O. S. 65.

[19] a.a.O., S. 66.

[20] Mit dem Zweifel an eine Wirklichkeit geht notwendig zusammen die Preisgabe der Überzeugung vom Sein dieser Wirklichkeit. Damit distanziert sich hier Husserl grundsätzlich von Descartes, dem er vorwirft, „...sein universeller Zweifelsversuch sei eigentlich ein Versuch universeller Negation". Vgl. a.a.O., S. 65.

[21] Vgl. oben S. 15. Es sei angemerkt, daß Husserl in dieser Erörterung der Epoché

Soweit in den Grundzügen die Betrachtungen Husserls, die er zur Begründung der Möglichkeit der Epoché vorträgt, – Epoché verstanden als diese in meiner Freiheit liegende methodische Operation der Änderung meiner Einstellung. Husserl begnügt sich aber keineswegs mit dieser kurzen Begründung, sondern läßt im nächsten Kapitel eine „Reihe von Betrachtungen"[22] folgen, die er selbst im Nachwort zu den *Ideen* als den eigentlichen Weg zur transzendentalen Sphäre bezeichnet: „Ich wählte in der vorliegenden Schrift (I. Buch, 2. Abschnitt, 2. Kapitel) den, wie mir damals erschien, eindrucksvollsten (Weg)".[23] Erst hier beginnt der Aufweis der Möglichkeit des Nichtseins der Welt, der als das echt cartesianische Moment der ganzen Betrachtung anzusehen ist.

Dieser Teil der Betrachtungen hat bei Husserl zunächst den Sinn, die „mögliche Leistung der Epoché" ins Auge zu fassen; denn aus der Epoché mit ihrer Forderung nach Einklammerung der Wirklichkeit des Seienden ergibt sich folgerichtig die Frage, was nach dieser Einklammerung noch für die Forschung übrigbleibt: „Was kann denn übrig bleiben, wenn die ganze Welt, eingerechnet uns Menschen, ausgeschaltet ist . . . was kann als Sein noch setzbar sein, wenn das Weltall, das All der Realität eingeklammert bleibt?"[24] Auf diese Bedenken Husserls hatten wir schon in unserer ersten Erörterung der Epoché hingewiesen.[25]

Husserl entwickelt die Antwort in Form einer Kritik der Erfahrung. Diese Erfahrungskritik hat die Gestalt einer Analyse der Wesensverfassung des „Bewußtseins von Etwas" und vermag mit Hilfe dieser Analyse eine Region des Seienden freizulegen, die an sich, absolut ist, die also auch dann ihr Sein behält, wenn die Epoché in voller Universalität durchgeführt wird: das transzendentale Bewußtsein. Weil nun die Kritik zugleich die wesensmäßige Relativität alles Seienden auf das reine Bewußtsein erweist, ergibt sich, daß dieses überhaupt nicht mehr als eine „Region" im normalen Sinne verstanden werden darf, sondern vielmehr als das einzig w i r k l i c h Seiende, Seinsgebende, Seinsstiftende, auf das alles andere in seinem Sein angewiesen ist (vgl. vor allem § 49).

vom uninteressierten Selbstzuschauer nicht ausdrücklich spricht. Seine Reflexionen führen zwangsläufig auf diesen hin, und dies wollen wir gerade hervorheben.

[22] a.a.O., S. 74.
[23] „Nachwort", *Ideen III*, S. 149.
[24] *Ideen I*, S. 69-70.
[25] Vgl. oben S. 17.

Die erste Hälfte der Meditationen zur „Phänomenologischen Fundamentalbetrachtung" hatte gezeigt, daß die Epoché vollzogen werden
kann, weil sie zunächst nicht mehr als nur die Ausschaltung der in der
Natürlichkeit vollzogenen Generalthesis und diese ihrerseits nur Erlebnis ist. In den neuen Betrachtungen will Husserl die letzte Quelle auf-
suchen, „aus der die Generalthesis der Welt, die ich in der natürlichen
Einstellung vollziehe, ihre Nahrung schöpft . . ."[26] Jetzt geht es ihm
darum, die Erkenntnis zu begründen, daß die Setzung der Welt als
wirklich seiend ihre M o t i v a t i o n in den Erfahrungszusammenhängen
der Subjektivität selber hat und nicht irgendwie „von außen" bekommt, mit anderen Worten: die Absicht ist nunmehr, die noch natürliche Einsicht in die Tatsache, daß die Generalthesis Ermöglichungs-
grund der Wirklichkeit der Welt ist, zu einer transzendentalphilosophischen zu erheben. Die Betrachtungen suchen nun die Frage zu beantworten, warum bzw. in welcher Weise die Welt der Generalthesis
ihre Wirklichkeit verdankt.

Indem aber der wahre ontologische Status der Wirklichkeit aufgedeckt wird, erhält rückwirkend die gesamte Fundamentalbetrachtung
von ihrem Anfang an einen tieferen Sinn: durch sie wird nun nicht
nur die M ö g l i c h k e i t der Epoché – die Tatsache des „i c h k a n n s i e
v o l l z i e h e n" – begründet, sondern zugleich begründet, daß sie die
„unbedingt notwendige methodische Operation"[27] ist, deren die
Philosophie notwendig bedarf, um sich als absolute Wissenschaft konstituieren zu können. Die Kritik zeigt also die Notwendigkeit der
Epoché und Reduktion; sie begründet, m o t i v i e r t sie und erweist sie
damit als die notwendige Folge der Einsichten in die „letztwahre
Wirklichkeit". Das ursprüngliche „ich kann die Epoché vollziehen"
verwandelt sich, nachdem die Kritik als transzendentalphilosophische
Besinnung die Seinsart dessen, was ist, freigelegt hat, in das „ich muß
sie vollziehen". Dies wird uns noch ausführlicher beschäftigen.

Gerade um diese Motivation der Epoché sichtbar zu machen und
offenbar um jenen Zirkel, auf den wir schon früher stießen,[28] zu ver-
meiden, verzichtet Husserl in den mit § 34 anhebenden Meditationen
auf ihre Anwendung, er will sich in den nächsten Ausführungen „mit
keiner phänomenologischen ἐποχή mühen", und diese vollziehen,

[26] a.a.O., S. 88.
[27] a.a.O., S. 73.
[28] Vgl. oben S. 20.

„ohne die natürliche Einstellung zu verlassen".[29] Die Betrachtungen werden die Bewußtseinserlebnisse so zum Thema machen, „wie sie sich in der natürlichen Einstellung geben, als reale menschliche Fakta".[30]

So könnte es scheinen, als ob Husserl mit Beginn von § 33 wieder die Einstellung einnimmt, die er am Anfang von § 27 beschrieben hatte: „Wir beginnen unsere Betrachtungen als Menschen des natürlichen Lebens, vorstellend, urteilend... in natürlicher Einstellung". Die eigentlich cartesianische Besinnung, die freilich als solche Besinnung keine Natürlichkeit mehr im ursprünglichen Sinne ist, scheint mit ihrem Anfang wieder an diesen ersten Bruch mit der Natürlichkeit anzuknüpfen – gewissermaßen so, als ob es die §§ 27 bis 33 nicht gegeben hätte –, und dann einen „direkten" Weg zur Transzendentalität zu beschreiten.

In Wirklichkeit verhält es sich jedoch nicht so: Die Bedeutung der Natürlichkeit ab § 33 ist nicht mehr dieselbe wie zu Beginn der phänomenologischen Fundamentalbetrachtung. Denn diese Rückkehr zur natürlichen Denkhaltung stellt nicht mehr eine naive Einnahme der Haltung des vorphänomenologischen Lebens dar. Zwar ist dasjenige, worüber nun reflektiert wird, das, was Thema der Reflexion wird, der Mensch als reales Faktum in der realen Welt, aber der Reflektierende selbst vollzieht nun seine Besinnung von einem Standort aus, auf dem er sich nicht mehr als „Mensch des natürlichen Lebens" bezeichnen kann, wie noch im § 27. Mag mit den Anfangsbesinnungen dieses Paragraphen schon ein Bruch – und zwar ein sehr wichtiger – vollzogen worden sein, wie wir schrieben, die Besinnung hielt sich hier methodisch auf der sozusagen „niedrigsten" Stufe der Kritik. Aber nun, nach dem Fortschritt der Reflexion, ist der Mensch imstande, die Natürlichkeit als Natürlichkeit zu durchschauen, sie zu objektivieren und dadurch ihre „wesentlichen Voraussetzungen" zu enthüllen, wie es ja in den nächsten Paragraphen geschieht. Dies wäre dem Reflektierenden nicht möglich, wenn er seine Reflexion noch immer als Mensch des natürlichen Lebens vollzogen hätte. Der sich Besinnende dieser Stufe ist nicht mehr in der realen Welt verfangen bzw. betrachtet sich nicht mehr als einen solchen. Husserl sagt zwar an vielen Stellen des Textes, daß wir den natürlichen Boden nicht preisgegeben haben. Aber was immer noch auf dem natürlich-realen Boden steht, ist

---

[29] *Ideen I*, S. 74.
[30] ebda.

das thematisierte Bewußtsein als Bewußtsein von einer realen Welt, nicht der Reflektierende selbst. Dieser hat die Natürlichkeit zwar nicht endgültig verlassen, er will es gerade durch diese seine Besinnungen tun, aber er hat sich von ihr in der Reflexion entfernt. Diese Reflexion aber ist die von uns vorhin erörterte Besinnung, die Husserl in den §§ 27 bis 32 durchgeführt hatte und die im Vollzug der Epoché ihren Abschluß fand. Die dann folgenden Betrachtungen sind unter Anwendung dieser Epoché, verstanden als einer bloß „phänomenologisch-psychologischen" vollzogen; die Natürlichkeit ist nun die „phänomenologische" Natürlichkeit.

In dieser Frage der „Einstellung" des sich Besinnenden sehen wir ganz klar, wenn wir einige Stellen des ursprünglichen Textes der *Ideen I* mit dem neuen von 1950 vergleichen.[31] Die Verbesserungen und Einfügungen Husserls zum alten Text lassen eine eindeutige Klärung dieser Frage zu.

Husserl beginnt die Betrachtungen über das Wesen des „Bewußtseins von" im § 34 mit dem Satz: „Wir beginnen die näheren Ausführungen mit einer Reihe von Betrachtungen, innerhalb deren wir uns mit keiner phänomenologischen ἐποχή mühen. Wir sind in natürlicher Weise auf die „reale Welt" gerichtet und vollziehen, ohne die natürliche Einstellung zu verlassen, eine reine psychologische Reflexion auf unser Ich und sein Erleben. Wir vertiefen uns, ganz so wie wir es tun würden, wenn wir von der transzendentalen Einstellungsart nichts gehört hätten, in das Wesen des reinen ‚Bewußtseins von Etwas'...". Dieses Verbleiben in der natürlichen Einstellung beteuert Husserl auch an anderen Stellen. Am Anfang des § 39, des Paragraphen, in dem er gerade die Schwierigkeit darlegt, die jenes Verbleiben mit sich bringt, sagt er: „Den Boden der natürlichen Einstellung haben wir ja nicht preisgegeben". In der Beilage XIII der neuen Ausgabe steht: „Die gesamte Betrachtung – die mit Paragraph (44?) anging – vollzog sich in der natürlichen Einstellung...".[32] Und mit Bezug auf die „Vorerwägungen", die Husserl zum Thema „Reflexion" in den §§ 38 und 45 vollzogen hatte, heißt es an späterer Stelle in den *Ideen I*: „Was sich uns dort, *noch ehe wir den phänomenologischen Boden betreten hatten*, ergab, können wir jetzt, die phänomeno-

---

[31] Der ursprüngliche Text ist der der Ausgaben von 1913, 1922 und 1928. Der neue mit allen Erweiterungen und Bemerkungen Husserls liegt in der Ausgabe der Husserliana vor.

[32] *Ideen I*, S. 399.

logische Reduktion streng vollziehend, gleichwohl übernehmen" [33] usw.

Im vorhin zitierten Text vom Anfang des § 34 spricht Husserl von der transzendentalen Einstellungsart. In der ursprünglichen Fassung war nur von der „neuen" Einstellungsart die Rede. Husserl ersetzt also „neuen" durch „transzendentalen". Im selben Text verbessert er „. . . phänomenologischen Epoché . . ." durch „. . . transzendentalen Epoché . . .", wenn auch diese letzte Verbesserung in den neuen Text nicht aufgenommen wurde; [34] sie liegt aber auf derselben Linie wie die andere Korrektur Husserls.

Die „neue Einstellungsart" bezieht sich ohne Zweifel auf die im § 32 dargestellte phänomenologische Reduktion. Der Titel dieses Paragraphen lautet wiederum in der alten Fassung: „Die phänomenologische Epoché", in der neuen: „Die transzendentalphänomenologische Epoché". Auch der Titel von § 34 lautet in der neuen Ausgabe: „Das Wesen des Bewußtseins als psychologisch-phänomenologisches Thema" anstelle von: „Das Wesen des Bewußtseins als Thema".

Diese Verbesserungen deuten unmißverständlich daraufhin, daß Husserl nachträglich die Notwendigkeit sah, den echt transzendental-philosophischen Charakter der Epoché zu unterstreichen, was in der ersten Fassung nicht oder mindestens nicht deutlich genug zum Vorschein kam. Es ist nicht nur allgemein eine „neue" und – worauf ganz besonders zu achten ist –, auch nicht nur eine „phänomenologische" Einstellung, sondern ein transzendentaler Standpunkt, der mit der Natürlichkeit e n d g ü l t i g bricht.

Durch diese Korrekturen gelangt die Unterscheidung zwischen einer bloß phänomenologischen oder phänomenologisch-psychologischen Epoché und der spezifisch transzendentalphilosophischen zu voller Deutlichkeit, eine Unterscheidung, an die im ursprünglichen Text entweder überhaupt nicht gedacht war oder die jedenfalls nur schwer darin zu entdecken ist. Diese Unterscheidung gibt Husserl die Möglichkeit, im alten Text noch andere Verbesserungen und Einfügungen vorzunehmen, die verdeutlichen, daß die Besinnungen hier innerhalb der psychologisch-phänomenologischen Reduktion durchgeführt werden.

So finden wir an einer Stelle des § 36 folgende Einfügung: „. . . und in phänomenologischer Reduktion auf das reine Psychische . . .". [35]

---

[33] a.a.O., S. 177; von mir hervorgehoben.
[34] Vgl. *Ideen I*, S. 467, ad 74,9.
[35] a.a.O., S. 81. Vgl. S. 469, ad 81, 10 f.

Und § 35 enthält den neuen Satz: „So verfällt es [gemeint ist das materielle Ding] mit allem ihm Eigenen der phänomenologischen Epoché".[36]

Diese beiden Einschübe und andere ähnliche Verbesserungen Husserls zum alten Text[37] würde man nicht verstehen können, wenn die Epoché, auf deren Anwendung Husserl verzichtet, bloß die phänomenologische wäre, wie es im alten Text der Fall ist. Husserl kann nun von „phänomenologischer Reduktion auf das reine Psychische" sprechen, weil mit dem Verzicht im neuen Text der Verzicht auf die Anwendung der „transzendentalen" Reduktion gemeint ist.

§ 9. DER WEG ÜBER DIE PSYCHOLOGIE IN DER ERSTEN PHILOSOPHIE II

Damit dürfte endgültig gezeigt sein, daß entgegen der Behauptung Husserls in den „Amsterdamer Vorträgen" auch der cartesianische Weg in den *Ideen I* ähnlich wie die sogenannten indirekten Wege den Versuch darstellt, den bloß phänomenologischen Standort auf dem Wege über eine intentionalphänomenologische Kritik der Erfahrung, die durch phänomenologische Epoché ermöglicht wird, in den transzendentalphänomenologischen zu verwandeln.[38] Husserl behält zwar insofern noch recht, als er im cartesianischen Weg darauf verzichtet, die Konstruktion der phänomenologischen Psychologie als methodischen Übergang vorauszuschicken.

Wir haben im § 7[39] darauf hingewiesen, daß Husserl diesen Weg, dessen vermeintliche Direktheit sich als Schein erwiesen hat, in den Vorlesungen zur *Ersten Philosophie* zugunsten eines anderen, wie er meint, wahrhaft direkten Weges verläßt. Statt die Welterfahrung einer Kritik zu unterwerfen, um die Möglichkeit der Nichtexistenz der Welt bzw. das apodiktische Sein der transzendentalen Subjektivität auf-

[36] a.a.O., S. 76. Vgl. S. 468, ad 76, 36-39.
[37] Vgl. *Ideen I*, S. 468, ad 78, 16; S. 469, ad 80, 13 ff; die ganze Einfügung von S. 107, 14 bis S. 108, 2 usw.
[38] Dasselbe gilt selbstverständlich für die cartesianische Ausführung in der *Ersten Philosophie II* – hier wird der cartesianische Weg seiner Indirektheit wegen bemängelt –, in den *Cartesianischen Meditationen* und überall, wo Husserl die Epoché cartesianisch einführt. Dieser Weg will die Möglichkeit des Nichtseins der Welt klarmachen; dies kann nur durch eine Kritik der Erfahrung geschehen, die keine natürliche sein kann, da sie sonst nichts dergleichen beweisen würde.
[39] Vgl. oben S. 33/34.

zuweisen, will Husserl hier „direkt an den einzelnen Akten die Epoché des interesselosen Selbstbetrachters" anwenden.

Indem Husserl aber diese Epoché auf die Akte des Erfahrenden anwendet und indem er dies sogar in voller Universalität tut, zeigt sich das Merkwürdige, daß mit Hilfe dieses Verfahrens nur eine reine phänomenologische Psychologie aufgebaut werden kann; Husserl sieht sich erneut auf eine „Reihe von Betrachtungen" verwiesen, die ebenso eine Kritik der Erfahrung darstellen, wie schon die Besinnungen im Rahmen des Weges der *Ideen I.* Diese Kritik soll dann wiederum geeignet sein, die phänomenologische Psychologie in transzendentale Philosophie zu überführen. Der endgültige Zugang zur transzendentalen Sphäre geschieht auf dem Umwege über diese phänomenologische Psychologie. Die Vermittlung des Zugangs zur transzendentalen Subjektivität durch die Einschaltung der Psychologie – oder im übrigen auch irgend einer anderen Wissenschaft – kennzeichnet nun aber für Husserl gerade die indirekten Wege. Husserl verzichtet hier zwar auf den Nachweis der Möglichkeit des Nichtseins der Welt; einer Kritik des welterfahrenden Bewußtseins kann er trotzdem nicht entgehen. Die angestrebte Direktheit entschwindet Husserl wieder aus den Händen. Dies wollen wir kurz erläutern.

Die ersten Vorlesungen des systematischen Teils der *Ersten Philosophie* haben cartesianisch die unaufhebbare Kontingenz des Satzes: „Die Welt ist", also die Möglichkeit ihres Nichtseins aufgewiesen und zugleich die transzendentale Subjektivität aus ihrer Anonymität befreit. Diese Subjektivität will Husserl dann „näher ins Auge" fassen, so daß hierbei die Universalität des transzendentalen Lebens klar zum Vorschein kommt. Er beginnt mit einer „Überschau über den Bereich der transzendentalen Subjektivität". Diese Überschau, die zunächst als Anwendung der cartesianisch entdeckten Epoché angesetzt war (Vorlesung 39), verwandelt sich aber in deren Verlauf in einen zweiten Weg zur transzendentalen Subjektivität, in den des uninteressierten psychologischen Selbstzuschauers, einen Weg, der der ursprünglichen Motivation des cartesianischen Weges, nämlich des Aufweises der Möglichkeit des Nichtseins der Welt, nicht mehr bedarf.

Im Zuge der Ausarbeitung dieses Weges entwickelt Husserl zuerst jene „phänomenologische Theorie der Epoché"[40] als die Möglichkeit einer Reflexion, die sich die Seinssetzung der Wirklichkeit versagt.

---

[40] Vgl. oben § 4.

„Aus welchen Motiven immer"[41] kann ich das natürliche Seinsinteresse fahrenlassen und mich als uninteressierten Selbstbetrachter etablieren. Die psychologische Erforschung der Subjektivität bietet gerade solch ein Motiv: Zum Zweck der Erfassung der „reinen Erlebnisse", der „reinen Seele", bedarf der Psychologe der methodischen Enthaltung. Der Vollzug der Epoché geschieht um dieser psychologischen Reinheit willen, er ist nur Mittel zu diesem Zweck; er geschieht nicht „ein für allemal", „schlechthin" oder gar absolut; er geschieht nicht „um seiner selbst willen", und d.h.: „Ich habe also meine Stellungnahme zum wirklichen Sein der intentionalen Gegenstände nicht schlechthin und absolut inhibiert . . .".[42] Hierin sieht Husserl die Unzulänglichkeit dieser psychologisch-phänomenologischen Epoché, sie ist zwar die für die Psychologie einzig angemessene Methode, für die Philosophie aber, auf deren Konstitution als letztbegründeter Wissenschaft diese Vorlesungen hinarbeiten, taugt sie nicht. „Wie soll nun", fragt sich dann Husserl, „diese bloße Methode reiner Erfahrung einen Weg eröffnen zur transzendentalen Subjektivität, wie soll sie über das Herausschauen menschlichen Seelenlebens und über eine rein psychologische Analyse hinauszuleiten sein . . . in ein Erschauen des transzendentalen reinen Lebens . . .?".[43]

Die Reflexion soll nun den „Umschlag" bringen von der phänomenologischen Natürlichkeit in die alle Natürlichkeit übersteigende transzendentale Sphäre. Husserl läßt es zunächst so zu diesem Umschlag kommen, daß er die Epoché in völliger Universalität auf das gesamte Reich des erfahrenden Lebens erweitert. Die Möglichkeit dieser Erweiterung, der universalen Anwendung der Epoché, begründet er wieder durch eine natürlich-phänomenologische Reflexion auf die Struktur des Erfahrungslebens – so wie er es schon in den *Ideen* und hier in den Vorlesungen – in ihrem ersten cartesianischen Teil – getan hatte. Hier setzt die eigentliche Kritik der Erfahrung an, die zur Transzendentalität führen soll (Vorlesung 48 und folgende).

In dieser Kritik greift Husserl wieder auf die in allen anderen Darstellungen der Theorie der Erfahrung die Hauptrolle spielenden intentionalen Implikationen und durch sie auf die Horizontstruktur der Erfahrung zurück,[44] und durch ihre Herausarbeitung und Verdeutlichung

---

[41] *Erste Philosophie II*, S. 107.
[42] a.a.O., S. 143; vgl. Vorlesung 48 passim.
[43] a.a.O., S. 142.
[44] a.a.O., S. 144.

gelingt es ihm, sichtbar zu machen, daß wir „in der Alleinheit eines endlosen Lebenszusammenhangs, in der Unendlichkeit des eigenen und des intersubjektiven historischen Lebens (stehen)",[45] in dem alles, was ist, sich für den Menschen als intentionale Einheit konstituiert, als „. . . die universale intentionale Gegenständlichkeit als solche, so wie sie als untrennbares Korrelat zum Leben selbst gehört."[46] Durch diesen Aufweis wird die Möglichkeit der universalen Anwendung der Epoché verständlich.

Und doch ist Husserl mit der so erreichten Universalität noch unzufrieden. Unter den verschiedenen kritischen Notizen, die Husserl nachträglich zum Gedankengang der Vorlesungen machte, befinden sich einige, in denen er sein Vorgehen in der Ausarbeitung des zweiten Weges kritisiert und zwar eben im Hinblick auf das Ergebnis dieses Weges, nämlich die Herausstellung des „endlosen Lebenszusammenhanges". Kein Akt des Subjektes, so wurde klar, ist eine isolierte Einheit, sondern jeder ist von vornherein als unselbständiges Moment ins Netz des Lebenszusammenhanges verflochten. Eine auf einzelne Akte angewandte Epoché kann es demnach gar nicht geben, sondern die Einzelanwendung setzt die universale schon voraus. Auch der Psychologe, der noch innerhalb der Natürlichkeit Reflektierende, kann also nicht anders als mit einer universalen Reduktion anfangen; die Universalität steht am Anfang und nicht am Ende der Besinnung bzw. der Anwendung der Epoché.

Mit dieser Feststellung verwickelt sich die Lage; denn der Umschlag vom bloß phänomenologischen in den transzendentalen Standpunkt sollte sich gemäß Husserls Erklärung im Text der Vorlesungen durch die Möglichkeit der universalen Anwendung der Epoché ergeben. Nun aber erweist sich diese Universalität der Epoché als auch für die Psychologie notwendig und von Husserl gefordert.[47] Daraus ergibt sich, daß sie vielleicht ein notwendiges, jedoch kein hinreichendes Kennzeichen für die Wendung zum Transzendentalen darstellen kann. Eben darum kann Husserl in der von uns schon erwähnten Notiz, die sich auf das Ende der Betrachtungen bezieht, sagen: „Nun fehlt die wahre Charakteristik der transzendentalphilosophischen Reduktion gegenüber der universalen psychologischen Reduktion".[48] Sogar die

---

[45] a.a.O., S. 153.
[46] a.a.O., S. 162.
[47] Vgl. a.a.O., S. 316 und 317, beide ad 127, 9–17 und 317, ad 129 und 143.
[48] a.a.O., S. 319, ad 163.

„intersubjektive Reduktion als psychologische"[49] muß, wie
Husserl an derselben Stelle bemerkt, vor dem Übergang zum transzendentalen Standpunkt vollzogen werden! Was fehlt nun eigentlich
noch, damit endlich der transzendentale Umschlag zustandekommt?

Die Antwort gibt Husserl in der Beilage XXIII: „Kritik an der
falschen Darstellung des Unterschiedes zwischen psychologischer und
transzendentaler Reduktion...".[50] Hier geht er nochmals auf die
Universalität ein, in der schon der phänomenologische Psychologe die
Reduktion vollziehen muß, und legt sogar kurz die soeben geforderte
rein psychologische Intersubjektivität[51] dar. Dabei zeigt sich: In der
psychologisch-universalen Reinheit verbleibt noch immer die Welt in
„Endgeltung",[52] sie wird also noch immer „vorausgesetzt". „Ich hatte
die Welt vorausgesetzt und halte sie noch jetzt in Setzung",[53] nämlich
ich, als phänomenologischer Psychologe. „Aber", fragt sich dann
Husserl, „*bin ich es nicht*, der da setzt, und ist es nicht evident, daß ich
nur durch diese sogearteten Erlebnisse und subjektiven Habitualitäten
eine Welt habe und hatte und daß Welt, Menschsein und alles Objektive sich im Subjektiven so und so macht...?"[54] Mit anderen Worten,
die Voraussetzung der Welt ist „meine" Voraussetzung, ist wieder nur
Erfahrung, meine Erfahrung, meine Aussage. Der Psychologe, der
nach Vollzug einer universalen Epoché noch die Welt in „Endgeltung"
behält, sieht nicht, daß doch e r es ist, der dieser Endgeltung eben
Geltung verleiht.

Nun hatte allerdings die Besinnung zur universalen Anwendung
der Epoché die Welt schon in die „universale intentionale Gegenständlichkeit als solche" verwandelt, und diese Einsicht muß der Psychologe bereits vollzogen haben. Diese Einsicht vollziehen und dennoch die Welt weiterhin in Endgeltung, in natürlicher Geltung behalten, – das ist im Grunde unverträglich. Der Psychologie auf dem
Boden universaler Epoché fehlt also eigentlich keine „wahre Charakteristik" zur transzendentalphilosophischen Reduktion, es fehlt ihr nur
die Vertiefung in die ganze Tragweite der Horizontuniversalität, in
ihre volle Bedeutung, die aber schon in ihrem ersten Ansatz beschlossen liegt und die auch der Psychologe haben müßte, ja, jeder, der mit

[49] ebda.
[50] a.a.O., S. 444 ff.
[51] a.a.O., S. 446.
[52] a.a.O., S. 447.
[53] a.a.O., S. 448.
[54] ebda.; Hervorhebung von mir.

einer phänomenologischen Besinnung anfängt, die also eine Unterscheidung zwischen phänomenologischer Psychologie und transzendentaler Philosophie im Grunde unmöglich macht, was Husserl selbst
in der *Krisis* als Abschluß der Gedanken über den psychologischen
Weg mit den Worten ausspricht: „Also reine Psychologie in sich selbst
ist identisch mit Transzendentalphilosophie als Wissenschaft von der
transzendentalen Subjektivität. Daran also ist nicht zu rütteln".[55]
Für das Verhältnis von phänomenologisch-psychologischer und transzendentalphilosophischer Epoché ist dieses Ergebnis von entscheiden-
der Bedeutung.

§ 10. DER WEG DER KANT-REDE

Die Indirektheit des cartesianischen Weges hat Husserl noch durch
eine andere Lösung als in der *Ersten Philosophie* zu beheben versucht.
Unter den besagten kritischen Notizen zur „Theorie der phänomenologischen Reduktion" befindet sich auch eine Notiz, in der Husserl
unter Bezugnahme auf die apodiktische Kritik des Ego cogito sagt:
„Ich kann, wie in der Kant-Rede, auch direkt auf die transzendentale
Subjektivität hingehen; ev. direkt vom Gedanken her: Gibt es eine Er-
fahrungsart, die apodiktisch ist und überall vorausgesetzt? Also die
äußere Erfahrung nur ganz kurz kritisieren, oder überhaupt
nicht ...".[56] Auch in Manuskript B I 9 XIII bezieht sich Husserl in
diesem Sinne auf die Kant-Rede: „Es ist ferner sichtlich zu machen,
daß es des Nachweises der evidenten Möglichkeit des Nichtseins
der ... Welt nicht bedarf. Weg der Kant-Rede".[57]
Nur die in diesem Manuskript gewählte Formulierung des Hinwei-
ses auf die Kant-Rede erscheint uns als angemessen, nicht hingegen
die in der zuerst angeführten Notiz aus der *Ersten Philosophie*; denn es
ist zwar richtig, daß sich in der Kant-Rede keine Erörterung mehr der
Möglichkeit des Nichtseins der Welt findet; die Kritik der äußeren
Erfahrung jedoch kann Husserl auch hier wieder nicht entbehren; sie
begegnet uns abermals, und zwar nicht etwa als eine erst aufgrund
eines „direkten" Zugangs zur transzendentalen Subjektivität nachträglich möglich gewordene Darstellung der Grundstrukturen dieser
Subjektivität, sondern vielmehr als ein Reflexionsschritt, der beim

[55] *Krisis*, S. 261. Über diese Identität vgl. unten S. 60 und 169
[56] *Erste Philosophie II*, S. 312, 3.
[57] Manuskript B I 9 XIII, S. 31.

Vollzug der transzendentalphänomenologischen Reduktion bereits vorausgesetzt wird, mag dies auch nicht auf den ersten Blick im Text deutlich werden.

Der Weg der Kant-Rede führt zwar insofern „direkt" zur Subjektivität, als er mit der Feststellung beginnt, daß die Welt des natürlichen Lebens bloß eine Voraussetzung sei, da ihr vermeintliches „An-sich-sein" „nichts anderes als unsere, und natürlich wohlbegründete Aussage" ist.[58] Damit ist schon der Blick sozusagen nach „innen" gelenkt. Aber diese Einsicht gewinnt erst dann volle transzendentalphilosophische Bedeutung, wenn es evident wird, daß das subjektive Vermeintsein dieses An-sich-Seins der Welt eben dieses An-sich-Sein verbürgt, gemäß dem transzendentalphilosophischen Anspruch, daß unser subjektives Vermeinen, unsere Erfahrung das Sein von allem verbürgen soll, was für uns überhaupt ist oder je sein kann. Die bloße Feststellung des *subjektiven* Charakters der Aussage: „Die Welt ist an sich" ist noch weit entfernt von der Erreichung des transzendentalen Standpunkts; denn die Subjektivität, die diese Aussage macht, kann noch immer empirisch und die Aussage als das „Resultat" der Einwirkung des An-sich-Vorliegenden auf das Subjekt der Erfahrung gedeutet werden; m.a.W., die besagte Reflexion kann durchaus noch in der Natürlichkeit geschehen. „Wenn ich mich in dieser natürlichen Einstellung reflektiv erfahrend betrachte, . . . so ergibt eine weitere Reflexion . . . wieder mich, den Menschen, und so *in infinitum*". Das hatten wir schon zitiert.[59] Aber Husserl fährt fort: „Nie komme ich aus diesem Kreis heraus, *und selbst dann nicht*, wenn ich mir sage – wie das die Erkenntnistheoretiker des üblichen naiven Stils immer gesagt haben –: ‚Nur aus meiner Erfahrung weiß ich und nur aus der ihren wissen alle anderen Menschen etwas von der Welt'. Selbst dann nicht – wenn ich eben nicht radikal die Tragweite dieser Bemerkung dadurch erhöhe, daß ich mich radikal auf mich transzendental besinne, und mein Menschsein als Erfahrenes mit hereinziehe . . .".[60] Jene Feststellung lenkt zwar die Aufmerksamkeit des theoretischen Erfahrens auf das Reich des Bewußtseins als die Stätte jeglicher Sinnbildung, aber erst eine Kritik der Erfahrung kann die Erkenntnis vermitteln, daß diese Sinnbildung „seinsstiftend" ist und somit die Sphäre des Bewußtsein das Absolute ist, außerhalb dessen keine an sich seiende

---

[58] Kant-Rede, *Erste Philosophie I*, S. 247.
[59] Vgl. oben S. 14.
[60] *Erste Philosophie II*, S. 418. Hervorhebung von mir.

Wirklichkeit gedacht werden kann. So beginnt Husserl im II. Teil der Kant-Rede mit einer Klarlegung der Umkehrung der Denkungsart, die das Reich der reinen Subjektivität eröffnen soll. Er setzt an beim menschlichen Leben und bei der für es selbstverständlich daseienden Welt und beschreibt dann die natürliche Einstellung als Erfahren dieser Welt. Dieses Erfahren ist unvollkommen, einseitig, perspektivisch, es kann in Unstimmigkeiten kommen, in Zweifel usw. Aber trotz dieser Unvollkommenheit sind wir überzeugt, durch die Erfahrung die Welt selbst zu haben. In dieser Annahme einer „selbstverständlichen Vorgegebenheit" der Welt liegt nach Husserl eine Voraussetzung.[61] Daß und warum aber das natürliche Leben jederzeit diese Voraussetzung macht, das wird von Husserl nun erst streng begründet, und zwar abermals durch eine lange Analyse, durch eine Kritik der Erfahrung. Daß das natürliche Leben auf der Voraussetzung beruht: „Die Welt ist", wird allererst durch diese Kritik und nur aufgrund dieser Kritik erkennbar; und erst wenn diese Voraussetzung ins rechte Licht gerückt wird, kann der transzendentale Boden betreten werden. Erst dann ist die „kopernikanische Wendung" transzendentalphilosophischer Natur. Der Weg der Kant-Rede sollte einem Hinweis Husserls zufolge ein wahrhaft direkter Weg sein, da in ihm eine Kritik der Erfahrung fehlte. Wir sehen nun, daß auch diese Direktheit sich als Schein erweist; denn auf die Kritik der Erfahrung konnte Husserl nicht verzichten.

§ 11. DER TRANSZENDENTALE IDEALISMUS UND SEINE UNAB-
HÄNGIGKEIT VOM CARTESIANISCHEN WEG. DIE EPOCHÉ ALS
FOLGE DES IDEALISMUS

Die vorangehenden Überlegungen haben uns gezeigt, daß alle Wege zur transzendentalen Sphäre diesen Zug der Indirektheit aufweisen, der darin besteht, daß sie den Zugang zur transzendentalen Sphäre nur im

---

[61] Vgl. Kant-Rede, *Erste Philosophie I*, S. 243 ff. „Selbstverständliche Vorgegebenheit der Welt", „Weltglauben", „Universale Weltapperzeption", „Weltvoraussetzung", „Weltvorurteil" sind gleichbedeutende Bezeichnungen der Seinsweise des natürlichen Lebens. Vgl. z.B. Beilage XXXI der *Phänomenologischen Psychologie*, in der alle diese Termini auftreten. Hier sagt Husserl, daß ich durch die Epoché den ganzen universalen Weltglauben inhibiere, und erläutert dazu: „... ich will keine natürliche Erfahrung betätigen, die das Erfahrene ... in der natürlich schlichten Weise setzt, die sinngemäß einen Welthorizont mitsetzt, im Sinne des universalen ‚Vorurteils' – der *Generalthesis*, wie ich in den ‚Ideen' sagte". (S. 530/531; von mir hervorgehoben).

Durchgang durch eine phänomenologische Kritik der Erfahrung eröffnen können. Gewiß ist im cartesianischen Weg oder in der Kant-Rede die explizite Konstruktion einer phänomenologischen Psychologie als Übergangsstadium zur Transzendentalität nicht anzutreffen, und insofern bleiben sie in dieser Hinsicht direkter als die anderen Wege. Der Umstand aber, daß diese Besinnungen das Bewußtsein von einem phänomenologischen Standpunkt aus zum Thema der Betrachtung machen (und machen müssen), erweist klar, daß jene phänomenologische Psychologie oder einfach Phänomenologie wenn auch nicht als Übergangsstadium ausdrücklich dargestellt, so doch der Sache nach vorausgesetzt ist.

Im cartesianischen Weg ist die Kritik der mundanen Erfahrung eng verknüpft mit der Erörterung der Frage der Möglichkeit des Nichtseins der Welt, sie ist nur soweit überhaupt ausgeführt, wie es der Aufweis dieser Möglichkeit erfordert. Der Aufweis ist selbst zugleich die Ansetzung eines Reiches des transzendental reinen Bewußtseins als des einzigen Absoluten, an sich und für sich selbst Seienden, auf das alles andere Seiende seinsmäßig angewiesen ist, ist der Entwurf des transzendentalen Idealismus. Die Kritik der Welterfahrung, die dem Aufweis der Möglichkeit des Nichtseins der Welt dient und auf diese Weise das Bewußtsein als das Absolute freilegt, ist also die Konstruktion dieses Idealismus.

Darin liegt aber folgende Konsequenz: Husserl verzichtet zwar in den nichtcartesianischen Wegen auf den expliziten Nachweis der Möglichkeit des Nichtseins der Welt; er trägt in ihnen aber doch die Kritik der Welterfahrung vor; diese Kritik wiederum ist nur möglich vom Standpunkt des transzendentalen Idealismus aus, den wir darum ja auch auf allen nichtcartesianischen Wegen antreffen. Wenn also auf diesen Wegen der Nachweis der Möglichkeit des Nichtseins der Welt fehlt, so heißt das nicht, daß Husserl hier den transzendentalen Idealismus für entbehrlich hielte. *Die Preisgabe des cartesianischen Motivs der Epoché ist keineswegs die Preisgabe des transzendentalen Idealismus.* Zum besseren Verständnis dieser Zusammenhänge wollen wir das Verhältnis zwischen dem transzendentalen Idealismus und dem Gedanken der Möglichkeit des Nichtseins der Welt bzw. zwischen dieser Möglichkeit und dem Vollzug der Epoché näher erläutern.

Wir sagten oben, daß Husserl in den Betrachtungen der *Ideen I* zur Motivation der transzendentalphänomenologischen Epoché die „Generalthesis" der Welt einer phänomenologischen Analyse unterwirft.

Mithin läßt sich die Möglichkeit des Nichtseins der Welt nach Husserl nicht in irgendeinem Sinne der Verfassung der Welt selbst ansehen oder entnehmen, sondern sie wird aus den allgemeinen Charakteren der *Erfahrung* von der Welt erschlossen, aus den subjektiven Erscheinungen, den Bewußtseinsakten usw.; denn die Generalthesis ist Erlebnis, Erfahrung, und sie ist das, wodurch wir überhaupt eine Welt als seiend haben können.

Die Erscheinungen machen jedem Menschen eine „subjektive" Welt zugänglich, die er in der Normalität des naiven Lebens lebend für einen Ausschnitt, eine subjektive Perspektive usw. von der w a h r e n an sich seienden, seine Perspektive umgebenden Welt hält. Indem er aber das bloß „horizontmäßig" Gegebene – bloß Mitwahrgenommene, nicht selbst da Anwesende – ebenfalls für wirklich gegeben ansieht und es als G e g e n s t a n d setzt, statt es in seinem Charakter des bloß „Antizipierten", „Vergegenwärtigten" zu belassen, versteht er die Welt im Ganzen als seiende Wirklichkeit, glaubt er an ihr schlechthinniges Sein. Das ist die Generalthesis, das Weltvorurteil.

Husserl unterwirft in den entscheidenden Paragraphen der „phänomenologischen Fundamentalbetrachtung" in den *Ideen I* die Generalthesis einer phänomenologischen Analyse und zeigt, daß die Wirklichkeit der wahren Welt nur eine Folge des e i n s t i m m i g e n Verlaufs der mannigfaltigen Momente, der Abschattungen, Erscheinungsweisen, Auffassungen usw. ist, aus denen eine konkrete Erfahrung von weltlich Transzendentem notwendig besteht. Diese Einstimmigkeit bewährt sich als universaler Stil des natürlich erfahrenden Lebens durch alle möglichen Korrekturen, Durchstreichungen, Nichtigmachungen hindurch, die im konkreten Erfahrungsleben immerzu vorkommen. Diese ungebrochene Harmonie der Erfahrung im Ganzen, ihr innerer Zusammenhalt trotz aller partiellen Unstimmigkeiten, läßt in uns den völlig g e r e c h t f e r t i g t e n Glauben an die an sich seiende Wirklichkeit der Welt aufkommen: wir „setzen sie voraus".

„Existenz einer Welt" besagt: „Korrelat gewisser, durch gewisse Wesensgestaltungen ausgezeichneter Erfahrungsmannigfaltigkeiten".[62] Diese ausgezeichneten Erfahrungsmannigfaltigkeiten sind eben die einstimmig verlaufenden.

Diese Einstimmigkeit der Erfahrung in ihrer Totalität ist nun nach Husserl durch keine a p o d i k t i s c h e Notwendigkeit gekennzeichnet. Kein der Erfahrung abzulesendes Gesetz bürgt dafür, daß sie ihren

---

[62] *Ideen I*, S. 114; vgl. *Erste Philosophie II*, S. 44 ff.

faktisch harmonisch verlaufenden Stil immer notwendig behalten wird; es gibt davon nur eine empirische Gewißheit. Es ist also nicht nur so, daß die verschiedenen Erscheinungsweisen eines bestimmten Seienden in Widerstreit geraten können und so den Erfahrenden zwingen, den Glauben an die Wirklichkeit dieses Seienden aufzugeben, sondern es ist auch die Möglichkeit denkbar, daß die Erfahrung im ganzen jene Einstimmigkeit ihrer Momente einbüßt, daß die Einstimmigkeit sozusagen „explodiert" und die Erfahrung mit einem Male nicht mehr fähig ist, dem Menschen eine Welt zu geben. Dann würde keine Motivation mehr in ihm wirksam sein, die ihn zur Annahme der Wirklichkeit der Welt veranlassen könnte, diese „zerflattert" im Bewußtsein.[63]

Weil in diesem Sinne das Nichtsein der Welt ständig offen bleibt, kann die Welt keinen apodiktischen Boden abgeben, ihre Geltung als an sich seiende Wirklichkeit kann keine absolut unumstößliche Überzeugung sein.

Nun ist allerdings dieses Nichtsein eine vollständig leere Möglichkeit, für die nichts spricht, für deren Annahme ich kein Motiv habe.[64] So wie ich mich nicht für das Sein der Welt – für ihr wirkliches An-sich-Sein – entscheiden kann, so kann ich mich auch nicht für ihr Nichtsein oder Wahrscheinlich-Möglichsein entscheiden, weil jede dieser Entscheidungen die Möglichkeiten meiner konkreten Erfahrung überschreitet. Ich muß mich hier der *Stellungnahme* enthalten, ich darf kein Urteil abgeben, das irgendeine jener Entscheidungen voraussetzt, ich muß das Sein der Welt bzw. des Transzendenten überhaupt sozusagen „in der Schwebe" lassen, mit einem Wort, ich muß Epoché üben.

Die Epoché ist also diejenige Methode, die sich für den phänomenologisch-philosophisch sich Besinnenden notwendig ergibt, wenn ihm jene Unmöglichkeit einer Entscheidung für Sein oder Nichtsein der Welt aufgeht; sie ist die unabweisbare Konsequenz, die er aus dieser Evidenz zu ziehen hat und die er in der Folge methodisch immer befolgen muß. Nun läßt sich aber diese Einsicht in die Möglichkeit des Nichtseins der Welt nur unter der Voraussetzung gewinnen, daß die Welt schon als das Korrelat von Erfahrungsmannigfaltig-

---

[63] Vgl. *Ideen I*, § 49, S. 114 ff; *Erste Philosophie II*, 33. Vorlesung, S. 44 ff; *Cartesianische Meditationen*, § 7, S. 57 ff. In einem anderen Zusammenhang auch *Analysen zur passiven Synthesis*, S. 10 ff.

[64] Vgl. *Erste Philosophie II*, S. 50 und 54 u.a.

k e i t e n, d.h. als unselbständiger gegenständlicher Pol des erfahrenden
Bewußtseins verstanden wird.

W e i l d i e W e l t n i c h t s ist als dieser intentionale Pol, w e i l sie in
ihrem Sein auf das Bewußtsein angewiesen bleibt, darum ist die Möglichkeit ihres Nichtseins nie ausgeschlossen.

Die Welt als in diesem Sinne seinsmäßig auf das Bewußtsein angewiesen und bloß gegenständlicher Pol des Bewußtseins ist keine Transzendenz mehr in der normalen Bedeutung des „an sich seiend", sie ist
dem Bewußtsein selbst immanent im Sinne des ideellen, intentionalen
Enthaltenseins. Sofern die Betrachtung des Bewußtseins als „Bewußtsein von" zu der Einsicht in die ideelle Immanenz der Welt im Bewußtsein führt, ist sie nichts anderes als die Errichtung des transzendentalen Idealismus selbst.

Damit stoßen wir auf den letzten Grund der phänomenologischen
Epoché, auf die Notwendigkeit ihrer Anwendung, auf das „ich muß
sie vollziehen", von dem wir sprachen: Indem die Welt ihre Seinsautonomie verliert, wird der wissenschaftliche Letztradikalität Suchende
gezwungen, sich auf das zu r e d u z i e r e n, was einzig und allein w a h r,
w i r k l i c h ist, auf das subjektive Reich der reinen Erlebnisse. Die
Epoché und Reduktion ist demnach wesenhaft F o l g e des transzendentalphänomenologischen Idealismus, zu dem zugleich der durch die
cartesianische Reflexion erarbeitete Gedanke der Möglichkeit des
Nichtseins der Welt gehört, sie ist nicht Folge d i e s e s Gedankens. Nur
auf diese Weise wird verständlich, wie die Epoché transzendentalphänomenologische Methode, Methode der Philosophie werden kann.

Man könnte hier aber einwenden, daß z.B. die *Cartesianischen
Meditationen* eine Entwicklung des transzendentalen Idealismus seien,
die die Epoché an ihrem Anfang und nicht an ihrem Ende hätte. Die
Konstruktion des Idealismus dient hier nicht dem Zweck, Möglichkeit
und Notwendigkeit von Reduktion zu begründen, sondern wird hier
erst nach dem Vollzug von transzendentaler – und nicht nur phänomenologischer Reduktion unternommen. Diese wird noch ziemlich
am Anfang des Textes, im § 8 der Ersten Meditation eingeführt. Der
Grund für ihre Anwendung ist streng cartesianisch: es ist die für die
Philosophie bestehende Notwendigkeit, zu letzter Gewißheit, auf einen
absoluten Boden zu gelangen; es ist die Unmöglichkeit, daß irgendeine
der vorhandenen Wissenschaften, die traditionelle Philosophie miteingeschlossen, bei ihrem bisherigen Stil diese Erfordernisse erfüllen
könnte, da sie alle auf der „seienden" Welt aufbauen. Die Welt kann

aber keinen apodiktischen Boden abgeben, da die Möglichkeit ihres
Nichtseins ständig offen bleibt; sie könnte ein Schein sein, nichts als ein
„zusammenhängender Traum".[65] Daher der Verzicht auf die Welt
und ihre Wissenschaften und der Rückzug auf das Ego der transzendentalen Subjektivität, die Stätte jeglicher Sinn- und Seinsbildung.[66]

Husserl führt nun aber in den *Cartesianischen Meditationen* keine
weiteren Argumente an wie in der Darstellung der *Ideen I*, in der dieser
Gedanke der Möglichkeit eines Nichtseins der Welt gerade noch einmal tiefer motiviert wurde. Von dieser eigentlichen Motivierung in
einer psychologisch-phänomenologischen Beschreibung des Bewußtseins als „Bewußtseins von", d.h. derjenigen Beschreibung, aus der in
den *Ideen I* der Idealismus hervorging, sieht Husserl hier ab. Man muß
aber folgendes berücksichtigen: Die in den *Cartesianischen Meditationen* nach Einführung der transzendentalen Epoché vollzogenen
Untersuchungen der verschiedenen Strukturen des transzendentalen
Ego und seines welterfahrenden Lebens: Intentionalität (§§ 14, 15),
Erscheinungsweisen und Erscheinendes (§ 17), Horizontstruktur der
äußeren Erfahrung, Horizontintentionalität (§§ 19, 20), Evidenz,
Selbstgebung (§ 24), Antizipation in der Welterfahrung, bloß präsump-
tive Wirklichkeit der Welt (§ 28), Motivation (§ 37) usw. werden von
Husserl in den verschiedenen Meditationen zwar transzendentalphä-
nomenologisch erörtert, nach dem Vollzug der Epoché und nicht zu
ihrer Vorbereitung. Und doch haben diese Analysen eben dieselben
Strukturen des Bewußtseins zum Thema, deren Analyse in den anderen Schriften Husserls zur Vorbereitung der Epoché gedient hatte.
Mag Husserl selbst auch gemeint haben, er habe in den *Cartesianischen
Meditationen* durch die transzendentale Reduktion ermöglichte Erkenntnisse dargestellt, – in Wirklichkeit gehört die Vorbereitung des
Idealismus durch diese Erkenntnisse notwendig mit zur Begründung
des (transzendentalen) Standpunkts, durch dessen Anwendung als
„bloße" Methode allerdings andererseits, wie wir früher sahen, solche
vorbereitenden Erkenntnisse erst formulierbar werden. Man könnte
demnach die *Cartesianischen Meditationen* ansehen als eine ausdrück-
liche Wiederholung der Erkenntnisbestände des transzendentalen
Idealismus nach transzendentaler Reduktion und Epoché, – eine
Wiederholung, die erstens deswegen notwendig wäre, weil der Idealismus vor der transzendentalen Wendung (obschon er der Sache nach

---

[65] *Cartesianische Meditationen*, S. 57.
[66] a.a.O., §§ 7 und 8.

deren Voraussetzung ist) zu grob und vage dargestellt worden war –
eine Wiederholung, die darum zweitens den Sinn hätte, diese Darstellung der transzendentalidealistischen Erkenntnisbestände in Aus-
führlichkeit und Tiefe zu ergänzen bzw. zu überbieten (man denke etwa an die 5. Meditation). Vielleicht wäre aber noch zutreffender, auch
in den *Cartesianischen Meditationen*, obwohl Husserl dies nicht tut –
zwischen einer phänomenologischen und einer transzendentalen
Epoché zu unterscheiden. In diesem Falle könnte man die *Cartesianischen Meditationen* als phänomenologische Besinnungen charakte-
risieren, die die Wendung zum transzendental-philosophischen Leben
zwingend machen, indem sie das Ganze des Seienden als Bewußtsein
enthüllen.

§ 1 2 . DIE PHILOSOPHISCHE BEGRÜNDUNG DER
PHÄNOMENOLOGISCHEN EPOCHÉ

In seinem Nachwort zu den *Ideen I* geht Husserl eigens auf das Problem des transzendentalphänomenologischen Idealismus ein und bezieht sich dabei konkret auf den cartesianischen Weg zur transzendentalen Subjektivität, wie er ihn in den *Ideen I* dargestellt hatte. Er
sagt, er habe hier den „eindrucksvollsten" der Wege zur Überwindung
der Positivität des natürlichen Lebens gewählt. Das 2. Kapitel des 2.
Abschnittes der *Ideen I* (§§ 33 bis 46) bezeichnet er ausdrücklich als
den Abschnitt des Textes, der die Darstellung des Weges enthält; er
beschreibt diesen Weg kurz als die egologisch verlaufende phänomenologische Selbstbesinnung, die zur absoluten Setzung der reinen Subjektivität führt, und sagt dann: „In dieser Betrachtung erwächst bei
furchtloser Konsequenz . . . der t r a n s z e n d e n t a l p h ä n o m e n o l o -
g i s c h e   I d e a l i s m u s".[67] Diese Betrachtung, deren Vollzug selbst das
Hervortreten des transzendentalphänomenologischen Idealismus ist,
ist aber andererseits die Darstellung des Weges zur transzendentalen
Reduktion, also zu der Methode, durch die allererst eine transzendentale Philosophie auszubauen wäre. Hier begegnet uns erneut die
Zirkelhaftigkeit der phänomenologischen Besinnung, auf die wir schon
hingewiesen haben.[68]
Der von Husserl hervorgehobene Abschnitt der *Ideen I* (dem man
eigentlich gerade auch im Hinblick auf die Errichtung des Idealismus

---

[67] „Nachwort", *Ideen III*, S. 149; von mir gesperrt.
[68] Vgl. oben S. 20.

den § 47 des III. Kapitels und den § 52[69] zur Seite stellen müßte) stellt
also eine phänomenologische Selbstbesinnung dar, in der die Idealität,
Irrealität der Welt aufgewiesen werden, in der sie „ins" Bewußtsein
selbst hineinversetzt wird. Es handelt sich also um eine Selbstbesinnung, aus der sich der Idealismus als notwendige Folge ergibt. Dieser
ist aber in den fraglichen Paragraphen der *Ideen I* nur in seinen allgemeinen Umrissen beschrieben, da es hier ja nur darauf ankommt, die
Unmöglichkeit eines An-sich-Seins der Welt zu zwingender Einsicht
zu bringen, die Vorstellung von einer Wirklichkeit der Welt im Sinne
ihrer Bewußtseinsunabhängigkeit zu zerstören und zugleich das absolute Bewußtsein ans Licht zu bringen.

Andere Schriften, vor allem die *Cartesianischen Meditationen*,
werden den transzendentalen Idealismus gründlicher und vollkommener darstellen. Eines aber zeigt die Darstellung von *Ideen I* ganz
klar, und Husserl hebt dies ausdrücklich im Nachwort hervor, daß die
transzendentale Reduktion am Ende der Besinnung steht, in der der
transzendentale Idealismus entwickelt wird.

Husserl verteidigt im „Nachwort" entschieden sein methodisches
Vorgehen in den *Ideen I.* Er räumt ein, daß die Darstellung im genannten Teil der *Ideen* (2. Kapitel des 2. Abschnittes) an gewissen Unvoll-
kommenheiten leide, aber daß das nichts gegen den transzendentalphänomenologischen Idealismus selbst besage, hinsichtlich dessen er
„durchaus nichts zurückzunehmen" habe.[70] Der transzendentalphänomenologische Idealismus führt zur Einsicht in die „bloß präsumptive Existenz" jeglicher Transzendenz. Hierüber sagt Husserl: „In
dieser Hinsicht ist es nach den Ausführungen im Texte der „Ideen" ein
philosophisch Fundamentales, daß der kontinuierliche Fortgang der Erfahrung in dieser Form universaler Einstimmigkeit eine
bloße Präsumption ist ... und daß danach die Nichtexistenz der
Welt ... immerfort denkbar bleibt."[71]

Dieser Passus einer späteren Schrift Husserls zeigt eindeutig, wie
eng für Husserl der transzendentalphänomenologische Idealismus mit
dem Gedanken der Möglichkeit der Nichtexistenz der Welt verknüpft
ist. Eben diesen Idealismus aber versteht und verteidigt Husserl hier
als den damals für ihn eindrucksvollsten Weg in die transzendentale
Sphäre.

---

[69] Vgl. den Hinweis Husserls zu diesem Paragraphen auf S. 475 der *Ideen I.*
[70] „Nachwort", *Ideen III*, S. 151.
[71] a.a.O., S. 153; von mir gesperrt.

Nun hat Husserl auf der anderen Seite, wie wir schon dargelegt haben, am cartesianischen Weg Kritik geübt und ihn zugunsten anderer Wege aufgegeben, weil er ihm in einer Hinsicht zu direkt, in anderer Hinsicht zu indirekt war.

Man könnte meinen, das „Nachwort" stellte ebenso wie die um dieselbe Zeit entstandenen *Cartesianischen Meditationen* eine Rückkehr zum cartesianischen Weg dar. Husserl lehnt aber später, in der *Krisis* von 1935, abermals diesen Weg ab, und mit ihm verzichtet er auf den Aufweis der Möglichkeit des Nichtseins der Welt. Gleichwohl gibt er, wie wir gezeigt haben, keineswegs den transzendentalen Idealismus auf. Man darf demnach den Aufweis der Möglichkeit des Nichtseins der Welt nicht einfach mit dem transzendentalen Idealismus identifizieren, sondern man muß beachten, daß jener Aufweis die Folge des Idealismus ist. Berücksichtigt man diese Unterscheidung, so wird klar, in welchem inneren Verhältnis im Hinblick auf ihre Stellung zum Idealismus die nichtcartesianischen Wege zum cartesianischen Weg stehen: in ihnen sieht Husserl zwar von der Erörterung der Nichtseinsmöglichkeit der Welt ab, aber die (im cartesianischen Weg als Grund dieser Nichtseinsmöglichkeit enthaltene) Position des transzendentalen Idealismus bleibt erhalten; denn der transzendentalphänomenologische Idealismus als Einsicht in jenes ideell-intentionale Enthaltensein jeglichen Seienden im Bewußtsein bleibt als letzter Grund für die echt transzendental-philosophische Wendung unentbehrlich. Und diese Wendung ist für alle außercartesianischen Wege konstitutiv, mögen sie auch in Gestalt einer vorausgeschickten phänomenologischen Psychologie, einer Darstellung der subjektiv-relativen Gegebenheitsweise der Lebenswelt, einer Anknüpfung an Kants transzendentalphilosophische Motive usw. unterschiedliche Verfahren der Ausbildung des Idealismus darstellen.

Der transzendentalphänomenologische Idealismus räumt mit der Annahme auf, daß die Welt eigene Wirklichkeit besitzt, bewußtseinsunabhängig ist, er führt zur Aufhebung der „Generalthesis" der natürlichen Einstellung. Indem also die Epoché – cartesianisch, lebensweltlich, psychologisch, in Aufnahme von Gedanken Kants usw. – die Generalthesis aufhebt, hebt sie zugleich die Voraussetzung der Seinsautonomie der Welt auf. Ihr scheinbar „bloß methodischer" Charakter enthüllt sich als eine genuin philosophische – transzendentalphilosophische – Entscheidung, die der Auffassung der Epoché als einer bloßen Methode bereits zugrundeliegt. Weil die Epoché Folge des transzendentalphilosophischen Idealismus ist, ist sie als Methode allererst von der Philosophie her zu rechtfertigen; erst die philosophischen Evidenzen legitimieren die Anwendung der Methode. Anders gesagt: *Es gibt keine „bloß methodische" Epoché, die vor und unabhängig von der Philosophie zur Verfügung stünde.* Wohl könnte es eine Anwendung der Epoché als Methode geben (was noch zu entscheiden ist), die dann aber ihren philosophischen Begriff, die Einsicht in ihren transzendentalen Sinn implizit oder explizit bereits voraussetzen müßte. Allein der transzendentalphilosophische Idealismus der *Ideen I* und der anderen philosophischen Schriften Husserls rechtfertigt die phänomenologische Methode der *Logischen Untersuchungen*, der *Phänomenologischen Psychologie* usw.; er und nur er rechtfertigt jegliche bloß methodische Phänomenologie. Dies war ja, wie wir sahen, das Resultat der Bemühung Husserls in der *Ersten Philosophie*: Dort hatte es zunächst so ausgesehen, als sei eine noch nicht eigentlich philosophische Epoché, eine Epoché als bloß psychologische Methode, nachträglich durch *universale* Ausweitung in die transzendentale Epoché überführbar. Es zeigte sich uns aber, daß die der transzendentalen Epoché eigene Universalität nicht das Ergebnis einer Ausweitung sein kann, da sie in einer sich recht verstehenden phänomenologischen Psychologie bereits vorausgesetzt ist. Dies besagt ja auch, wie wir hinzufügten, die Identifizierung von reiner Psychologie und Transzendentalphilosophie in der *Krisis*. Man kann zwar auf dem Weg über die Psychologie oder Phänomenologie zur Transzendentalphilosophie gelangen, aber nur, um dann feststellen zu müssen, daß sie, die Philosophie, das Erste ist. Wir können auch so sagen, daß es Wege in die Transzendentalität gibt, auf denen die Philosophie als das für uns Spätere in unser Blickfeld rückt; dieses für uns Spätere erweist sich aber, sobald es erblickt wird, als das an sich Frühere.[72]

---

[72] Die intentionale Implikation des Bewußtseinslebens fordert von vornherein die universale Anwendung der Epoché. Die universale Epoché ist die philosophische. Der eigene Gedankengang Husserls in der "Theorie der phänomenologischen Reduktion" – sowohl im Haupttext als noch mehr in den kritischen Notizen – und in der *Krisis* zerstört die Möglichkeit einer bloß methodischen, psychologisch-phänomenologischen Epoché, diese wird durch die transzendentale „aufgesaugt" (*Erste Philosophie II*, S. 129) und Psychologie nur möglich als ein Zurückkehren aus der Höhe der transzendentalen Philosophie in die „natürliche Einstellung ... als Psychologe auf dem Weltboden" (*Krisis*, S. 263). So wie die reine Mathematik für den Naturforscher, spielt dann die Transzendentalphilosophie für den Psychologen die Rolle der „apriorischen Wissenschaft"; die Wiederaufnahme der natürlichen Einstellung ist nicht mehr ihre naive Annahme. „Denn", sagt Husserl, „die alte

Die Epoché als Folge des transzendentalphilosophischen Idealismus ist also kein bloß methodisches Verfahren; sie ist die grundsätzliche philosophische Entscheidung bezüglich des Ansich-Seins, der Transzendenz der Welt. Alle Wege als Vollzug des Idealismus wollen im Grunde nur den Aufweis der Absurdität einer s c h l e c h t h i n n i g e n Transzendenz der Welt liefern, sie sind Verfahren zur Destruktion dieser Transzendenz. Mit anderen Worten: Die auf die Gewinnung der Methode gerichtete Besinnung ist die transzendentalphilosophische Bestimmung des Seins dessen, was ist. Die Phänomenologie als transzendentalphilosophische Besinnung ist keine Methode, sie ist Metaphysik. Diese Metaphysik wird uns später noch gründlich beschäftigen; denn erst sie wird uns den Schlüssel zur Erfassung der Reduktion geben.

§ 13. VERVOLLKOMMNUNG DES TRANSZENDENTALEN
IDEALISMUS DURCH DIE INTERSUBJEKTIVITÄT

Wie wir sahen, kritisiert Husserl im Nachwort zu den *Ideen I* die Unvollkommenheit seiner im fraglichen Abschnitt der *Ideen I* gegebenen Einführung in den Idealismus. Diese Unvollkommenheit führt Husserl in erster Linie darauf zurück, daß das Problem der Intersubjektivität, das heißt das Problem „der Wesensbezogenheit der mir geltenden objektiven Welt auf die mir geltenden Anderen"[73] in jenem Teil nicht explizit in Angriff genommen wurde. Husserl verweist dabei aber auf den zweiten Band der *Ideen*, der gleichzeitig mit dem ersten entworfen worden war;[74] er sollte jenes Problem entfalten.[75]

Dieser zweite Band wurde bis 1952 nicht veröffentlicht, und in der Tat ist hier das 4. Kapitel des 2. Abschnittes der Frage der „Konstitution der seelischen Realität in der Einfühlung" gewidmet. Diese Ausführungen haben wir also gemäß den ganz deutlichen Aussagen Husserls als etwas zu betrachten, das s y s t e m a t i s c h eigentlich schon in der „Fundamentalen Betrachtung" der *Ideen I* als ein mitbegründendes Moment des transzendentalen Idealismus, d.h. der transzendentalen Reduktion, hätte enthalten sein müssen, m.a.W. als Darstellung einer

Naivität kann ich nicht mehr erlangen, ich kann sie nur verstehen" (a.a.O., S. 214). Das transzendental Gesehene „strömt ein" (ebda.) in mein neues Leben.

[73] „Nachwort", *Ideen III*, S. 150.

[74] Vgl. ebda.

[75] Vgl. auch a.a.O., S. 150, Fußnote 2).

Problematik, deren Erfassung beim Vollzug der transzendentalen Reduktion bereits vorausgesetzt ist.

Das zweite Buch der *Ideen* behandelt konkrete Fragen der phänomenologischen Konstitution von Erfahrungsgegenständen. Es setzt also, was die Herausarbeitung der phänomenologischen Methode anbelangt, die Ergebnisse von *Ideen I* voraus; die *Ideen II* beruhen auf der Anwendung der in den *Ideen I* in transzendentalphilosophischer Besinnung erarbeiteten phänomenologischen Epoché und Reduktion, – und dies gilt selbstverständlich auch für den Teil der *Ideen II*, in dem die Konstitution des Anderen zum Thema wird.

Obschon die Konstitution des Anderen hier noch nicht mit der Tiefe erörtert wird, in der die 5. Cartesianische Meditation dasselbe Problem behandelt, so geht es doch auch hier schon um die Frage der Überwindung des Standpunkts des *solus ipse*.[76]

Der Andere konstituiert sich in mir durch ein System geordneter Anzeichen; sein zu meiner „originalen" Sphäre, d.h. der Gegenstände, die mir als sie selbst und nicht irgendwie „appräsentiert" zugänglich sind, gehörender Körper, das einzige von ihm, was für mich wirkliche Präsenz ist, appräsentiert (indiziert) seine psychische Innerlichkeit. Dadurch konstituiert sich der fremde Mensch als psychophysische Einheit. Er hat, von seiner Stelle im Raum, von seinem „Hier" aus andere Erscheinungen der Dinge, als ich sie von meinem Hier aus haben kann. Trotzdem sind die vom Anderen wahrgenommenen Dinge dieselben, die ich wahrnehme bzw. wahrnehmen kann, und ich bin mir durch „Einfühlung" dieser Identität bewußt, d.h. ich bin mir der einen, intersubjektiven Natur und Welt bewußt.[77] Indem die Einbeziehung der fremden Subjektivität die Grenzen des „solus ipse"

---

[76] Hier in den *Ideen II* geht es Husseil vor allem um die Konstitution der Realitäten Ding, Leib, Seele, Anderer als innerweltlicher Einheiten. Die Konstitutionsanalysen wollen hier nichts anderes sein als eben Beschreibung der Arten von Bewußtsein, in denen diese Einheiten zustandekommen. In der V. Meditation ist die Konstitution des Anderen bzw. der Intersubjektivität nur eine Brücke, um die Erkenntnis vorzubereiten, daß die egologische Phänomenologie auch zur Objektivität gelangt. Sowohl in den *Ideen II* wie in den *Cartesianischen Meditationen* wird der *solus ipse* überwunden, aber das Ziel ist jeweils ein anderes.

[77] Vgl. *Ideen II*, § § 46 und 47. Die *Cartesianischen Meditationen* behandeln viel ausführlicher die Frage des Zustandekommens des Bewußtseins der einen Welt für alle, vgl. vor allem § § 55 und 56. Wir verzichten hier auf eine nähere Darstellung des Problems der Intersubjektivität und der Konstitution der einen Welt, da dies nicht zum systematischen Gang unserer Überlegungen unbedingt erforderlich ist; wir verweisen auf die genannten Teile der *Cartesianischen Meditationen*.

sprengt, ermöglicht sie dem sich egologisch Besinnenden, in der Objektivität Fuß zu fassen.

Nichtsdestoweniger bleibt aber die auf solche Weise erreichte Objektivität auf die Leistungen des einzelnen Bewußtseins angewiesen, da sich ja in diesem zunächst jene fremde Subjektivität bildet, durch die allererst objektive Welt zustandekommt. Die Intersubjektivität hängt an jeder einzelnen M o n a d e, an jedem a b s o l u t e n e g o,[78] die durch sie vermittelte Objektivität hebt somit keineswegs den Idealismus auf, sondern dieser erreicht im Gegenteil an dieser Stelle sogar, eben durch die Einbeziehung des Seins des Anderen in mein absolutes Sein, seine höchste Vollkommenheit. Diese Vollkommenheit war es, die Husserl laut „Nachwort zu den Ideen I" in den Betrachtungen der *Ideen I* vermißte. Indem sie mit der Erkenntnis des intersubjektiven Zustandekommens der objektiven Welt nachgeholt wird, vervollkommnet sich die Begründung des transzendentalen Idealismus, der transzendentalen Reduktion. Die Problematik der Intersubjektivität hat demnach ihren systematischen Ort v o r der transzendental-philosophischen Reduktion.

Fassen wir kurz einige Ergebnisse dieses ersten Teils unserer Untersuchung zusammen: Zu einer sich letztrechtfertigenden Wissenschaft gehört nach Husserl Voraussetzungslosigkeit. Diese wird nur dann erreicht, wenn der sich Besinnende durch die transzendentalphänomenologische Epoché mit der Voraussetzung einer an sich seienden Welt gebrochen hat.

Dieser Bruch aber ist nur möglich, wenn der sich Besinnende

---

[78] Die Konstitution des Anderen bzw. der Intersubjektivität in mir ist Husserls tragender Gedanke. Nirgendwo scheint in seinen Schriften die Möglichkeit angedeutet, daß die Intersubjektivität irgendwie eine Art Objektivität darstelle bzw. fundiere, die seinsmäßig meinem Sein vorangine und Grund meines Seins als absolutes ego wäre. Das geht z.B. ganz klar aus der zweimaligen „Korrektur" in der *Krisis* hervor, in der Husserl die die Objektivität ermöglichende Intersubjektivität auf das „absolut einzige ego" zurückführt (*Krisis*, S. 190, 259/260). Vgl. auch einen ganz klaren Passus aus der *Formalen und transzendentalen Logik*, S. 241: „Also zunächst als Ego bin ich absolut in mir und für mich seiend. Ich bin nur insofern für anderes Seiende als es Anderer, Alterego, selbst transzendentale Subjektivität ist, die aber in mir als den im voraus schon für sich seienden Ego zu notwendiger Setzung kommt. In ähnlicher Weise ist auch die transzendentale Intersubjektivität, (. . .), *die in mir, also auf mich relativ, konstituiert ist als Vielheit von „Egos"* – . . . ,*in sich und für sich'* . . ." (Hervorhebung von mir). Vgl. auch S. 243. Der Andere begegnet als ein Seiendes, „das in sich und für sich ist und nur für mich die Gegebenheitsweise des ,Anderen' hat" (*Erste Philosophie*, S. 189), als absolutes ego. Und doch trage ich auch dieses Absolute als konstituierte Einheit in mir.

v o r h e r die Einsicht in die allumfassende intentionale Immanenz herausgearbeitet, d.h. wenn er den transzendentalen Idealismus vorher bereits
entwickelt hat. Diesem Idealismus, von uns schon mehrmals im Um-
riß angedeutet, müssen wir nun auf den Grund gehen, um das durch
unsere bisherigen Erörterungen noch nicht gelöste Problem lösen zu
können, wie die transzendentalphänomenologische Reduktion möglich wird.

Dafür müssen wir als erstes das im I. Teil zurückgestellte Problem
des ,,allerersten Bruches'' mit der Natürlichkeit,[79] d.h. die Frage nach
dem Anfang der Besinnung, die ,,einen endgültigen Boden . . . schaffen
will'',[80] wiederaufnehmen, und d.h., wir müssen, so wie es Husserl
selbst oftmals tat, die Besinnung wieder ,,von vorne'' anfangen.

---

[79] Vgl. oben S. 22.
[80] Vgl. oben S. 30.

ZWEITER TEIL

DIE SKEPSIS

I. DIE SKEPSIS ALS VORAUSSETZUNG UND VERNEINUNG DER PHILOSOPHIE

Für den neuen Anfang der Besinnung wollen wir wieder an die schon angeführte Beilage XVIII der „Theorie der phänomenologischen Reduktion"[1] anknüpfen. In dieser Beilage bespricht Husserl die natürliche Einstellung und die Möglichkeit der Wendung zur transzendentalen. Diese Wendung kann erfolgen aufgrund einer Reflexion, die mich zu der Erkenntnis bringt, daß ich die Wirklichkeit der Welt außer Geltung setzen kann, weil ich eingesehen habe, „daß alles Meinen und Wissen über die Welt – wodurch sie eben für mich einfach da ist und vorweg seiend ... – aus meiner eigenen Erfahrung stammt ...".[2] Durch die Epoché ist die transzendentale Subjektivität, die in der natürlichen Einstellung „für sich selbst absolut anonym (ist)",[3] thematisch geworden.

Am Ende dieser Beilage finden sich die schon zitierten Sätze, die wir hier wiederholen, weil wir von ihnen ausgehend die Besinnung entwickeln möchten: „Wenn ich mich in dieser natürlichen Einstellung reflektiv erfahrend betrachte, also als Menschen finde, so ergibt eine weitere Reflexion auf mein Ich, das da Subjekt dieser Erfahrung ‚Ich-Mensch' ist, wieder mich, den Menschen, und so *in infinitum*; ... Nie komme ich aus diesem Kreis heraus, und selbst dann nicht, wenn ich mir sage – wie das die Erkenntnistheoretiker des üblichen naiven Stils immer gesagt haben –: ‚Nur aus meiner Erfahrung weiß ich und nur aus der ihren wissen alle anderen Menschen etwas von der Welt'. Selbst dann nicht – wenn ich eben nicht radikal die Tragweite dieser Bemer-

---

[1] Vgl. *Erste Philosophie II*, S. 413 ff; oben S. 50. Diese Beilage bzw. die aus ihr zitierten Stellen haben wir ausgewählt stellvertretend für unzählige andere gleichen oder ähnlichen Inhaltes.

[2] *Erste Philosophie II*, S. 416.

[3] a.a.O., S. 417.

kung dadurch erhöhe, daß ich mich radikal auf mich transzendental besinne ...".[4]

Wir entnehmen dieser Stelle folgendes: Erstens genügt es noch nicht, daß ich eine Reflexion auf meine reflektiven Akte, eine Reflexion zweiten Grades also, vollziehe, um den Rahmen der Natürlichkeit zu sprengen. Die Reflexion könnte sich da in infinitum iterieren, ohne daß der Mensch, solange er natürlich denkt, aufhörte, sich immer weiter als Menschen zu betrachten. Eine Reflexion auf Reflexion ist noch keine phänomenologische Reflexion.

Zweitens, was wichtiger ist: Nicht einmal die Einsicht in den Umstand, daß die Welt mir durch Erfahrung gegeben ist, – denn nichts anderes ist mit der Feststellung, daß ich nur aus Erfahrung etwas von der Welt weiß, gesagt – bedeutet ohne weiteres schon den Bruch mit der Natürlichkeit, wie wir schon in § 4 und § 11 ausführten, als wir dieselbe Stelle in anderen Zusammenhängen besprachen.

Und doch führt nichts anderes als diese Einsicht zum Bruch mit der Natürlichkeit, wie aus weiteren Überlegungen Husserls in derselben Beilage deutlich hervorgeht: ,,Weltkind sein – ,Die Welt ist' bleibend habend ... So bin ich ,in' der Welt. ...Aber wie hat die Welt für mich Dasein? Sie ist Erfahrenes meiner Erfahrungen, Erscheinendes meiner Erscheinungen, ... bleibend da für mich durch meine aus aktuellem Erfahren ... erwachsende Habitualität ... Ich hatte mir gegenüber eine äußere Erfahrungswelt, vorweg war sie für mich da ... ,vorgegeben' in fester Geltung ... Kann ich nicht diese vorgebende Geltung, die doch die meine ist, inhibieren? ... Ich übe ἐποχή ...'' usw.[5] Den Anfang bildet demnach jedenfalls die Erkenntnis der Rolle, die meine Erfahrung für das ,,Vorwegsein'' der Welt spielt. Aber die Bedeutung dieser Erkenntnis muß ,,radikal'' verstanden werden, es muß zu einer ,,transzendentalen'' Erhöhung ihrer Tragweite kommen, damit die in der Feststellung: ,,Nur aus meiner Erfahrung weiß ich von der Welt ...'' ausgesprochene Einsicht zum Motiv für die Epoché werden und damit zur Einsicht in die Möglichkeit der Letztbegründung führen kann.

Das bedeutet aber wiederum nicht, daß die ,,volle Tragweite'' des in dieser Feststellung Gesehenen erst dann sichtbar wird, wenn eine voll entwickelte Transzendentalphilosophie vorliegt. Gewiß, zwischen dem Erkenntnistheoretiker naiven Stils, der von der eigentlichen Trag-

---

[4] a.a.O., S. 418.
[5] *Erste Philosophie II*, S. 413–414.

weite der besagten Feststellung gar nichts merkt, und dem Philosophen, der, von jener Feststellung ausgehend, sie zu einer transzendentalen Doktrin erweitert und vertieft hat, liegt ein langer Weg, der lange Weg der Besinnung. Und doch besteht zwischen der Reflexion „naiven Stils", die von der vollen Tragweite der Bemerkung nichts ahnt, und derjenigen Reflexion, die zur Begründung einer letztgerechtfertigten Wissenschaft führen wird, ein gewaltiger Unterschied: Die erstere wird nie die Schranken der Natürlichkeit brechen und, wie wir gerade bereits zeigten, in infinitum natürliche Reflexion bleiben. Die letztere Reflexion hingegen ist ausgezeichnet durch die Bereitschaft, mit der einmal gewonnenen natürlichen Erkenntnis: „Nur durch meine Erfahrung weiß ich etwas von der Welt" ernst zu machen und in aller Strenge aus ihr die notwendigen Folgerungen zu ziehen. Mit dieser Bereitschaft aber beginnt die „transzendentale" Erhöhung der Tragweite dieser Einsicht, es beginnt der Prozeß der allmählichen Zerstörung des naiven bzw. natürlichen Denkens, welcher Prozeß in der Konstitution der transzendentalen Phänomenologie seinen Gipfel erreicht. Am Anfang dieses Prozesses, also am Anfang der phänomenologischen Transzendentalphilosophie und d.h. der nach Husserl endgültigen und einzig echten Form des Rationalismus, steht die Erkenntnis, daß ich die Welt nur durch Erfahrung habe, aber zugleich die Einsicht, daß dieser Satz viel mehr ist als eine bloße empirische Feststellung „naiven Stils" über Erkenntnis und Realität.

Dieselbe anfängliche Erkenntnis kann nun aber Ansatz für eine ganz andere Richtung des Denkens sein, für die völlig entgegengesetzte, diejenige nämlich, die statt zum Rationalismus zum Irrationalismus, statt zur Vernunft zur Unvernunft, statt zur Philosophie zur Antiphilosophie führt. Denn in der Feststellung: „Nur aus meiner Erfahrung weiß ich von der Welt", wenn sie als Negation der Möglichkeit objektiv-bindender Erkenntnis und deshalb als Bekenntnis zu einem Subjektivismus empirischer Natur gedacht wird, liegt das skeptische Bewußtsein beschlossen – die Skepsis der antiken Sophisten, des englischen Empirismus, des Historizismus, des Psychologismus usw., jede eine auf ihre Art die Erkenntnis relativierend und damit sie als Erkenntnis zugrunderichtend.

Beide Richtungen, den objektivistischen Rationalismus und den relativistischen Subjektivismus, diese zweifellos sich gegenseitig aufhebenden Tendenzen, aber für Husserl in der obigen Erkenntnis notwendig vereinigten bzw. gemäß dieser zu vereinigenden, nimmt

Husserl in seine der Konstitution der transzendentalen Phänomenologie dienenden Meditationen auf.[6] Die Methode der Epoché und
Reduktion soll auf der einen Seite die Bewahrung der Objektivität, der
Rationalität, der Allgemeingültigkeit der Aussagen gewährleisten, indem sie die Möglichkeit schafft, die Wissenschaft auf absolutem – an
sich und für sich seiendem – Boden so aufbauen zu können, daß ihre
Grundprinzipien und in der Folge alle ihre Schritte letztgerechtfertigt
werden. Von dieser Seite betrachtet ist die transzendentale Phänomenologie der Kampf gegen jedes Denken, das auf irgendeine Weise die
Unmöglichkeit wahrer, objektiver, die Sache an sich treffender Erkenntnisse postuliert, d.h. sie ist im Grunde der Kampf gegen jede
Form von Skeptizismus, sie selbst will der Tod des Skeptizismus sein.

Die Phänomenologie als Rationalismus zielt auf objektive Wahrheit, will die „Sachen selbst" treffen; denn nur unter dieser Bedingung
kann eine Wissenschaft als eine solche, d.h. als etwas, was über die
„bloße Meinung" hinausgeht, gelten. Damit ist aber keineswegs gemeint, daß die objektiven Sachen und Wahrheiten, von denen eine
letztbegründete Wissenschaft handeln muß, dieselben sind, mit denen
es das normal-natürliche Denken zu tun hat, nämlich mit „Sachen" im
Sinne an sich und von sich her seiender Wirklichkeiten und auf sie be-
zogener Erkenntnisse; denn gerade die naive „Voraussetzung" des
An-sich-Seins des Seienden, – das haben wir im ersten Teil ausgeführt –
verhindert die Letztbegründung der Wissenschaft. Die Phänomenologie bzw. die Wissenschaft überhaupt kann ihre Rationalität nur
durch letzte Voraussetzungslosigkeit erreichen. Nun ergibt sich,
daß die konsequente Entfaltung der Bedingungen dieser Voraussetzungslosigkeit auf das Ego – und zwar auf je mein Ego und meine
Erlebnisse als den einzig absoluten Boden führt. Jegliche Wirklichkeit
kommt ausschließlich in ihrer strengen Korrelation zu diesem Ego in
Betracht; und so stellt sich die Phänomenologie als ein durchgängiger
Relativismus dar, dessen letzte Quellen aber im skeptischen Bewußtsein liegen. Aber so wie der Rationalismus im Rahmen einer solchen
Wissenschaft seinen dogmatischen Charakter verlieren muß, so muß
die Skepsis ihren „empirischen", „natürlichen" oder besser „naturali-

---

[6] Husserl räumt dem Skeptizismus einen Vorrang ein: „Der Rationalismus aber,
als Dogmatismus, ist gar nicht auf eine immanente Methode angelegt, und in
seiner Methode wirkt sich nicht eine Tendenz auf die wahre, wenn auch unvollkommen, aus. In dieser Hinsicht ist eben der skeptische Negativismus positiver als
der in positiver rationaler Arbeit fortschreitende Rationalismus" (*Erste Philosophie
I*, S. 187).

stischen" Charakter verlieren, um sich mit Vernunft vertragen zu können. Und doch bleibt ihr Grundgedanke der „Bezogenheit auf Bewußtsein" vollkommen erhalten. Dies ist der Grund dafür, daß die Begriffe „Vernunft", „Rationalität" in der phänomenologischen Besinnung eine neuartige Bedeutung erhalten.

Die Überwindung der skeptischen Negation, was zugleich heißt: des solipsistischen Subjektivismus,[7] wird die Aufstellung eines transzendentalphilosophischen Subjektivismus sein. „Der Subjektivismus kann nur durch den universalen und konsequentesten Subjektivismus (den transzendentalen) überwunden werden ... Der Relativismus kann nur durch den universalsten Relativismus überwunden werden, den der transzendentalen Phänomenologie ...".[8] Die Überwindung des subjektiv-relativen und deshalb negativen Skeptizismus wird gerade in der Überführung in seine eigene Wahrheit bestehen. In einer „transzendentalen Skepsis" sieht Husserl das Instrument, mit dem die negativ-empirische Skepsis endgültig zunichte gemacht werden kann.[9]

Wenn wir die transzendentale Phänomenologie als Vereinigung von

---

[7] Vgl. *Erste Philosophie I*, S. 69.

[8] *Phänomenologische Psychologie*, S. 300.

[9] Im zweiten Band der *Ersten Philosophie*, S. 109, sagt Husserl in Bezug auf die Epoché im Sinne der phänomenologischen Uninteressiertheit: „Von einer skeptischen Einstellung, einer skeptischen Epoché ist hier also keine Rede". Auch in der *Phänomenologischen Psychologie*, S. 462: „Diesen ganzen Glauben, diese ganze Welt setzen wir in gewisser Weise außer Geltung, nicht als Skeptiker, die da zweifeln, sondern als forschende Subjekte, die sich grundwesentlich anders einstellen", nämlich sich phänomenologisch einstellen. Aber er spricht manchmal anders: „Andererseits hat das Ich und haben wir die Fähigkeit, Geltungen einzuklammern, mit verschiedenem Sinn und Zweck Epoché zu üben. Universale Besinnung, universale Geltungsepoché, universale Skepsis" (Manuskript B I 12 I, S. 8). In der *Krisis*, S. 77, spricht er von „einer Art radikaler skeptischer Epoché", die derjenige üben soll, „der ernstlich Philosoph werden will". Kant bedient sich in der transzendentalen Antithetik (*Kritik der reinen Vernunft*, B 449 ff) der skeptischen Methode, die er als ein Zusehen beim „Streite der Behauptungen" (451) oder sogar als ein Veranlassen derselben charakterisiert. Er unterscheidet sie aber vom Skeptizismus, „einem Grundsatze einer kunstmäßigen und szientifischen Unwissenheit" (ebda), während die skeptische Methode dadurch auf Gewißheit geht, „daß sie in einem solchen ... Streite den Punkt des Mißverständnisses zu entdecken sucht" (451/452). So gesehen ist sie der Transzendentalphilosophie „allein wesentlich eigen" und dazu noch unentbehrlich (452). Fichte verurteilt auch den sich systematisch gebärdenden Skeptizismus als vernunftwidrig, lobt aber im gleichen Zuge den „kritischen Skeptizismus" (Hume, Maimon, Aenesidemus), der, so Fichte, „die Unzulänglichkeit der bisherigen Gründe aufdeckt, und eben dadurch andeutet, wo haltbarere zu finden sind" (*Grundlage der gesamten Wissenschaftslehre*, Ausgabe Medicus, S. 315, Fußnote). Husserls Gebrauch der Skepsis ist zunächst auch nur rein methodischer Natur,

Rationalismus und Relativismus kennzeichnen, so stellen wir damit
nur zwei Hinsichten ein und derselben Sache heraus; denn die Rück-
führung der Philosophie auf die apodiktische Gewißheit der sich selbst
wissenden Subjektivität, d.h. die Konstitution des transzendentalen
Subjektivismus, ist zugleich die Konstitution der Philosophie als
radikal letztbegründeter Wissenschaft. Weil die beiden Tendenzen bei Husserl eine innere Einheit bilden, eben darum treten sie
immer, in allen Schriften Husserls, von den *Logischen Untersuchungen*
bis hin zur *Krisis*, in unauflöslicher Verflechtung auf und bedingen sich
überall gegenseitig. In den „Prolegomena" heißt es: „Was wahr ist, ist
absolut, ist ‚an sich' wahr; die Wahrheit ist identisch Eine, ob sie
Menschen oder Unmenschen, Engel oder Götter urteilend erfassen".[10]
Husserl bezieht sich hier konkret auf die Prinzipien und Normen
der Logik. Aber dieser so objektivistisch anmutende Satz hätte für
Husserl selbst keinen Sinn, wenn das „An sich", das „Wahre" immer
noch im Sinne einer seinsmäßig absoluten Transzendenz gedacht wäre.
Der Satz bekommt erst dann seinen richtigen Sinn, wenn er von der
Einstellung her verstanden wird, die Husserl schon in den *Logischen
Untersuchungen* eingenommen hatte und die z.B. in folgendem Passus
des § 10 des II. Bandes eindeutig zum Ausdruck kommt (Husserl
spricht hier von den Schwierigkeiten einer richtigen Beschreibung der
phänomenologischen Sachlage): „Sie erscheinen in der Tat als unvermeidlich, wofern man sich nur klar gemacht hat, daß alle Gegenstände
und gegenständlichen Beziehungen für uns nur sind, was sie sind,
durch die von ihnen wesentlich unterschiedenen Akte des Vermeinens,
in denen sie uns vorstellig werden, in denen sie eben als gemeinte Einheiten uns gegenüberstehen. Für die rein phänomenologische Be-
trachtungsweise gibt es nichts als Gewebe solcher intentionaler Akte".[11]
In diesem Passus bekundet sich der Subjektivismus der Phänomenologie, also derjenigen Wissenschaft, deren volle – transzendentale –
Entfaltung die Philosophie selbst ist. Aus diesem Subjektivismus, der

aber bei ihm zielt schon diese methodische Verwendung auf eine systematische
Grundlegung der Philosophie im ganzen, die in ihrer Konstitution als transzenden-
talphilosophischer Subjektivismus gerade danach strebt, jene anfänglich bloß me-
thodische Skepsis wahrzumachen.
    [10] *Logische Untersuchungen I*, S. 117.
    [11] *Logische Untersuchungen II*, I, S. 41-42. Den Übergang vom Objektivismus der
„Prolegomena" zum erkenntnispsychologischen Subjektivismus der übrigen logi-
schen Untersuchungen legt Husserl klar im § 3, a) und b) der *Phänomenologischen
Psychologie*, in dem er eine gute Übersicht über die gesamte Problematik der
Logischen Untersuchungen gibt.

philosophisch gedacht in der Erkenntnis: „ich erfahre, und Welt ist nur Welt der Erfahrung" wurzelt, ist jenes Absolute, „an sich Wahre", allererst zu rechtfertigen.

Mit dem Skeptizismus, den er sowohl systematisch als eine mögliche Erkenntnishaltung des Menschen wie auch als historisch aufgetretene Erscheinung dieser Haltung (Sophistik, englischer Empirismus, Historizismus usw.) versteht, und den er auch in einer eigenartigen Mischung von systematischer und philosophiegeschichtlicher Betrachtung thematisiert, hat Husserl sich ständig, während seines gesamten philosophischen Schaffens auseinandergesetzt. In vielen seiner Schriften – den *Logischen Untersuchungen*, der *Philosophie als strenge Wissenschaft*, den *Ideen I*, der *Ersten Philosophie*, der *Formalen und transzendentalen Logik*, der *Krisis* – finden wir lange und eingehende Untersuchungen, in denen er sich mit wechselnden, zum Teil in gleicher oder ähnlicher Form wiederkehrenden Argumenten in negativem oder positivem Sinne mit dieser oder jener konkreten Form der Skepsis auseinandersetzt. Dabei hält Husserl das Folgende immer fest:

Wenn die Skepsis zu Feststellungen kommt, in denen explizit oder implizit die Unmöglichkeit objektiver, wahrer Erkenntnis behauptet ist, wird sie von Husserl schlechthin verworfen. Sie ist dann die Negation der Möglichkeit einer reinen Theorie oder strengen Wissenschaft,[12] die „Antiphilosophie", der „Geist der Verneinung", der mit sich die „Unmöglichkeit jedweder Philosophie, d.h. einer sich letztlich rechtfertigenden Wissenschaft"[13] bringt.

Aber der Skeptizismus kann solche Thesen nur darum verfechten, weil er einen reflektiven Weg eingeschlagen hat, der, ausgehend von der Tatsache der Korrelation zwischen Erkenntnis und Erkanntem, zu der Einsicht führt: es gibt keine andere Welt als die, die uns die Erfahrung gibt (Sophistik), oder weil er, wie im Naturalismus der Neuzeit, gebannt von der Strenge der Naturwissenschaften, nichts gelten lassen will, was nicht aufgrund „unmittelbarer sinnlicher" Erfahrung verantwortet werden kann, und darum die Erkenntnistheorie – und d.h. dann: Philosophie als Deskription innerer, will sagen: reflektiver Erfahrung – aufbaut. Diese Tendenz der Skepsis teilt Husserl entschieden, da er in ihr eine Bewegung des Denkens sieht, in der dieses beginnt, sich gegen die Selbstverständlichkeit der objektiven Wirk-

---

[12] Vgl. *Logische Untersuchungen I*, § 32 ff; *Philosophie als strenge Wissenschaft*, S. 14; *Erste Philosophie II*, S. 388.
[13] *Erste Philosophie I*, S. 57.

lichkeit aufzulehnen, – eine Bewegung, die zur Befreiung vom Objektiven, zur Besinnung auf sich selbst und auf die eigenen Erkenntnisse
führt und die als solche Besinnung das ,,seinsstiftende'' Recht der
Erfahrung anerkennt.

II. DIE SKEPSIS ALS DIE ANTIPHILOSOPHIE

§ 14. LOGISCH-NOETISCHER UND METAPHYSISCHER SKEPTIZISMUS

Den schon klassisch gewordenen Kampf gegen die Skepsis führt Husserl im ersten Band der *Logischen Untersuchungen*, in den ,,Prolegomena". Auf diese Ausführungen kommt er auch später in anderen Schriften, z. B. in der *Philosophie als strenge Wissenschaft*[1] und in den *Ideen I*[2] noch zurück.

Die Auseinandersetzung mit dem Skeptizismus in den ,,Prolegomena" ist aber durch eine ganz bestimmte, vom Thema des Werkes her vorgegebene Einseitigkeit gekennzeichnet, die in den anderen Schriften nicht vorkommt. Die ,,Prolegomena", wie überhaupt die *Logischen Untersuchungen*, sind nämlich ein rein den Fragen der Logik bzw. allgemeiner: ein der Problematik einer reinen Theorie gewidmetes Werk; die ganze Abhandlung versteht sich als Versuch, die Gesetze der Logik als rein ideale, rein apriorische, von aller Tatsachenerfahrung unabhängige festzusetzen. In dieser Absicht setzt Husserl sich in langen Erörterungen mit den psychologistischen Vorurteilen auseinander, um sie im Hinblick auf jene Reinheit, die er für die Logik beansprucht, zu widerlegen. Im 7. Kapitel bezeichnet er den Psychologismus als einen skeptischen Relativismus; an dieser Stelle taucht der Skeptizismus in der Erörterung auf, aber gemäß den Grundabsichten der Schrift ist diese Erörterung des Skeptizismus noch von einem sehr speziellen Interesse geleitet und in ihrer Terminologie logisch-noetisch.[3]

---

[1] *Philosophie als strenge Wissenschaft*, S. 14 u. 51.

[2] *Ideen I*, S. 45.

[3] Statt ,,logisch-noetischer Skeptizismus" gebraucht Husserl hier auch die Bezeichnung ,,erkenntnistheoretischer Skeptizismus". Der Begriff ,,noetisch" hat hier also noch nicht den späteren Sinn, der sich von dem Begriff ,,Noesis", den Husserl

In den „Prolegomena" bezeichnet Husserl diese Bedeutung von Skeptizismus als den eigentlichen und strengen Begriff des Skeptizismus
und unterscheidet von ihm den Skeptizismus im metaphysischen
Sinne, bei dem „es sich um die Beschränkung der Erkenntnis auf psy-
chisches Dasein und die Leugnung der Existenz oder Erkennbarkeit
von ‚Dingen an sich' handelt."[4] Dieser galt ihm damals als eine un-
echte Form von Skeptizismus, die mit dem eigentlichen nichts zu tun
hat.[5] Metaphysisch nennt Husserl ihn, weil er seine negativen Thesen
auf Dinge, auf Objektives bezieht, d.h. die rein ideale Sphäre der
Theorie, die idealen Gesetze der Logik überschreitet. Aber: „Metaphysische Fragen gehen uns hier nicht an."[6] Hier geht es Husserl vielmehr, wie gesagt, um die Aufstellung der allgemeinen Bedingungen
einer reinen Theorie.

In diesem Angriff auf die Skepsis führt Husserl auch die Protago-
räische Formel: „Aller Dinge Maß ist der Mensch"[7] an; in ihr sieht er
einen ursprünglichen Begriff von Subjektivismus und Relativismus, da
in dieser Formel eine Relativität aller Wahrheit entweder auf das
„zufällig urteilende Subjekt" (individueller Relativismus) oder, wenn
man statt des einzelnen Menschen „die zufällige Spezies urteilender
Wesen"[8] als Bezugspunkt ansetzt, eine Relativität der Wahrheit auf
die menschliche Spezies (spezifischer Relativismus oder Anthropolo-
gismus) ausgesprochen werde. Allerdings hat dieser Relativismus der
antiken Sophistik hier wiederum nur insoweit Husserls Interesse, als er
solche Thesen vertritt wie: „Es gibt keine Wahrheit, es gibt keine Erkenntnis und Erkenntnisbegründung u. dgl."[9] und er sich somit
im Sinne Husserls im Bereich eines logischnoetischen Skeptizismus
bewegt.

Husserl bespricht und kritisiert diese beiden Formen des Relativismus (§ 34 ff), aber er sagt zu Beginn von § 38: „Den Relativismus haben

z.B. in den *Ideen* terminologisch verwendet, herleitet, sondern bezeichnet allgemein
Denkvorgänge, Denkerlebnisse. Auf der anderen Seite ist es richtiger und im Sinne
der Unterscheidungen, die Husserl selbst vollzieht, den Begriff „erkenntnistheore-
tisch" erst dann zu verwenden, wenn die Skepsis sich durch ihre Erkenntnistheorie
auf das Ganze des Seienden bezieht.

[4] *Logische Untersuchungen I*, S. 113.
[5] Vgl. ebda.
[6] a.a.O., S. 114.
[7] ebda.
[8] ebda.
[9] a.a.O., S. 112.

wir bekämpft, den Psychologismus haben wir natürlich gemeint",[10] denn es ist ja der Psychologismus, der in dieser Schrift im Mittelpunkt der massiven Angriffe Husserls steht. Nun ist aber der Psychologismus nur eine bestimmte Gestalt einer allgemeineren, mit der Neuzeit aufkommenden Erscheinung: der des Empirismus oder Naturalismus, wie Husserl diesen üblicherweise nennt. Die Auseinandersetzung mit dieser Richtung des Denkens nimmt einen breiten Raum in vielen Schriften Husserls ein, von den „Prolegomena" bis hin zur *Krisis*. Gegen den Naturalismus richtet sich seine philosophische Abhandlung von 1911 *Philosophie als strenge Wissenschaft*, in der es darum geht, den „alle absolute Idealität und Objektivität der Geltung preisgebenden Skeptizismus"[11] des Naturalismus, d.h. der naturalistischen Philosophie, bloßzulegen, und ihm – wie auch der historizistischen Skepsis der Weltanschauungsphilosophie –[12] das Programm einer streng wissenschaftlich durchgeführten Philosophie gegenüberzustellen. Die *Ideen I* sollen in ihren §§ 18–20 „naturalistische Mißdeutungen" aus dem Felde räumen; dabei wird der Empirismus ‚an der Pranger' gestellt, weil er die Möglichkeit der Ideen- bzw. Wesenserkenntnis leugnet. Die Vorlesungen zur *Ersten Philosophie*, vor allem in ihrem ersten, philosophiegeschichtlichen Teil, sind auf weite Strecken dem Kampf gegen den Empirismus gewidmet; Locke, Berkeley und Hume werden ausführlich behandelt und durch die Phänomenologie, die hier in der Gestalt einer Ersten Philosophie auftritt, widerlegt. Auch in der *Krisis* finden sich breite Ausführungen zum Problem dieser Widerlegung.

Nun haben alle diese Werke ausgesprochen philosophischen Charakter, die Behandlung der Skepsis ist dementsprechend hier nicht mehr mit der logisch-noetischen Einseitigkeit der Überlegungen in den „Prolegomena" behaftet, die ja ihren Grund in dem speziellen Ziel der *Logischen Untersuchungen* als „Bemühung um Klärung der reinen Idee der Logik"[13] hatte. Wir machten schon darauf aufmerksam, daß Husserl in den „Prolegomena" den logisch-noetischen Skeptizismus, oder konkret: Psychologismus, vom metaphysischen unterschied. In der *Philosophie als strenge Wissenschaft* ist diese Unterscheidung noch klarer aus phänomenologischer Sicht getroffen. Hier hebt Husserl

---

[10] a.a.O., S. 123.
[11] *Philosophie als strenge Wissenschaft*, S. 11.
[12] a.a.O., S. 49 ff.
[13] *Phänomenologische Psychologie*, S. 20.

jenen logisch-noetischen Psychologismus vom Psychologismus in der
Erkenntnistheorie ab, die er „von der reinen Logik, im Sinne der
reinen mathesis universalis"[14] unterscheidet. Jener logische Psychologismus will eine Tatsachenwissenschaft, die Psychologie – und darin
besteht sein Widersinn – zum Fundament derjenigen philosophischen
Disziplinen machen, „die es mit den reinen Prinzipien aller Normie-
rung zu tun haben, also der reinen Logik, der reinen Axiologie und
Praktik".[15] Unter dem erkenntnistheoretischen Psychologismus versteht Husserl den spezifisch philosophischen; ist für ihn doch Erkenntnistheorie oder Theorie der Vernunft in ihrer transzendentalphänomenologischen Gestalt nichts anderes als die Philosophie selbst. Mit
anderen Worten: die Aussagen des Psychologismus, die dieser aufgrund einer in naturalistischer Haltung vollzogenen „inneren Betrachtung" macht, betreffen nicht nur das Sein idealer Gegenständlichkeiten – Prinzipien, Normen usw. –, sondern beziehen sich auf das
Ganze des Seienden überhaupt, darunter freilich auch auf ideal Seiendes. Darum nennt Husserl diesen erkenntnistheoretischen Psychologismus später auch direkt „transzendentalen Psychologismus"[16] und
sagt von ihm, daß er „keineswegs betroffen ist durch die Widerlegung
des Psychologismus der reinen apophantischen Logik und paralleler
Psychologismen in der formalen Axiologie und Praktik",[17] womit er
noch einmal klar die besagte Unterscheidung macht. Die Widerlegung
des transzendentalen Skeptizismus muß auf transzendentalphilosophischer Ebene vorgenommen werden.

Die Skepsis, die des Naturalismus wie auch die der antiken Sophistik, kommt damit nunmehr in ihrem vollen Umfang zur Sprache; die
in den „Prolegomena" beiseite gelassene „metaphysische" oder „erkenntnistheoretische", d.h. „transzendentale" Dimension wird nachgeholt.[18] Der Grundfehler des Skeptizismus, der seine falschen Aus-

---

[14] *Philosophie als strenge Wissenschaft*, S. 18.
[15] ebda.
[16] Vgl. *Formale und Transzendentale Logik*, § 99, Titel; *Phänomenologische Psychologie*, S. 346.
[17] *Phänomenologische Psychologie*, S. 346.
[18] Damit ist nicht gesagt, daß Husserl zu metaphysischen Fragen übergehe. Diese ließ er immer außer Betracht, jedenfalls sofern man diesen Begriff in der Bedeutung nimmt, in der er ihn selbst verstand, nämlich als die Beschäftigung mit an sich Seiendem, das bewußtseinsunabhängig in sich und von sich her vorliegt. Aber den bloß logisch-noetischen Untersuchungen gesellen sich nachher immer mehr die spezifisch gegenständlichen oder, mit der Sprache der *Ideen*, noematischen zu. Der Gegenstand und seine Konstitution rückt dann in den Mittelpunkt der phänomenologischen Betrachtungen. Dadurch aber, daß diese Betrachtungen eben phäno-

sagen hervorruft und unter anderem zur Leugung eines Reiches des
rein Logisch-Noetischen, des Idealen bzw. des Allgemeinen führt,
wird jetzt transzendentalphänomenologisch ans Licht gebracht.

§ 15. PLATONS UND DESCARTES' PHILOSOPHIE ALS REAKTION GEGEN DIE SKEPSIS

Eine der längsten und gründlichsten Darstellungen des Skeptizismus
bei Husserl enthält der erste Teil der Vorlesungen zur *Ersten Philosophie*. Die „Kritische Ideengeschichte" dieses ersten Teiles setzt sich mit
der philosophischen Tradition, besser gesagt: mit einigen ihrer Hauptvertreter, auseinander, um an ihren Lehren zu demonstrieren, wie sich
der durch die Idee der transzendentalen Phänomenologie vorgezeichnete Gang der Philosophiegeschichte auf eben diese transzendentale
Phänomenologie hin entwickelt, der Husserl in diesen Vorlesungen den
Namen einer „Ersten Philosophie" gibt und die er durch den Entwurf der transzendentalen Reduktion im zweiten Teil der Vorlesungen
systematisch vollenden will.

Die „Kritische Ideengeschichte" will also, wie diese Bezeichnung
bereits verrät, keine möglichst objektive Darstellung der in der Vergangenheit von den Philosophen aufgestellten Erkenntnisse sein, sondern vielmehr eine streng kritische Beleuchtung dieser Erkenntnisse im
Lichte der für Husserl bereits evidenten Wahrheiten. Es handelt sich
um eine durch und durch phänomenologische Darstellung, in der die
Idee einer Philosophie als strenger Wissenschaft leitend ist,[19] – eine
Idee, von der wir schon wissen, daß sie sich für Husserl erst mit der
reinen Phänomenologie erfüllt.

Weil Husserl diese Idee der Philosophie für die einzig wahre hält,
sieht er in Platon und Descartes die beiden größten Gestalten der Ge-

menologischer Art sind, ist nach Husserl jede Gefahr einer „metaphysischen Substruktion" gebannt. Da nun „phänomenologisch" wiederum so viel besagt wie „in
Hinsicht auf Bewußtsein", ist jede Beschäftigung mit Gegenständen eine erkenntniskritische Untersuchung, die die in den „Prolegomena" zurückgewiesenen „metaphysischen" Fragen in sich aufnimmt.

[19] Vgl. *Erste Philosophie I*, S. 5–6: „Vorweg muß ich sagen, daß das Desiderat
einer Ersten Philosophie keineswegs längst schon in irgendeinem der historisch
überlieferten philosophischen Systeme erfüllt ist, nämlich erfüllt in Form einer
echten Wissenschaft von zwingender Rationalität. Es handelt sich hier also nicht
bloß darum, altes historisches Erbgut zu verlebendigen ... Natürlich ist damit zugleich gesagt, daß ich außerstande bin, irgendeine der historischen Philosophien
überhaupt als eine Philosophie endgültiger Form, d.h. der für eine Philosophie unbedingt geforderten Form strengster Wissenschaft anzuerkennen."

schichte der Philosophie, die „größten Anfänger, Wegeröffner der Philosophie."[20] Schon in der *Philosophie als strenge Wissenschaft* sagt er: „Ein solcher voll bewußter Wille zu strenger Wissenschaft beherrscht die sokratisch-platonische Umwendung der Philosophie und ebenso zu Beginn der Neuzeit die wissenschaftlichen Reaktionen gegen die Scholastik, insbesondere die Cartesianische Umwendung."[21] Beiden Denkern ist nach Husserl der Wille gemeinsam, durch radikale Besinnungen der Philosophie die Gestalt einer wahrhaft rationalen, letztbegründeten, sich in allen ihren Schritten verantwortenden Wissenschaft zu geben. Wenn auch, nach Husserl, keiner von beiden vermochte, in vollkommener Form der Philosophie diese Gestalt zu verleihen, so waren doch ihre Grundeinsichten bahnbrechend für die Entwicklung der Philosophie zu dieser ihrer endgültigen Form. „Man kann sagen, daß erst mit Platon die reinen Ideen: echte Erkenntnis, echte Theorie und Wissenschaft und – sie alle umspannend – echte Philosophie, in das Bewußtsein der Menschheit traten . . .".[22] Wieviel das Cartesianische *ego cogito* und der damit verbundene Anfang der philosophischen Reflexion für Husserl bedeuten, brauchen wir hier nicht zu betonen.

Für uns kommt es jetzt vor allem darauf an, den entscheidenden Zug der platonischen und cartesianischen Philosophie in Husserls Augen festzuhalten: Er versteht sie grundsätzlich als eine Reaktion bzw. einen Kampf gegen die Skepsis, als Bekundungen des Willens, der Philosophie eine Objektivität zu verleihen, die sie gegen jeden Subjektivismus und den damit verbundenen Relativismus absichert, d.h. gegen die beiden antiphilosophischen Tendenzen, die die Möglichkeit einer objektiv bindenden, die Sache an sich treffenden Erkenntnis leugnen und so ein echtes Vernunftleben, ein Leben aus und in Evidenz, Rationalität also unmöglich machen.

Der Feind, gegen den sich die platonische bzw. sokratisch-platonische Philosophie wendet, ist die skeptische Sophistik. Wir waren ihr schon begegnet in den „Prolegomena", hier hatte Husserl schon den Protagoräischen Satz „Aller Dinge Maß ist der Mensch" in Verbindung mit dem psychologistischen Relativismus gebracht, dessen Widerlegung Ziel jenes Werkes war. Diese Widerlegung bewegte sich aber bloß im Feld des Logisch-Noetischen.

[20] a.a.O., S. 7.
[21] *Philosophie als strenge Wissenschaft*, S. 11.
[22] *Erste Philosophie I*, S. 12.

In der *Ersten Philosophie* sowie in der *Philosophie als strenge Wissenschaft* geht es aber, wie wir schon sagten, um streng philosophische Fragen. Der Angriff auf die Skepsis nimmt diese also in ihrer vollen – logisch-noetischen wie „metaphysischen" – Tragweite. So drückt sich Husserl jetzt über die Skepsis der antiken Sophisten folgendermaßen aus: „Was war durch die Skepsis in Frage gestellt? Die allgemeine Möglichkeit objektiver Erkenntnis, die Möglichkeit, über das momentane Bewußtsein und die momentan ihm selbst einwohnenden Meinungen und Erscheinungen hinausreichende Erkenntnisse zu gewinnen, als solche, die an sich seiende Gegenstände, an sich bestehende Wahrheiten zu erkennen prätendierten."[23] Die Sophisten hatten die „Ideen der Vernunft", das „An sich Wahre" in jedem Sinne als „trügerischen Wahn" hingestellt. Für sie galt nur subjektiv-relativ Seiendes, dessen sich freilich keine Wissenschaft in allgemein gültigen Wahrheiten bemächtigen kann. Darum ist dieser in der Sophistik verkörperte skeptische Relativismus für Husserl schlechthin die „Antiphilosophie"[24] selbst, auf die Platon dann die philosophische Antwort gibt, die darin besteht, daß er „allererst die Idee und das Problem der Philosophie als Wissenschaft aus absoluter Rechtfertigung"[25] entwickelt.

Jedoch trotz der in der Dialektik Platons enthaltenen Intention auf radikale Erkenntnisbegründung, durch die eine reine – voraussetzungslose – Logik möglich geworden wäre, die ihrerseits als Inbegriff der Prinzipien höchster Rationalität bzw. als Methodenlehre eine letztrationale Wissenschaft hätte ermöglichen können, muß Husserl feststellen, „zu den notwendigen Anfängen und Methoden drang er nicht durch".[26] Weder bei ihm noch in seiner Nachfolge kam es zu einem letzten Ausbau der Dialektik, die als die „Wissenschaft von der Möglichkeit der Erkenntnis überhaupt",[27] wie Husserl sie auffaßt, und in völliger Voraussetzungslosigkeit zu einer „wahrhaft rationalen Wesenslehre der Erkenntnis in s u b j e k t i v e r H i n s i c h t"[28] hätte gestaltet werden müssen. Denn nachdem Platon das Reich der Ideen, des An-sich-Seienden, des Bleibenden und damit die Bedingung echter Wissenschaft entdeckt hatte, wäre es notwendig gewesen, diejenige Korrelation auszuarbeiten, „die diese idealen Einheiten in Bezug setzt

---

[23] a.a.O., S. 66.
[24] a.a.O., S. 57.
[25] a.a.O., S. 143.
[26] a.a.O., S. 56.
[27] a.a.O., S. 55.
[28] a.a.O., S. 33; von mir gesperrt.

zur erkennenden Subjektivität''.[29] Diese Wissenschaft vom Erkennt-
nis-Subjektiven, die das subjektive Leben in seiner vollen Konkretion
nimmt, ist nichts anderes als eine Phänomenologie der Erkenntnis, wie
Husserl sie mitten in der Betrachtung der antiken Philosophie kurz
entwirft.[30]

Weil eine solche u n i v e r s a l e Betrachtung der Erkenntnis fehlte, er-
lahmte schon bei Aristoteles die Intention der Dialektik auf letzten
Radikalismus; er ,,verfiel in die sehr natürliche Selbstverständlichkeit
einer vorgegebenen Welt''.[31] Seine formale Logik, trotz all ihrer sonst
wertvollen Einsichten, blieb in der Einseitigkeit der ausschließlichen
Orientierung an der Welt stecken, deren Vorausgesetztheit sie nicht
abschütteln konnte. Wo aber eine letztgeklärte Logik fehlte, dort konnte noch weniger von einer letztbegründeten Wissenschaft die Rede sein.
,,So kam es, daß die antike Wissenschaft bei all ihrer Prätention,
Philosophie, sich wirklich letztrechtfertigende ... Wissenschaft zu
sein, ... doch nur das zustandebrachte, was wir dogmatische Wissenschaft nennen ...''[32]

Das ist nach Husserl der Grund für die ,,U n s t e r b l i c h k e i t des
Skeptizismus''.[33] Weil die Philosophie sich nie in letzter Radikalität,
d.h. Voraussetzungslosigkeit, konstituieren konnte, gelang es ihr nie,
den Skeptizismus endgültig zu besiegen. ,,Der skeptischen Hydra
wachsen immer neue Köpfe, und selbst die abgeschlagenen wachsen
alsbald wieder nach.''[34]

Gegen diesen unsterblichen Skeptizismus kämpft auch Descartes.
Seinen Rückzug auf das ,,ego cogito'' als das einzig Unbezweifelbare,
mit letzter Apodiktizität Gegebene, wertet Husserl als den Versuch,
der Philosophie bzw. jeder sich letztrechtfertigenden Wissenschaft den
Seinsboden zu geben, ,,den selbst die extremsten skeptischen Negatio-
nen voraussetzen und auf den sie argumentierend sich zurückbeziehen,
nämlich die ihrer selbst gewisse erkennende Subjektivität''.[35] Descartes
macht also mit der Skepsis viel ernster als die Tradition es getan hatte,
er will sie nicht bloß als eine ,,lästige Negation'' hinter sich bringen,
sondern er geht auf das in dieser Negation enthaltene positive Mo-

[29] a.a.O., S. 31.
[30] a.a.O., S. 30 und 37-42.
[31] a.a.O., S. 56.
[32] ebda.
[33] a.a.O., S. 57.
[34] ebda.
[35] a.a.O., S. 61.

ment ein, um dadurch aus dem bloßen negativistischen Subjektivismus
der Skepsis einen höheren, ernsten, in eben jenem *ego cogito* verwur-
zelten Subjektivismus zu machen, auf dem wiederum die gesuchte
Rationalität beruhen soll. Und doch ist Descartes nach Husserl „nicht
in der rechten Weise bei der Skepsis in die Lehre"[36] gegangen. Descartes ist zwar mit der Entdeckung der sich selbst apodiktisch erkennenden Subjektivität auf die Stätte gestoßen, an der wahrhaft der Aufbau der Philosophie als strenger Wissenschaft geschehen kann. Weil
er aber – wie seine großen Vorfahren – nicht „radikal genug" dachte
und das Subjekt der Erkenntnis doch noch nicht völlig aus der Welt
herausnehmen konnte, sondern das ego mit der Seele des „Menschen"
gleichsetzte und als ein „Stück" der Realität auffaßte, womit er eine
für den weiteren Gang seiner Besinnungen unheilvolle V o r a u s s e t -
z u n g schuf, – weil er also nicht j e d e an sich seiende Objektivität zum
cogitatum der jeweiligen *cogitatio* reduzieren konnte, sondern die
cogitatio als einen bloß „subjektiven" Bereich verstand, aus dem dann
noch ein Weg „nach draußen" gesucht werden mußte, – darum gelang
es auch ihm nicht, der Skepsis den Todesstoß zu versetzen. Sie lebt
weiter und tritt erneut mit voller Kraft im Naturalismus des englischen
Empirismus zutage.

§ 16. DER NATURALISMUS

Der Naturalismus ist eine Folge der „Entdeckung der Natur . . . im
Sinne einer Einheit des räumlich zeitlichen Seins nach exakten Naturgesetzen".[37] An der Schwelle des neuzeitlichen Naturalismus steht
Lockes „Versuch über den menschlichen Verstand", den Husserl
sowohl für die Entwicklung der unheilvollen sensualistischen Psychologie im besonderen wie allgemein für die wesentlich verhängnisvollere
Folgeerscheinung einer naturalistischen, d.h. um einen erkenntnistheoretischen Psychologismus zentrierten Philosophie verantwortlich
macht. Locke übernimmt zwar die cartesianische Forderung eines
Rückganges auf das Ego der Cogitationen, versteht aber dieses Ego
wiederum in objektiv-naturaler Weise als die menschliche Seele oder
den menschlichen Geist. Die Seele ist durch den Leibkörper mit in
die psychophysische Kausalität der raumzeitlichen Welt verflochten,
die einfach als vorgegeben und als selbstverständlich daseiend voraus-

---

[36] a.a.O., S. 64.
[37] *Philosophie als strenge Wissenschaft*, S. 13.

gesetzt wird, ebenso wie bedenkenlos die objektive Wahrheit aller
Wissenschaften vorausgesetzt wird, die diese seiende Wirklichkeit zum
Thema haben. Die Seele steht erkennend in einem Verhältnis zur Welt,
das als ein natürlich-weltliches Kausalverhältnis verstanden wird, und
empfängt als *tabula rasa* Eindrücke bzw. Bilder „von draußen". Die
Aufgabe einer Erforschung des Verstandes ist es nun, aufgrund der
„inneren Erfahrung" und in deskriptiver innenpsychologischer
Analyse die „innere", empirische Geschichte der Seele zu rekonstruie-
ren, d.h. eine psychologische „Genesis der realen Geltungserlebnisse"[38]
zu entwerfen. In dieser Geschichte der Seele wird die Seele und damit
also Erkenntnis oder Bewußtsein als „innerweltliche" Tatsache verstanden. Auf diese Weise entsteht ein allgemeiner Datensensualismus,
der sich, wie schon gesagt, verhängnisvoll auf die Entwicklung der
Psychologie, Erkenntnistheorie, Philosophie auswirkte und der dazu
führte, daß diese Wissenschaften – trotz allem Richtigen, das in der
allgemeinen Forderung nach innerer Erfahrung, nach genetischer
Deskription usw. liegt, – nie die Gestalt letztbegründeter Wissenschaften annehmen konnten.

Diese empiristische Auffassung vom Bewußtsein als einem real
Seienden, die „Naturalisierung der Vernunft" endet nach Husserl
unvermeidlich in einem skeptischen Relativismus.

Nun ist aber die Skepsis des Empirismus von anderer Art als die der
antiken Sophisten; denn der Naturalist will im Grunde kein Skeptiker
sein; er leugnet nicht „expressis verbis" wie der antike Skeptizismus die
Vernunft.[39] Er hat große Achtung vor strenger Wissenschaft, ja, er will
auch die Philosophie als eine solche ausbauen – freilich nach dem
Modell der Naturwissenschaften. Er ist also nicht d e s w e g e n Skeptiker, weil er die Möglichkeit objektiver Erkenntnis s c h l e c h t h i n
leugnet, er gerät aber fatalerweise in einen Skeptizismus durch die
Naturalisierung des Bewußtseins, die er vornimmt. In dieser Naturalisierung steckt nach Husserl der G r u n d für alle Irrtümer der Empiristen bzw. all derer, die auf diese oder jene Weise das Bewußtsein, die
Erkenntnis als ein „Stück" der Welt ansehen.

Aus denselben Gründen und geleitet vom Ideal der Exaktheit der
positiven Naturwissenschaften, in seinem – im übrigen sehr richtigen –
Eifer, jede Aussage, jedes Urteil streng wissenschaftlich zu begründen
und das heißt, „sich jeweils nach den Sachen selbst [zu] richten, bzw.

---

[38] *Krisis*, S. 87.
[39] Vgl. *Philosophie als strenge Wissenschaft*, S. 15; *Erste Philosophie I*, S. 145.

von den ... Meinungen auf die Sachen selbst zurück[zu]gehen,"[40] kommt der Empirist zu der irrtümlichen Auffassung, man dürfe nur die sinnliche Erfahrung als die einzige und letzte Quelle jeglicher Erkenntnis anerkennen, bzw.: nur die erfahrbare, reale Wirklichkeit sei rechtmäßiges Korrelat wissenschaftlicher Aussagen. Jede Wirklichkeit reduziert sich für ihn auf Naturwirklichkeit; „Ideen", „Wesen", „Apriorisches", „eidetische Verhältnisse", „ideale Gegenstände" sind für ihn nichts als Einbildungen oder Gerede.[41]

Der Ort, an dem Ideales, Wesenheiten, Logisches und Real-Tatsächliches zusammen auftreten, ist das menschliche Denken. Der Empirist sieht nun in den idealen Gegenständen nichts als das Derivat eines zeitlich-empirischen, eines psychischen bzw. psychophysischen Prozesses. Eine so verstandene Bindung des Idealen an die psychische Sphäre kann aber nur bedeuten, daß das Sein des Idealen in der konkreten psychisch-empirischen Tätigkeit des Menschen, d.h. hier in den Erlebnissen des Urteilens, Schließens usw. aufgeht und damit jederlei Objektivität einbüßt. So werden z.B. die idealen Prinzipien und Normen der formalen Logik, die „Denkgesetze", zu „Naturgesetzen des Denkens", zu Fakten der naturwissenschaftlich bestimmbaren Natur.[42]

Der durch die Negation eines Reiches des Allgemeinen verursachte Verlust der Objektivität läßt den Empiristen notwendig in einen ihm selbst verborgenen und von ihm keineswegs gewollten Skeptizismus abgleiten; denn er negiert mit seinen Thesen gerade das, was diese seine Thesen überhaupt zu Erkenntnissen, zu Wahrheiten, ja, – worum es ihm schließlich zu tun ist – zu bindenden, allgemeingültigen Wahrheiten macht; durch die in seinem Empirismus implizierten naturalistischen Thesen bringt sich der Empirist notwendigerweise um die Möglichkeit, irgendeine vernunftgemäße Theorie aufstellen zu können; denn eine Theorie ist ja in subjektiver Hinsicht eine Einheit von Erkenntnissen, sie ist also selbst eine Erkenntnis und muß deshalb den apriorischen, idealen Bedingungen genugtun, „die in der Form der Subjektivität überhaupt und in deren Beziehung zur Erkenntnis wurzeln".[43] Objektiv betrachtet ist eine Theorie „eine ... durch Verhältnisse von Grund und Folge verknüpfte Einheit von Wahrheiten,

---

[40] *Ideen I*, S. 42.
[41] ebda.
[42] Vgl. *Philosophie als strenge Wissenschaft*, S. 14.
[43] *Logische Untersuchungen I*, S. 111.

bzw. Sätzen".[44] Der Empirismus oder Naturalismus zerstört in subjektiver und objektiver Hinsicht die Möglichkeit einer Theorie, indem er diese idealen Bedingungen durch reale, faktisch-tatsächliche, mit einem Wort: psychische ersetzt. Der Naturalismus zerstört die Möglichkeit der Objektivität, weil für ihn Subjektivität nichts anderes als die psychophysische Einheit Mensch, d.h. das empirische, natürliche, der raum-zeitlich-kausalen Ordnung unterworfene Ich ist.

Weil er naturalistisch denkt, verfehlt er die wahre Objektivität und greift entweder zu inneren Bildern oder Zeichen, um von der Innerlichkeit aus wieder eine Brücke zur objektiven Welt schlagen zu können, oder er reduziert die äußere Welt, jegliche Transzendenz überhaupt, auf Komplexe von sinnlichen Daten, auf „Bewußtsein" – verstanden als die Ansammlung seiner reell[45] in ihm vorkommenden Bestandteile.

§ 17. VORZEICHNUNG DES PHÄNOMENOLOGISCHEN OBJEKTIVISMUS

Der Skeptizismus in allen seinen Formen ist Negation von Objektivität, von Wahrheit im ursprünglichen Sinne und deshalb von „strenger Wissenschaft".

Husserl will demgegenüber zeigen, daß es ein grober Irrtum ist zu glauben, daß der Mensch „das momentane Bewußtsein und die momentan ihm selbst einwohnenden Meinungen und Erscheinungen" nicht in Richtung auf erkennbare „an sich seiende Wahrheiten" überschreiten könne oder daß Ding, Gegenstand, Realität überhaupt sich auf innere Bilder oder Zeichen, auf Komplexe sinnlicher Daten, auf Fiktionen reduzieren. Er will gerade zum Verständnis bringen, daß es Ding, Realität, Transzendenz gibt, d.h. eine an sich seiende, objektive Wirklichkeit, daß „Sein als Erlebnis und Sein als Realität", „Sein als Erlebnis und als Ding" grundwesentlich unterscheidbar sind,[46] daß „zwischen Bewußtsein und Realität ein wahrer Abgrund des Sinnes (gähnt)".[47]

Dem Subjektivismus jeglicher Skepsis will die Phänomenologie ihren

---

[44] ebda.
[45] Reell ist für Husserl der immanente Fluß der Erlebnisse, d.h. die zeitlichen Einheiten des Bewußtseins, durch die wir uns auf Gegenstände richten und die in diesem Gerichtetsein zwar bewußt, nicht aber für sich wahrgenommen werden. Vgl. diese Arbeit, III. Teil, § § 23 und 24.
[46] Vgl. *Ideen I*, S. 95.
[47] a.a.O., S. 117.

radikalen Objektivismus[48] entgegenstellen, der die Möglichkeit von Wahrheit, Vernunft, Wissenschaft sichert, die Möglichkeit, über die „momentanen Erscheinungen" hinausgehen zu können. Aber dieser Objektivismus will und muß ein Objektivismus ganz neuartigen Sinnes sein.

Fassen wir zusammen: Descartes auf der einen Seite wollte dem Rationalismus eine „radikale Fundamentierung" geben,[49] geriet aber in seiner Durchführung in einen verhängnisvollen Objektivismus (Dualismus der Substanzen), auf den die Systeme des englischen Empirismus in radikaler Form reagierten[50]. Dennoch enthält der Rationalismus des Descartes in seiner Fundamentation wertvolle Gedanken und „einen tief verborgenen Sinn in sich, der, zutage gekommen, ihn völlig entwurzelt"[51] und der den falschen in den wahren Objektivismus, nämlich den transzendental-subjektiven verwandelt.

Der Empirismus auf der anderen Seite wird zur Zerstörung des rationalistischen Objektivismus eine Argumentation entwickeln, die auch in sich Elemente enthält, durch die man allein den wahren Objektivismus retten kann. „Der S u b j e k t i v i s m u s", zitierten wir schon, „kann nur durch den universalsten und konsequentesten Subjektivismus (den transzendentalen) überwunden werden". Husserl fährt fort: „In dieser Gestalt ist er zugleich O b j e k t i v i s m u s".[52] Im phänomenologischen Objektivismus sollen sich Rationalismus und Skeptizismus vereinigen.

Der Objektivismus – ob rationalistischer oder empiristischer Prägung – ist zu verwerfen, und doch muß Objektivität als *conditio sine qua non* der Wissenschaft angesetzt werden. Das in dieser Objektivität gemeinte Objektive kann nicht schlechthin als seiend vorliegen, d.h. es kann nicht als losgelöst von jeder Beziehung auf den Erfahren-

---

[48] Vgl. die § § 41 und 42 der *Ideen I* als klares Beispiel für die Entschiedenheit, mit der Husserl die Transzendenz des Seienden verteidigt. Es steht hier sogar der Satz: „Das wahrgenommene Ding kann sein, ohne wahrgenommen, ohne auch nur potentiell bewußt zu sein (in der Weise der . . . Inaktualität)" (S. 92), welcher Satz aber – mag er noch so sehr realistisch erscheinen – auf dieser Höhe der phänomenologisch-psychologischen Überlegungen Husserls keineswegs als Ausdruck eines naiven Realismus angesehen werden darf. Transzendenz muß jederzeit – auch dort, wo Husserl so objektivistisch redet – phänomenologisch gedacht werden. Der III. Teil dieser Arbeit ist der Bestimmung des phänomenologischen Sinnes von Transzendenz gewidmet; vgl. S. 135.
[49] Vgl. *Krisis*, S. 76.
[50] Vgl. a.a.O., § 16 bis 21.
[51] a.a.O., S. 76.
[52] *Phänomenologische Psychologie*, S. 300; von mir gesperrt.

den, sondern muß gerade von dieser Beziehung her gedacht werden.
Wie ist das aber zu verstehen? Macht die Bezogenheit auf Subjektivität die Objektivität, Realität nicht doch wieder zu einem bloß
subjektiven Moment? Der Objektivismus Husserls bejaht diesen
„bloß subjektiven" Charakter des Objektiven; Objektivität kann nur
„subjektiv", d.h. Moment des Erfahrens eines Erfahrenden sein, und
doch wiederum nicht so, daß dieser subjektive Charakter die Wirklichkeit, das Transzendente als ein Anderes, Gegenüberstehendes vernichtete. In der Subjektivität soll die Realität Objektivität bewahren, sie
soll zu einer „subjektiven Transzendenz" werden. Allein die Phänomenologie bzw. die phänomenologische Transzendentalphilosophie
kann nach Husserl diese grundlegende Forderung erfüllen; denn sie
stellt die transzendentale Klarheit her, „durch welche sozusagen die
transzendentalen Gespenster und Gespinste – die der Skepsis auf der
einen Seite und die der dogmatischen Metaphysik auf der anderen
Seite – verscheucht werden".[53]

---

[53] *Erste Philosophie II*, S. 22.

III. DIE SKEPSIS ALS DIE ANFANGSSITUATION DER PHILOSOPHIE

§ 18. VON DER GESCHICHTLICHEN ZUR SYSTEMATISCHEN AUFFASSUNG DER SKEPSIS

a. Die Skepsis als der allererste Bruch mit der Natürlichkeit

Objektivität soll als subjektiver Charakter gedacht werden, um die Möglichkeit eines wahren Objektivismus zu begründen. Indem wir diese Aufgabe formulieren, wenden wir uns, nachdem wir bisher die Auseinandersetzung Husserls mit den Gestalten der Skepsis als der Antiphilosophie erörtert haben, nunmehr der ebenfalls in der Skepsis beschlossen liegenden positiven, philosophiebegründenden Tendenz zu, von der wir bereits zu Beginn dieses Teils sprachen.[1]

In der *Ersten Philosophie* sagt Husserl: „Die erste, naiv außenweltlich gerichtete Philosophie der Griechen erfuhr in ihrer Entwicklung einen Bruch durch die s o p h i s t i s c h e S k e p s i s".[2] Dieser Satz enthält das entscheidende Stichwort: B r u c h m i t d e r N a t ü r - l i c h k e i t! Dieser Bruch stellt das besagte positive Moment der Skepsis dar; in der damit bezeichneten „unnatürlichen Richtung" des Bewußtseins liegt für Husserl ein Moment von unvergleichlicher Bedeutung.

Im Zusammenhang der Vorlesungen zur „Ersten Philosophie", denen das gerade angeführte Zitat entnommen ist, wird dieser positive Aspekt der Skepsis zunächst und fast nur in philosophiegeschichtlicher Hinsicht thematisch. Husserl faßt in einigen Sätzen die skeptischen Theorien des Protagoras und Gorgias zusammen, in deren Thesen sich der extreme Subjektivismus – vor allem des Gorgias – widerspiegelt: „Alles Objektive ist für den Erkennenden nur dadurch

[1] Vgl. hier S. 71.
[2] *Erste Philosophie I*, S. 8.

ursprünglich vorhanden, daß er es erfährt",[3] d.h., daß es ihm so oder
so erscheint, für ihn so oder so aussieht. Es gibt kein Seiendes, das losgelöst von jedem Aussehen, mit sich identisch wäre; so etwas ist
nicht erfahren noch erfahrbar.[4] Wenn ich mir ein Transzendentes als
Transzendentes – an sich Seiendes – vorstelle, so ist diese Vorstellung
eben „meine" Vorstellung, meine Erkenntnis, „so bleibe ich doch notwendig im Rahmen meiner Subjektivität"[5] usw.

Husserl erkennt nun in diesen „geistreichen Paradoxien"[6] einen
Umbruch des Denkens: „Zum ersten Male wird die naive Vorgegebenheit der Welt problematisch, und von da her sie selbst nach prinzipiel-
ler Möglichkeit ihrer Erkenntnis und nach dem prinzipiellen Sinn ihres
Ansichseins".[7] Anschliessend sagt er sogar: „Zum ersten Mal wird
das reale Weltall ... ‚transzendental' betrachtet"[8] als „Gegenstand
möglicher Erkenntnis, möglichen Bewußtseins überhaupt. Es wird betrachtet in Beziehung auf die Subjektivität, für die es bewußtseinsmäßig soll dasein können ...".[9] Es gibt in der Sophistik einen „transzendentalen Impuls", mehr noch, die skeptischen Argumentationen
enthalten erstaunlicherweise „Motive von schicksalhafter Bedeutung
für eine objektive Wissenschaft und eine universale Philosophie ..."[10].
Denn durch die Skepsis hat sich der Übergang vollzogen „aus der
naiven Erkenntnishingabe an die sich darbietenden Gegenstände in die
reflektive Einstellung, ... in der das erkennende Bewußtsein in den
Blick tritt und das Erkannte als Einheit mannigfaltigen Erkennens und
in Beziehung zu ihm betrachtet werden mußte ...".[11]

Die gleiche Denkhaltung entdeckt Husserl im englischen Empirismus. „Bei aller ... Unklarheit sieht er [scil. Locke] doch, daß, wenn
alles, was für ein Subjekt sich als Wirklichkeit und Wahrheit bietet,
sich in seinem eigenen Bewußtseinsleben bietet und nur da bieten kann
und, wenn alle Ausweisung von Recht und Unrecht, von Wahr und
Falsch ... nur in der Immanenz des Bewußtseins sich vollziehende
Leistung, eine vom Subjekt <vollzogene> und im Subjekt sich vollziehende Leistung ist: daß dann nur ein systematisches Studium der

[3] a.a.O., S. 58.
[4] Vgl. ebda.
[5] a.a.O., S. 59.
[6] ebda.
[7] ebda.
[8] a.a.O., S. 60.
[9] ebda.
[10] a.a.O., S. 61.
[11] a.a.O., S. 66.

Bewußtseinssphäre ... die Erkenntnisprobleme zur ... Lösung bringen kann"[12], und mit Beziehung auf Hume: „Hume und der ihm folgende Positivismus macht aus den Charakteren Impression und Idee sachliche Merkmale. Sein Gedanke ist: alles, was für mich dasein oder als seiend gelten soll, muß sich in meinem Bewußtsein aufweisen"[13], nur daß Hume eben den Fehler begeht, Bewußtseinscharaktere wie realkausale dingliche Momente zu behandeln. Und in der *Krisis* sieht Husserl die Grundfrage, die Humes Denken bewegt, in dem universalen Problem, wie die „naive Selbstverständlichkeit der Weltgewißheit", die „Naivität der Rede von Objektivität" und „das Welträtsel im tiefsten und letzten Sinne, das Rätsel einer Welt, deren Sein Sein aus subjektiver Leistung ist"[14], zu verstehen ist. Der Fiktionalismus als der „radikalste Subjektivismus' ist Humes Lösung des Problems. In der Reaktion auf den Humeschen Datenpositivismus kommt es nach Husserl zu einem „transzendentalen Subjektivismus",[15] der in Kant seine erste wissenschaftliche Gestalt findet. „Diese Vordeutung auf einen radikalen transzendentalen Subjektivismus", sagt er dann, „wird natürlich Befremden und Skepsis erwecken"[16], und er fügt hinzu: „Das ist mir sehr willkommen, falls diese Skepsis nicht vorweg die Entschlossenheit zur Ablehnung besagt, sondern eine freie Zurückhaltung jedes Urteils bedeutet". Mit dieser „Zurückhaltung jedes Urteils" deutet Husserl schon auf seinen transzendentalen Begriff der Epoché vor.

Es wird damit verständlich, warum Husserl auch in der Skepsis, die in den Meditationen Lockes, Berkeleys und Humes unvermeidlich auftritt, die „größte aller Revolutionen"[17] erblickt, weil es durch sie zur „Umwendung des wissenschaftlichen Objektivismus, des neuzeitlichen, aber auch desjenigen aller früheren Philosophien der Jahrtausende, in einen transzendentalen Subjektivismus"[18] kommt, weil durch sie der Objektivismus überhaupt aufs tiefste erschüttert wurde.[19]

Es ist nicht die Aufgabe dieser Arbeit und es ist für ihre Problem-

[12] a.a.O., S. 144/145.
[13] a.a.O., S. 162.
[14] *Krisis*, S. 99/100.
[15] a.a.O., S. 100.
[16] a.a.O., S. 101.
[17] a.a.O., S. 69.
[18] ebda.
[19] Vgl. a.a.O., S. 93.

stellung ohne Bedeutung zu prüfen, ob oder inwieweit die von Husserl gegebene Charakteristik der Sophistik und des englischen Empirismus historisch zuverlässig ist. Uns kommt es allein darauf an, darauf aufmerksam zu machen, daß diese Charakteristik fast wortwörtlich mit dem übereinstimmt, was Husserl an anderen Stellen über das phänomenologisch betrachtete Bewußtsein sagt, wie wir später noch genauer sehen werden.

Der Grund für diese Übereinstimmung ist aber darin zu sehen, daß Husserl in der Sophistik, im englischen Empirismus und im Grunde in jeder Form eines subjektivistischen Relativismus nur Verkörperungen desjenigen skeptischen Bewußtseins sieht, das für ihn s y s t e m a t i s c h den allerersten Bruch mit der Naivität des Lebens, den Anfang des w a h r e n Weges zur Letztbegründung, darstellt. Damit erklärt sich auch die überall auftretende Verflechtung von philosophiegeschichtlicher und systematischer Behandlung der Skepsis, auf die wir schon hinwiesen. „Wer als Wissenschaftler vor der Tatsache der Skepsis steht, mit ihrer Bestreitung der Möglichkeit jedweder objektiven Erkenntnis, ... wird zunächst zwar den Blick auf die Gehalte der zeitgenössischen oder überlieferten Philosophie, also auf ihre Lehrsätze und Theorie richten. Aber notwendig wird er alsbald in subjektive Besinnungen hineingezogen werden, welche die Erkenntnisseite dieser Theoreme angehen, das Wie ihres subjektiven Entspringens. Zunächst wird er sich doch dies klarmachen . . .”.[20] Und was nun folgt, ist ein kurzes Resümée einiger Grundeinsichten der allgemeinen Phänomenologie: Es ist die Rede von sachferner, „bloßer” Meinung und selbstgebender Anschauung, von der äußeren Erfahrung, die die Sache selbst gibt und doch zugleich mit einem Horizont der bloßen Meinung behaftet ist, und dergleichen mehr. Und im Anschluß daran bemerkt Husserl: „Also zu solchen Reflexionen nötigte die Sophistik, als eine universale Skepsis . . .”[21].

Daß Husserl an dieser Stelle zu solchen resümierenden Reflexionen übergeht, ist also für den Zusammenhang keineswegs unwichtig und muß richtig verstanden werden. Die Besinnung auf ein geschichtliches Phänomen „nötigt” zu solchen Reflexionen, *weil* sich in diesem Phänomen eine „universale Skepsis” ausspricht, d.h. das skeptische Bewußtsein zum Ausdruck kommt. Und auf dieses Bewußtsein kommt es Husserl *systematisch* wesentlich an.

[20] *Erste Philosophie I*, S. 32.
[21] a.a.O., S. 33.

Das wird noch deutlicher aus Beilage X der *Ersten Philosophie I*,
„Descartes und die Skepsis". Husserl kommt hier wieder einmal auf
das Rätsel der Erkenntnis zu sprechen: Wenn jede Meinung, jede
Erkenntnis, alle wissenschaftlichen Satzgebilde und Theorien sich in
mir abspielen, wenn sie „meine eigenen subjektiven Erkenntnisgebilde,
in meinem Meinen Gemeintes, in meinem Einsehen Eingesehenes des
und des Sinnes, und als solches von meinem Meinen unabtrennbar,
ihm selbst mit zugehörig – also subjektiv (sind)",[22] wenn die Selbstverständlichkeit des Seins der Welt eben „meine" Selbstverständlichkeit ist, wenn alles also „bloß Subjektives" ist, wie ist dann Objektivität
zu verstehen? Diese Frage nimmt Husserl auf und sagt dazu: „ ,Wie
ist es zu verstehen' – das hat also noch eine andere und früher sich
aufdrängende Note – vom Skeptizismus her."[23] Damit deutet
Husserl darauf hin, daß ich, wenn ich mit solchen erkenntniskritischen
Meditationen anfange, in die Unverständlichkeit der Erkenntnis gerate und daß ich, wenn ich in aller Strenge die Folgerungen daraus
ziehe: an-sich-seiende Welt ist eine Täuschung, jeder kann sie nur als
seine Meinung erkennen usw., – „mit dem Solipsismus (ende), den, wie
es scheint, Gorgias ausgesprochen hat".[24]

Das heißt mit anderen Worten: wenn ich mich auf diese Weise besinne, wiederhole ich in mir jenen Reflexionsprozeß, der einmal zu
dem geschichtlichen Phänomen der Skepsis führte. „In historischer
Motivation geht die skeptische Fragestellung voraus und birgt implizite die Motivation zur ersten, nämlich zur Frage: wie verstehe ich
Erkenntnis als Leistung in mir, durch die ich Welt und darin andere
Menschen mir nach Sinn und Seinsgeltung aufbaue?"[25]

Dieser „historischen Motivation" entspricht demnach eine Motivation in meiner eigenen erkenntniskritischen Besinnung. Diese Besinnung erkennt ihre eigene, innere Geschichte in dem geschichtlichen
Prozeß wieder, mit dem das Denken in die Sophistik einmündete.

Die Skepsis, als die reflektive Einsicht des erfahrenden Bewußtseins,
das auf sich selbst und seine Erkenntnismöglichkeiten zurückblickt,
liegt jeder echt philosophischen bzw. streng wissenschaftlichen Beschäftigung zugrunde. Sie ist die „Anfangssituation", aus der die
Motivation der erkenntniskritischen Reflexion und in der Folge der

[22] a.a.O., S. 331.
[23] a.a.O., S. 333.
[24] a.a.O., S. 331.
[25] a.a.O., S. 332.

Philosophie im echten Sinne erwächst. Für jeden, „der ernstlich Philosoph werden will",[26] ist es unvermeidlich, „mit einer Art radikaler skeptischer Epoché" anzufangen.[27]

Mit dieser Anfangssituation ist auch der „allererste Bruch" mit der Natürlichkeit bezeichnet, nach dem wir schon im ersten Teil dieser Arbeit fragten,[28] ohne diese Frage dort beantworten zu können.

b. Die Skepsis als wesensmäßiger Anfang der Philosophie

Dieser Anfang mit einer radikalen Skepsis ist für Husserl wesensmäßiger, „idealer" Natur. Der Mensch muß einmal zu dieser Anfangssituation kommen, wenn er Philosoph werden will.

Husserl unterscheidet zwischen einem „unvermerkten", man könnte sagen: zufälligen Hineingeraten in eine theoretische oder praktische Aktivität – Wissenschaft, Kunst, einen bestimmten Beruf – und der Entscheidung, Philosoph zu werden.[29] Das Ergreifen jener Berufe kann „ohne eine sozusagen feierliche Entscheidung"[30] vor sich gehen. Der Philosoph bedarf für die Wahl seines „Berufes" „eines eigenen, ihn als Philosophen überhaupt erst und ursprünglich schaffenden Entschlusses...".[31] „Niemand kann in die Philosophie hineingeraten".[32] Philosophie ist auch ein Beruf, aber himmelweit entfernt von den Berufen im alltäglichnormalen Sinn. Mögen diese Berufe in ihren höheren Formen der Wissenschaft oder der Kunst auch viele kritische Reflexionen anstellen, um den den verschiedenen Stufen und Formen der Erkenntnis angemessenen Grad der Gewißheit, der „Normgerechtigkeit" zu erreichen, um auf diese Weise möglichst hohe Grade von Evidenz zu erlangen, – nie können sie die Naivität ihres Anfanges überwinden, weil es ihnen am spezifisch philosophischen Willen zur radikalen Letztverantwortung fehlt. Die Philosophie „scheidet ihre Wege prinzipiell von aller Naivität".[33] Sie vollzieht einen bewußten – und darin liegt ja die Entscheidung – Bruch mit ihr. Dieser Bruch setzt demnach voraus, daß der zur Philosophie Entschiedene

---

[26] Vgl. *Krisis*, S. 77.
[27] ebda.
[28] Vgl. oben S. 22.
[29] *Erste Philosophie II*, S. 19.
[30] ebda.
[31] ebda.
[32] ebda.
[33] a.a.O., S. 18.

vorher in jener Naivität der anderen Betätigungsformen lebte und daß
er sich in ihnen bereits als Erkenntnissubjekt befand, vielleicht als
Wissenschaftler, als Künstler.[34]

In dieser Naivität lebend und im Glauben an die objektive Existenz
alles Seienden, aller Wahrheit verharrend, sieht er sich vielleicht irgendwann einmal vor die Tatsache gestellt, daß doch jede Objektivität
z u n ä c h s t einen subjektiven Charakter aufweist, der dadurch gegeben
ist, daß er selber, der Erfahrende, derjenige ist, der durch seine eigene
Erfahrung, durch seine Erlebnisakte diese Objektivitäten für sich sein
läßt. Die Beziehung alles objektiv Seienden auf ihn als Erkenntnissubjekt rückt somit in den Vordergrund, und eine erkenntniskritische
Reflexion hebt an. Wenn der sich erkenntniskritisch Besinnende nun
wirklich radikal weiterdenkt und dieses Subjektive nicht mit Hilfe
„natürlicher" Lösungen der Macht des Objektiven opfert, wenn er
seinen subjektiven Erscheinungen, Erlebnissen den Platz einräumt,
den sie für die Erscheinung des Objektiven in Anspruch nehmen können und dürfen, dann wird er sich u n v e r m e i d l i c h vor die s k e p t i -
s c h e Situation gestellt sehen, in der er sich sagen wird: was ist, ist,
indem ich es erfahre, es gibt nichts Objektives usw. Der S k e p t i z i s -
m u s hat hier die Funktion, die Unvollkommenheit der naiv oder natürlich vollzogenen Erkenntnis zu enthüllen,[35] er bereitet als Rückwen-
dung des Bewußtseins auf sich selbst den Boden, dem allein die wahre
Philosophie entspringen kann. Und in den folgenden Sätzen in einer
Art „Deduktion" erhebt Husserl die Skepsis zum notwendigen Anfang
der philosophischen Reflexion: „In dieser einzigartigen Lage steht also
der anfangende Philosoph, und nicht bloß vermöge einer zufälligen
historischen Faktizität; denn auch *idealiter* ist es klar, daß die Idee einer
absoluten und radikal begründeten Wissenschaft ihren Sinn aus einer
solchen Situation schöpfen muß, ... sonst gerät er unvermeidlich ...
nur in eine Erkenntnisnaivität, und wie immer die Weiterentwicklung
im Faktum laufen würde, in ihrer Auswirkung müßte sie die allgemeine
Form wahren, sie müßte die Erkennenden vor die transzendentalen
Erkenntnisabgründe stellen und in die skeptischen Schlingen und

---

[34] Vgl. auch *Phänomenologische Psychologie*, S. 47: „Als Philosoph kann aus
Wesensgründen niemand geboren sein. Jeder kann nur anfangen als natürlicher,
unphilosophischer Mensch. A priori fordert dennoch eine radikale, systematische
Begründung der Philosophie einen subjektiven und ebenso einen historischen Auf-
stieg vom natürlichen Standpunkt zum philosophischen."
[35] Vgl. *Erste Philosophie II*, S. 19.

Rätsel verwirren, *mit denen die für den Anfang einer echten Philosophie klassische Situation hergestellt wäre.*"[36]

Die klassische Situation für den Anfang einer letztbegründeten Wissenschaft ist die Skepsis. Derjenige, der in sie gerät, meditiert also folgendermaßen: Es gibt nichts Objektives, an sich und von sich her seiend. Alles, was ist, ist für mich, ist, indem ich es erfahre usw. Diese Meditation mag verschiedene Grade der Radikalität annehmen – Husserl unterscheidet z.B. zwischen dem gemäßigten Skeptizismus des Protagoras und dem extremen des Gorgias –, was aber aus dieser Reflexion mit Notwendigkeit sich ergibt, ist die Einsicht in die absolute K o r r e l a t i o n von Gegenstand und Erfahrung oder, was dasselbe ist, von Gegenstand und seinen subjektiven Gegebenheits-, Erscheinungsweisen, durch die ich ihn erfahre, die R e l a t i v i t ä t alles Seienden auf die wahrnehmend, urteilend, wünschend usw. auf dieses Seiende gerichtete Subjektivität.[37]

Es ist freilich eine Selbstverständlichkeit, „daß jedes Ding für jedermann jeweils verschiedentlich aussieht",[38] der „normale", um die Er-

---

[36] a.a.O., S. 21–22, Hervorhebung des letzten Satzes von mir. In der dritten Abhandlung der *Krisis*: „Die Krisis des europäischen Menschentums und die Philosophie" (S. 314) hält sich Husserl kurz auf bei einer Darstellung der Geburt der Philosophie bei den Griechen; damals entsteht die Theorie als eine habituelle Haltung des Menschen, als theoretische Einstellung, „die des θαυμάζειν" (331) in Abhebung gegen die mythisch-praktische (ebda.). Husserl schreibt da u.a. „So eingestellt, betrachtet er vor allem die Mannigfaltigkeit der Nationen . . . jede mit ihrer eigenen Umwelt, die ihr mit ihren Traditionen, ihren Göttern . . . als die schlechthin selbstverständliche wirkliche Welt gilt. In diesem erstaunlichen Kontrast kommt der Unterschied von Weltvorstellung und wirklicher Welt auf und entspringt die neue Frage nach der Wahrheit . . .". (S. 332) „Einerseits ist das Wesentlichste der theoretischen Einstellung des philosophischen Menschen die eigentümliche Universalität der kritischen Haltung, die entschlossen ist, keine vorgegebene Meinung, keine Tradition fraglos hinzunehmen . . .; sie [scil. die gesamte Praxis des menschlichen Handelns] soll sich nicht mehr von der naiven Alltagsempirie und Tradition sondern von der objektiven Wahrheit normieren lassen . . ." (S. 333). „. . . die Philosophie, aus universaler kritischer Einstellung gegen alle und jede traditionelle Vorgegebenheit erwachsen . . ." (S. 335). Zwischen dem θαυμάζειν und der „klassischen Situation" der Skepsis liegt dann kein großer Abstand, Platons Philosophie ist, wie wir sahen, eine Reaktion gegen die Skepsis.

[37] In einer Fußnote der *Krisis* sagt Husserl: „Der erste Durchbruch dieses universalen Korrelationsapriori von Erfahrungsgegenstand und Gegebenheitsweisen (während der Ausarbeitung meiner *Logischen Untersuchungen*, ungefähr im Jahre 1898) erschütterte mich so tief, daß seitdem meine gesamte Lebensarbeit von dieser Aufgabe einer systematischen Ausarbeitung dieses Korrelationsapriori beherrscht war" (S. 169). Im II. Band der *Logischen Untersuchungen* kam die Korrelation Erfahrung – Gegenstand schon zu voller Anwendung.

[38] *Krisis*, S. 168.

kenntnisschwierigkeiten unbekümmerte Mensch wird das zugeben und doch weiter im Glauben an die an sich seiende Objektivität verharren, weil er eben sein subjektives Leben – seine Erscheinungen, Erlebnisse usw. – in jener Objektivität aufgehen läßt. Worauf es aber im Unterschied zu dieser Haltung gerade ankommt, ist, sich dieser Korrelation in ihrer vollen Tragweite und in allen ihren Konsequenzen bewußt zu werden und sie „zum Thema einer eigenen Wissenschaftlichkeit" zu machen.[39] Wenn die Reflexion zu der Einsicht in die allgemeine Korrelation von Bewußtsein und Gegenstand kommt und so „in die skeptischen Schlingen und Rätsel",[40] in das „skeptische Medium"[41] hineingerät, ist es ihre eigentliche Aufgabe, die positive Tendenz des Skeptizismus zu entfalten, was besagt: „ihn in der Form zu überwinden, die für jeden radikalen Skeptizismus die notwendige ist, nämlich ihn in einem höheren Sinn wahrzumachen".[42] Wie dieses Wahrmachen der Skepsis sich allerdings auf eine Wissenschaft auswirken wird, die wie die Transzendentalphänomenologie auf Vernunft aus ist, wird sich noch zeigen müssen.

§ 19. DER SKEPTISCHE ANFANG IN DEN VERSCHIEDENEN WEGEN

Durch die Einsicht in die durchgreifende Korrelation Bewußtsein – Welt hat die Besinnung die Naivität des um die Frage der Erkenntnis unbekümmerten Lebens überwinden können. Die Welt ist nicht mehr naive Objektivität, sondern Korrelat des Bewußtseins. Das bedeutet aber nicht, daß die Reflexion jede Natürlichkeit überhaupt überwunden hätte, als ob sie jetzt auf einen Schlag imstande wäre, das Sein der Welt in transzendentalidealistischer Besinnung als bloßes Moment der Subjektivität aufzuweisen. Daß jegliche Gegenständlichkeit bzw. die Welt als Korrelat, als Bewußtes eines Bewußtseins angesehen wird bzw. angesehen werden muß, und zwar deshalb, weil Alles für das Bewußtsein ist, heißt noch nicht, daß Alles im Bewußtsein aufgeht. Die Betrachtung bleibt in der Natürlichkeit, was wiederum heißt, die Welt bleibt da – aber als erfahrene Welt.

Diesen immanenten Anfang des Weges in die Transzendentalität,

---

[39] ebda.
[40] *Erste Philosophie II*, S. 22.
[41] *Die Idee der Phänomenologie*, S. 24.
[42] *Erste Philosophie I*, S. 143; vgl. auch S. 147 und S. 185.

das skeptische Bewußtsein, verwendet Husserl zwar an vielen Stellen seiner Schriften und im Rahmen immer wieder anderer Problemzusammenhänge, von denen viele nicht direkt die Frage nach dem Anfang der philosophischen Besinnung zum Thema haben. Husserl erwähnt kaum, daß es sich dabei um die „skeptische Wendung", die „skeptische Epoché" handelt. Wir wollen im folgenden einige Stellen verschiedener Schriften betrachten, um an ihnen zu zeigen, daß die Skepsis, wenn auch ungenannt, Grund der an jenen Stellen dargelegten Erkenntnisse ist.

Im ersten Abschnitt, Teil B der *Formalen und Transzendentalen Logik*, bevor Husserl von der formalen zur transzendentalen Logik übergeht, also noch innerhalb der Thematik der formalen Logik, legt er eine „Phänomenologische Aufklärung der Doppelseitigkeit der formalen Logik als formaler Apophantik und formaler Ontologie"[43] vor, wie der Titel des genannten Teiles lautet. In dieser Scheidung liegt deswegen eine Schwierigkeit, weil das Urteil – die Apophansis – und alle in seine syntaktische Einheit eintretenden doxischen Syntaxen einerseits das Thema der formalen Logik sind, das Urteil andererseits aber auch der Ort ist, in dem der „Leerbegriff Etwas auftritt, in dem Gegenstände überhaupt logisch gedacht sind".[44] Logik und formale Ontologie scheinen sich also nicht zu unterscheiden, da beide das Urteil zu ihrem Gegenstand haben. Husserl löst diese Schwierigkeit, indem er nachweist, daß die Möglichkeit einer doppelten Einstellung besteht: Wir können einmal durch die Urteile hindurch auf die in diesen Urteilen gedachten „Gegenstände Worüber", zum anderen durch neue Urteile zweiter Stufe auf die vorhergehenden Urteile selbst und ihre Bestandteile, Verbindungen und Beziehungen blicken. Denn es ist sowohl richtig, „daß, wenn wir urteilen, in diesem Urteilen selbst sich die Beziehung auf den Gegenstand herstellt",[45] wie auch richtig, daß wir urteilend nicht auf das Urteil, sondern auf den Gegenstand bezogen sind. Es ist nun aber jederzeit möglich, vom Gegenstand auf das Urteil selbst zurückzukommen, sich anders einzustellen. Den Gedanken nun, daß „im Urteilen selbst sich die Beziehung auf den Gegenstand herstellt", führt Husserl so ein: „Gehen wir davon aus, daß Gegenstände für uns sind und sind, was sie sind, ausschließlich als die uns jeweils bewußten, als erfahrene, das ist wahrgenommene und

---

[43] *Formale und transzendentale Logik*, S. 93.
[44] a.a.O., S. 98.
[45] a.a.O., S. 99.

wiedererinnerte, oder als leer vorgestellte und doch im Seinsglauben vermeinte, als gewisse, vermutete usw. und so überhaupt in irgendwelchen Bewußtseinsweisen, auch denen des Gemütes und Willens, vermeinte...".[46] In diesem Satz ist mit besonderer Deutlichkeit die skeptische Urentscheidung ausgesprochen: nicht der Gegenstand schlechthin, sondern der Gegenstand für mich bzw. für uns ist das, „wovon wir ausgehen", das Thema der Grundeinsicht, des Anfangs. Husserl fährt fort: „Heißt es also, daß wir mit Gegenständen beschäftigt sind..., so stehen wir innerhalb unseres eigenen Bewußtseins, womit natürlich nicht gesagt ist, daß unser Bewußtsein es ist, womit wir uns beschäftigen, oder gar, daß diese Gegenstände nichts anderes sind als Bewußtseinserlebnisse."[47]

Und es folgt der entscheidende Satz: „Wir haben keine Transzendentalphilosophie zu geben, sondern nur was uns angeht, korrekt auszulegen...".[48] Husserl will hier nicht einmal eine Phänomenologie vorlegen, er spricht nur von Problemen der formalen – klassischen, aristotelischen – Logik. Und doch legt er diese Logik schon phänomenologisch aus, und zwar zufolge eben jener Urentscheidung bezüglich der Gegenstände des Bewußtseins.

Einige Seiten später und im selben Problemzusammenhang (das gegenständlich gerichtete Interesse der formalen Ontologie) kommt Husserl zu sprechen auf die „dem Denken schon vorgegebene Gegenständlichkeit gegenüber der kategorialen Denkgegenständlichkeit – erläutert an der Natur",[49] und sagt zu diesem Thema: „Wir nennen die Einheit universaler Erfahrung freilich Natur und sagen, sie sei und habe an sich die und die Eigenheiten und sie sei, was sie oder wie sie ist, ‚vor' unserem Urteilen. Aber nur aus unserem Urteilen und für mögliche Urteilende hat sie apriori das ‚seiend' und das ‚sie ist, wie sie ist', die ‚Eigenschaften', die ‚Sachverhalte' usw."[50] Und noch einmal wiederholt Husserl den für unsere Untersuchung entscheidenden Hinweis: „All das ist wieder nichts weniger als ein Stück argumentierenden Idealismus, und nicht herbezogen aus irgendeiner spekulierenden ‚Erkenntnistheorie' und Standpunktphilosophie, *sondern schlichte Besinnung und Aufweisung.*"[51] Zwar wird Husserl an späterer Stelle

[46] a.a.O., S. 98/99.
[47] a.a.O., S. 99.
[48] ebda.
[49] a.a.O., S. 105, Titel.
[50] ebda.
[51] ebda.; Hervorhebung von mir.

sehr wohl den hier noch abgewiesenen Idealismus behaupten, dann
aber nicht mehr als einen bloß „argumentierenden", sondern als die
legitime Einsicht in die Tatsache der Welterfahrung (vgl. schon § 62).
Hier aber, bei dieser anfänglichen Entscheidung, Gegenstände als Er-
fahrungsgegenstände gelten zu lassen, hier ist noch nicht der Ort für
einen Idealismus, d.h. für eine philosophische Aussage. Die Reflexion
hält auf der hier eingenommenen Stufe der Besinnung nur an der Einsicht fest, daß alles, was ist, den Charakter des Für-mich-Seins hat,
ohne daß es sich darum in die Immanenz dieses „Für-mich-Sein" auf-
löste. Das Für-mich-Sein der Welt hat noch keinen transzendentalphilosophischen Charakter. „Menschen sind in der Welt unter anderen
Realitäten, aber sie haben auch Bewußtsein von der Welt, sich selbst
eingeschlossen, und ihm verdanken wir es, daß überhaupt eine Welt
für uns da ist, uns als seiend gilt . . .".[52] Dies ist ein Satz aus der
Ausarbeitung der phänomenologischen Psychologie in den „Amsterdamer Vorträgen", wo für Husserl das Psychische noch als „einer unter anderen realen Beständen der Welt auftritt"[53], d.h. noch lange vor
der transzendentalen, ja schon der echt phänomenologischen Wendung, die das Psychische nicht in solcher Natürlichkeit belassen kann.
Und noch klarer in der „Theorie der phänomenologischen Reduktion": „*Schon auf dem Boden der natürlichen Einstellung* lehrt mich
Reflexion, daß die Welt, daß jederlei Seiendes, von dem ich je etwas
wissen, von dem ich sinnvoll je reden kann, eben Gewußtes meines
Wissens, Erfahrenes meines Erfahrens, Gedachtes meines Denkens,
kurzum, Bewußtes meines Bewußtseins ist."[54] Hier ist noch einmal mit
unmißverständlicher Genauigkeit ausgesprochen, welche Einsicht
(nämlich die Einsicht in die universale Korrelativität, ins allumfassende
Für-mich-Sein) den Inhalt der vorphilosophisch-erkenntniskritischen
Reflexion ausmacht, d.h. derjenigen Reflexion, die ihrerseits, wie wir
zeigten, durch die Skepsis ausgelöst wird.

    Als wir im 1. Teil dieser Arbeit[55] Husserls Darstellung der Epoché
in den *Ideen I* besprachen, sahen wir, daß und wie sich die Reflexion
fortschreitend vertieft: Sie beginnt als Reflexion des „Menschen des
natürlichen Lebens",[56] als natürliche Besinnung im vorphänomenolo-

---

[52] *Phänomenologische Psychologie*, S. 326.
[53] ebda.
[54] *Erste Philosophie II*, S. 182; von mir hervorgehoben.
[55] Vgl. oben § 8.
[56] *Ideen I*, S. 57.

gischen Sinn und verwandelt sich, sobald Husserls Betrachtungen zur
Motivation der Epoché einsetzen, in eine psychologisch-phänomeno-
logische Reduktion. Wir sahen ferner, daß der Vollzug der Epoché als
der Änderung der natürlichen Einstellung (Aufgabe der „Generalthesis", durch die wir immer eine Welt als an sich seiend vorliegen
haben) die Welt in dieser ihrer an sich seienden Wirklichkeit beläßt;
die Urteilsenthaltung verträgt sich mit der „Überzeugung von der
Wahrheit". Was wiederum besagte: die Natürlichkeit, verstanden als
das Halten der Welt in „Endgeltung", bleibt weiterbestehen. Und wir
sahen schließlich, daß Husserl von diesen Feststellungen her über seine
ausgeführten Analysen zur Phänomenologie des Bewußtseins sagen
kann, sie seien auf dem Boden der „realen Welt" vollzogen.

Doch weder diese Natürlichkeit, noch die, wenn man so will, noch
anfänglichere Naivität, mit der Husserl überhaupt diejenigen Besinnungen anfängt (§ 27), die allererst durch die Aufdeckung der Generalthesis die Möglichkeit ihrer freien Aufhebung, d.h. der Epoché erweisen, sind Natürlichkeit im Sinne der gänzlich außerphilosophischen
Normalität, des absolut vorphänomenologischen bzw. vortranszendentalen Lebens. Die „Wirklichkeit" der Welt ist hier schon nicht mehr
als ein absolut in sich selbst ruhendes, durch sich und aus sich selbst
„seinsfähiges", bewußtseinsunabhängiges Sein verstanden, dem das
Erfahrenwerden seinsmäßig nichts bedeutete. Die Wirklichkeit der
Welt, mit der sich nachher die Epoché vertragen soll, ist v o n v o r n -
h e r e i n ausgelegt im Sinne eines Korrelats der Erfahrung, d.h.
konkret: als Korrelat der „Generalthesis" der natürlichen Einstellung. Das Einbehaltensein der Welt in die Korrelation Erfahren-Er-
fahrenes, ihr ausschließliches In-Betracht-kommen als der objektive Pol,
auf den sich das Erfahren richtet, schmälert nicht im geringsten – das
sei noch einmal wiederholt – ihre objektive Wahrheit; die Welt bleibt
objektiv seiend, und doch ist sie keine Welt s c h l e c h t h i n, sondern
Welt „für-mich". Das zeigt sich schon in der Weise, wie der Mensch
des natürlichen Lebens die Tatsache der „natürlichen Einstellung"
beschreibt: „Ich bin mir einer Welt bewußt..., ich erfahre sie. Durch
Sehen, Tasten, Hören usw.... sind körperliche Dinge... f ü r m i c h
e i n f a c h d a...".[57] „Für mich da sind wirkliche Objekte... in eins
mit den aktuell wahrgenommenen, ohne daß sie selbst wahrgenommen... sind".[58] Dieses „Für-mich" ist freilich keineswegs transzen-

[57] *Ideen I*, S. 57.
[58] a.a.O., S. 58.

dentaler Natur, es bekundet aber die entscheidende Wendung in der
Seinsweise der Reflexion. Die Reflexion ist nicht mehr die des natürlichen Menschen, sie ist nicht einmal mehr die der Erkenntnistheoretiker des „üblichen naiven Stiles", die „in infinitum" die natürliche –
vorphänomenologische – Trennung von Bewußtsein und Wirklichkeit
beibehalten, sondern sie bezieht schon skeptisch die Welt auf das
Bewußtsein, auf die Erlebnisse, auf die Generalthesis. Denn diese, die
Generalthesis ist, wenn auch kein spezifischer Akt des Erfahrungssubjekts, so doch im ganzen „Erlebnis". „Die Thesis ist Erlebnis, wir
machen aber von ihr ‚keinen Gebrauch' . . .".[59] Sie ist Erfahrung, subjektives Phänomen. Und dieser Thesis verdankt die Welt ihre Wirklichkeit; denn in unserer Erfahrung weist sich die Welt eben als daseiend
aus.

Einige Seiten danach, wenn Husserl Klarheit darüber zu gewinnen
sucht, daß das natürliche Bewußtsein, das als solches Bewußtsein des
Menschen ist, eingeflochten in die real-kausale Wirklichkeit, doch
zugleich reines Bewußtsein sein soll, ein in sich abgeschlossenes
Ganzes, eine „Einheit des Erlebnisstromes", schreibt er: „Um ins
klare zu kommen, suche ich die letzte Quelle auf, aus der die Generalthesis der Welt, die ich in der natürlichen Einstellung vollziehe, ihre
Nahrung schöpft, die es also ermöglicht, daß ich bewußtseinsmäßig
als mir gegenüber eine daseiende Dingwelt vorfinde, daß ich mir in
dieser Welt einen Leib zuschreibe und nun mich selbst ihr einordnen
kann".[60] Diese Klarheit schafft Husserl durch die im ersten Teil kurz
besprochene Kritik der Erfahrung, die in einer „gedanklichen Destruktion der dinglichen Objektivität"[61] den wahren Status jenes natürlichen Bewußtseins aufweist.

Nachdem Husserl im Verlaufe dieser Destruktion bereits eine Reihe
von Argumenten erörtert hat, werden wir mitten darin noch einmal
an die skeptische Wendung erinnert: „Es ist hier immer zu beachten:
Was die Dinge sind, die Dinge, von denen wir allein Aussagen
machen, über deren Sein oder Nichtsein, Sosein oder Anderssein wir
allein streiten und uns vernünftig entscheiden können, das sind sie
als Dinge der Erfahrung".[62]
Man darf diese Feststellung keineswegs so verstehen, als sei sie

---

[59] a.a.O., S. 65.
[60] a.a.O., S. 88.
[61] a.a.O., S. 111.
[62] ebda.

schon ein Ergebnis der inzwischen in phänomenologisch-psychologischer Epoché vollzogenen Betrachtungen, als sei sie eine durch die
Epoché ermöglichte Einsicht. Im Gegenteil, ihrem ursprünglichen
systematischen Ort nach gehört sie an den Anfang der Betrachtung,
und zwar als Grund dafür, daß diese überhaupt sich auf die Erforschung von Bewußtseinsvorkommnissen richtet. Ihre Erwähnung an
so später Stelle in der Erörterung (§ 47) dient nur der Erinnerung (die
Formulierung lautet: ,,Es ist hier immer zu beachten''!) an einen Umstand, der für das Verständnis des nun fraglichen Zusammenhangs
voraus gesetzt wird.

In der Beilage XIII der *Ideen I* bezieht sich Husserl auf seine Ausführungen im Haupttext, um einiges zu präzisieren. Dabei sagt er:
,,Die gesamte Betrachtung – die mit § <44?> anging – vollzog sich in
der natürlichen Einstellung, vollzog, deutlicher gesprochen, jeder
von uns in der natürlichen Einstellung, in der er die Welt in seiner um-
weltlichen Gegebenheitsweise hatte, in der sie ihm schlechthin
galt . . .''.[63] Die Existenz der Welt ist schlechthinnige Tatsache: darum
einige Zeilen danach: ,,Stellen wir in den Mittelpunkt: die
Welt ist – . . .'' und Husserl vollzieht die skeptische Umkehrung:
,,aber daß sie ist, ist doch meine Aussage und rechtmäßige Aussage,
sofern ich die Welt erfahre. Hätte ich keine Welterfahrung, keine ursprüngliche Weltwahrnehmung, in der mir Welt als ,kontinuierlich'
lebendige Gegenwart gegeben wäre, so wäre Welt für mich kein Wort
mit Sinn und keine Welt-Aussage Aussage mit zu rechtfertigendem
Seinssinn''. Die natürliche Tatsache der Weltexistenz wird hiermit also
nicht angetastet; es wird nur gesagt, daß sie ohne Erfahrung überhaupt
nicht als eine solche Tatsache bestehen könnte.

Dieselbe Situation wiederholt sich in der ,,Theorie der phänomenologischen Reduktion'' an der Stelle, wo Husserl bereits mit der
Erörterung des cartesianischen Weges beginnt. Nachdem Husserl
schon einige Grundcharaktere der mundanen Erfahrung herausgearbeitet hat, fragt er: ,,Ist aber damit nicht schon gezeigt, daß der
präsumptive Charakter der äußeren Erfahrung, *aus der die Setzung der
Weltexistenz für den Erkennenden ihr ursprüngliches Recht schöpft*,
auch die beständige Möglichkeit für ihn offen läßt, daß die Welt . . .
vielleicht . . . nicht sei?''[64] Die Welt kann möglicherweise nicht sein,
weil die äußere Erfahrung einen solch präsumptiven Charakter auf-

---

[63] a.a.O., S. 399.
[64] *Erste Philosophie II*, S. 49; von mir hervorgehoben.

weist; mit dieser Begründung aber ist wieder gesagt: Die Erfahrung
verbürgt die Rechtmäßigkeit eines Glaubens an die Existenz der Welt,
d.h. erst durch Erfahrung können wir überhaupt eine Welt haben. Genau das sagt Husserl wieder kurz darauf: „Wir stellen eine unaufhebbare Erkenntniskontingenz der Welt fest, eine Kontingenz, die
grundwesentlich an der behandelten Struktur der Weltwahrnehmung
hängt, *ohne die eine Welt nicht für uns da –, also auch nicht in einer
sonstigen Weise für uns erkennbar sein könnte*".[65]
  Auch der zweite der in der „Theorie der phänomenologischen Reduktion" eingeschlagenen Wege, der Weg über die phänomenologische Psychologie, setzt die skeptische Umkehr voraus. Wenn
Husserl nach Einsicht in die Unzulänglichkeit bzw. Nicht-Notwendig-
keit des cartesianischen Weges den neuen versucht, so will er aus dem
cartesianischen Verfahren doch die Entdeckung der transzendentalen
Subjektivität als leitende Motivation für die Konstruktion der neuen
Methode behalten.[66] Aber er sagt auch dann: „Mit dem Wissen um die
transzendentale Subjektivität in eins verwerten wir den lange vertrauten Hauptgedanken: daß alles Objektive, das für mich je da ist und
da war, je für mich da sein wird, mir je in irgendeinem Sinne als seiend
gelten wird, nur aus gewissen meiner eigenen Bewußtseinsleistungen
Sinn, Erscheinungsweise, Geltung geschöpft haben kann".[67] Auch hier
ist dieser „vertraute Hauptgedanke" nicht Folge, sondern Anfang
der phänomenologisch-psychologischen Besinnungen, es ist die Skepsis.
  Wir hatten im § 10 gesehen, wie die Kant-Rede einer Kritik der
Welterfahrung nicht entbehren kann. Diese Kritik – III. Teil und
folgende – bereitet Husserl vor mit einigen methodischen Erwägungen,
die der skeptischen Epoché als dem inneren Anfang der Philosophie
gleichkommen. Er wiederholt zunächst denselben Gedanken der
Beilage XIII der *Ideen I*: „Das ganze Absehen der Transzendentalphilosophie geht letztlich auf jene prinzipiellen Selbstverständlichkeiten [scil. auf die der natürlichen Vorgegebenheit der Welt] zurück …
Sie sagt: Gewiß, das An-sich-sein der Welt ist eine zweifellose Tatsache; aber ,zweifellose Tatsache' ist nichts anderes als unsere, und
natürlich wohlbegründete Aussage; genauer gesprochen: Inhalt unseres Aussagens …" Husserl fährt dann im Stil seiner bekannten
Überlegungen fort: „… Schöpft nicht … Erkanntes, und schöpft

---

[65] a.a.O., S. 51; Hervorhebung von mir.
[66] a.a.O., S. 139.
[67] ebda.

nicht wesensmäßig Erkennbares seinen Sinn aus der Erkenntnis, aus ihrem eigenen Wesen, die doch in allen ihren Stufen Bewußtsein, subjektives Erleben ist?"[68] Darum dann die Forderung: „Man muß das erkennende Leben selbst in seinen eigenen Wesensleistungen studieren",[69] welcher Aufgabe sich die Kante-Rede dann widmet.

In der *Krisis*, lange bevor Husserl die Epoché *expressis verbis* einführt (dies erst in § 39) bzw. bevor er mit der Darstellung des neuen Weges zu ihr hin beginnt (dies erst in § 43), nämlich des Weges über die Frage nach der Vorgegebenheit der Lebenswelt, befindet sich diese Lebenswelt, wie wir im ersten Teil darlegten,[70] schon im Umkreis der Analysen. Sie kommt zunächst einmal als „vergessenes Sinnesfundament der Naturwissenschaft"[71] zur Sprache, dort wo Husserl den „Selbstverständlichkeiten" Galileis in seiner Mathematisierung der Natur nachgeht (§ 9), vor allem aber als die unausgesprochene „Voraussetzung" Kants (§ 28, S. 105); und bereits an dieser Stelle der Abhandlung wird unsere Welterfahrung eindeutig als das hingestellt, was den „Seinssinn" der Welt verbürgt. So schreibt Husserl: „Natürlich ist vorweg mit den Kantischen Fragestellungen die alltägliche Lebensumwelt als seiende vorausgesetzt, in der wir alle . . . bewußtseinsmäßig Dasein haben . . . Wir sind in ihr Objekte unter Objekten, lebensweltlich gesprochen; nämlich als da und dort seiende, in schlichter Erfahrungsgewißheit . . . Wir sind andererseits Subjekte für diese Welt, nämlich als die sie erfahrenden, bedenkenden, bewertenden, zwecktätig auf sie bezogenen Ichsubjekte, für welche diese Umwelt nur den Seinssinn hat, den ihr unsere Erfahrungen, unsere Gedanken, unsere Wertungen usw. jeweilig gegeben haben . . .".[72] Die Welt hat ihren Seinssinn nur aus unserer Erfahrung. Und doch sind wir „lebensweltlich gesprochen" in ihr „Objekte unter Objekten". Daß beide Aussagen so nebeneinander stehen: Wir sind durch unsere Erfahrung Seinssinngebende, und: wir sind doch immer noch Menschen in der Welt, das deutet auf die Natürlichkeit, den vorreduktiven Charakter dieser Feststellung.

Husserl knüpft hier noch eine Erörterung an,[73] in der er „bewußt-

---

[68] Kant-Rede, *Erste Philosophie I*, S. 247.
[69] a.a.O., S. 248.
[70] Vgl. oben S. 32/33.
[71] *Krisis*, S. 48.
[72] *Krisis*, S. 106/107.
[73] a.a.O., S. 107–112.

seinsmäßig"[74] verschiedene Charaktere des „Weltbewußtseins",[75] vor
allem die Funktion des kinästhetischen Verhaltens, und zwar in einer
Beschränkung der Reflexion „auf das wahrnehmende Bewußtsein von
Dingen, auf das eigene Wahrnehmen von ihnen . . ."[76] durchgeht.

Die Wendung zum Subjektiven aufgrund der Einsicht, daß Welt
nur Erfahrungswelt ist, wird hier ganz deutlich ausgesprochen; eine
Art Epoché als ein erster Bruch mit der Natürlichkeit kündigt sich
hier an, hervorgerufen durch die Skepsis. Diese „Epoché" hat die Welt
noch nicht „transzendental" gedeutet. Aber von diesem skeptischen
Ansatz her wird verständlich, wieso Husserl später, beim Beginn seiner
einen neuen Weg zur Reduktion bahnenden Überlegungen, in denen
die Frage der Vorgegebenheit der Welt „rein vom natürlichen Weltleben aus" behandelt werden soll, sogleich und scheinbar entgegen
diesem seinem Vorsatz eine „Art universaler Epoché"[77] einführen
kann. Von vornherein wird die Blickrichtung der Überlegung streng
„nach innen" gelenkt, d.h. auf Erfahrung, Korrelation von Welt und
Bewußtsein usw.

Schließlich möchten wir auf eine Stelle in der *Krisis* aufmerksam
machen, die sich in der Darstellung des zweiten Weges über die
Psychologie findet, und in der die vortranszendentale Entscheidung
ebenfalls deutlich zum Ausdruck kommt: „Eines jeden Weltbewußtsein ist vorweg schon Bewußtsein, und zwar im Modus der Seinsgewiß-
heit, einer und derselben Welt für alle . . .; ich von mir und jeder
Andere von sich aus hat seine orientierte Welt, Welt, die Andere voraussetzt als sie selbst je von sich aus Andere habend, die . . . vorausgesetzt sind als Subjekte für eine gemeinsame Weltapperzeption,
während jeder *seine eigene* in seiner Selbstapperzeption hat . . .
M.a.W. jeder von uns hat seine Lebenswelt, gemeint als die Welt für
alle. Jeder hat sie mit dem Sinn einer Poleinheit von subjektiv-relativ
vermeinten Welten, die im Wandel der Korrektur sich in bloße Erscheinungen d e r Welt, der Lebenswelt für Alle verwandeln . . . Das ist
die Welt, eine andere hat für uns überhaupt keinen Sinn; und in der

---

[74] a.a.O., S. 108.
[75] a.a.O., S. 111.
[76] a.a.O., S. 109.
[77] Vgl. *Krisis*, S. 157 und 159. Die Epoché hat Husserl schon eingeführt und ausführlich erörtert – vgl. vor allem § § 35, 39, 40, 41 – und zwar als transzendentale
Epoché, aber dann, in § 45, beginnt er erneut die Suche nach dem Weg zu ihr hin,
„vom natürlichen Weltleben aus". Es ist eine ähnliche Situation wie in den *Ideen I*
und in der *Ersten Philosophie II*.

Epoché wird sie zum Phänomen...".[78] Die Natürlichkeit dieser Überlegung fällt ins Auge: die Lebenswelt oder besser die Lebenswelten sind Erscheinungen d e r Welt als der objektiven Welt für Alle; erst in der Epoché, die also für jene Überlegung als noch nicht vollzogen gedacht wird, wird sie zum Phänomen. Aber die Natürlichkeit ist hier schon „lebensweltlich" ausgelegt, der Reflektierende weiß schon von der subjektiven Verfassung der Welt für Alle, die skeptische Epoché hat schon ihr Werk getan; die Epoché, von der Husserl sagt, daß durch sie die „Lebenswelt für Alle" zum Phänomen wird, bezeichnet eine höhere Stufe der Besinnung, sie ist nicht mehr die Epoché des Anfanges, wie der weitere Verlauf der Überlegungen deutlich zeigt: was nach jener Epoché verbleibt, ist, sagt Husserl, „nicht eine Vielheit von getrennten Seelen, ... sondern: so wie es eine einzige universale Natur gibt ... so gibt es nur ... einen allheitlichen Zusammenhang aller Seelen ... innerlich, nämlich durch das intentionale Ineinander der Vergemeinschaftung ihres Lebens, einig". Diese U n i v e r s a l i t ä t der Betrachtung, welche Universalität durch den E i n f ü h l u n g s h o r i z o n t jeder Seele ermöglicht wird, ist für Husserl das Kennzeichen für den Einstieg in die echt transzendentale Sphäre.[79] Die Epoché, die die lebensweltliche Welt für Alle ins Phänomen verwandelt, ist die transzendentalphänomenologische.

Alle diese Überlegungen über einige Stellen aus verschiedenen Fragenkomplexen können wir abschließend in folgender Aussage zusammenfassen, die Husserl in einer Beilage der *Ersten Philosophie* so formuliert: „... Wir haben nicht im voraus seiende Welt, und *hinterher Erkenntnis von ihr* (Erkenntnis im weitesten Sinne, der Erfahrung beschließt) ..., sondern Sein der Welt ist für uns nur in Gewißheit *aus* der Erkenntnis und als Erkenntniserwerb...".[80] Einige Seiten davor und im selben Zusammenhang hatte Husserl schon gesagt: „Wissenschaft bedarf der Methode. Da ihr voran- und zugrundeliegt die allgemeine Erfahrung und vorwissenschaftliche Kenntnis, *durch* welche allein Welt und jeweilig Einzelweltliches für uns da ist ..., so bedarf es zunächst einer ... Kritik der Leistung v o r wissenschaftlicher Erfahrung...".[81] Wonach auf diesen Seiten gefragt wird, ist die „Möglichkeit der Welt, die ich *in* Erfahrung habe".[82]

[78] *Krisis*, S. 257/258; von mir hervorgehoben.
[79] Vgl. a.a.O., S. 258–259.
[80] *Erste Philosophie II*, S. 384; Hervorhebung von mir.
[81] a.a.O., S. 381; Hervorhebung von mir.
[82] a.a.O., S. 382; Hervorhebung von mir.

Weil wir nicht im voraus eine Welt haben und erst nachträglich Erkenntnis von ihr, kann nicht gesagt werden, daß jene allgemeine „Kritik der Leistung vorwissenschaftlicher Erfahrung" nur die subjektive Art betrifft, „wie wir uns der an sich seienden Weltwirklichkeit versichern . . .".[83] Eine so verstandene Kritik wäre natürlich, vorphänomenologisch, vorskeptisch.

Die Welt, die natürliche, immer da seiende Welt, die Welt vor jeder transzendentalphilosophischen Auslegung, die Welt in „schlichter Besinnung und Ausweisung" ist also aus der Erfahrung, durch die Erfahrung, in der Erfahrung, *und weil sie dies ist, darum können dann die Fragen nach ihrer Seinsweise gestellt werden*; nur darum ist z.B. die „cartesianische" Frage sinnvoll stellbar, „ob Welt im Sinne der Erfahrung und Erkenntnis, *die einzige, die wir meinen*, in der Tat in der Erkenntnis ihre Existenz gemäß dem vermeinten Sinn ausweist und ausweisen kann, und zunächst schon die Möglichkeit ihrer Existenz"[84] - eine Frage, die Husserl darum auch erst im Anschluß an das gerade angeführte Zitat („Wir haben nicht im voraus seiende Welt" usw.) stellt. Mit dieser Frage hebt die eigentliche Kritik der Erfahrung an, wie sie Husserl denn auch anschließend an die eben zitierten Sätze aus der Beilage XIII der *Ideen I* vorträgt: „Aber Weltwahrnehmung vollzieht sich doch nur in einer Weise und wesensmäßig, in der mir nur einzelne Dinge in einem beschränkten Dingfeld . . . wirklich wahrnehmungsmäßig gegeben sind; daß Welt mehr ist als dieses strömende wechselnde Feld, verweist mich auf den Horizont, . . ." usw.[85] Erst die Antwort auf jene Frage bzw. die Ausführung dieser Kritik - sei es nun, daß Husserl hier weiter cartesianisch oder lebensweltlich, psychologisch oder an Kants Gedanken anknüpfend oder noch anders fortfährt - wird transzendentalphilosophische Erkenntnis sein.

Vorerst halten wir uns in der skeptischen Natürlichkeit auf: Daß die Welt Korrelat der sie erfahrenden Subjektivität, der Generalthesis ist, besagt hier nicht, daß sie sich ins Bewußtsein auflöst.[86] Auf dieser

[83] a.a.O., S. 384.
[84] ebda; Hervorhebung von mir.
[85] *Ideen I*, S. 399.
[86] Das läßt sich z.B. ganz klar den *Ideen I* entnehmen, wo Husserl ab § 39 zeigen will bzw. muß, daß das Bewußtsein, dem die Welt aufgrund der Generalthesis ihre Wirklichkeit verdankt, doch kein „weltliches" Bewußtsein ist, „in der Welt" usw. Man sieht also ganz deutlich, daß dieses Bewußtsein, obschon es bereits imstande ist, die Generalthesis zu vollziehen, „aus der die Wirklichkeit ihre Seinswirklichkeit schöpft", doch noch immer ein mit der natürlichen Welt verflochtenes Bewußtsein ist. Vgl. *Ideen I*, S. 67.

Stufe der Reflexion ist mit dieser Aussage, wie noch einmal betont sei, nur eine vortranszendentale Feststellung getroffen; es liegt noch kein Idealismus vor. Das in dem Satze „nur durch Erfahrung habe ich Welt" zur Sprache kommende skeptische Bewußtsein muß erst noch ins transzendentale überführt werden.

Andererseits aber hat sich unsere skeptische Natürlichkeit schon weit von der Positivität des naiven Lebens entfernt; denn diesem Leben war die Welt einfach vorgegeben; die Erfahrung spielte hier die Rolle der Hinnahme des schon Vorliegenden, des Daseienden. Die skeptische Reflexion hat die Beziehung umgekehrt, sie hat die Vorgegebenheit der Welt in Gegebenheit durch Erfahrung verwandelt; Erfahrung, Erkenntnis in allen ihren Typen gibt uns die Welt, stiftet ihr „für-uns" und zunächst ihr „für-mich"; die Welt ist kein Vorgefundenes, keine selbstverständlich vorausgesetzte, fraglose „Tatsache der Erfahrung".[87] Sie verliert damit ihre an sich seiende Transzendenz und, als Korrelat meiner Erfahrung, wird sie zu „meiner" Welt, zur Welt, v o n d e r ich spreche und je sprechen kann: „Die Welt ist die uns geltende, für uns seiende, in unserer Erfahrung erfahrene, in unserem Denken bedachte ... – eine andere Welt als diese, die von der wir reden und je reden können, ist sinnlos. ... sie hat also uns selbst als Korrelat, ihr Seinssinn ist nicht anders denkbar denn als Korrelatssinn ...".[88]

§ 20. „DIE WELT, VON DER ICH REDE UND JE REDEN KANN"

Die durch Radikalisierung der Besinnung, d.h. durch die Preisgabe des naiven Stiles gewonnene Erweiterung und Vertiefung der Tragweite der Feststellung: „Nur aus meiner Erfahrung weiß ich und nur aus der ihren wissen alle anderen Menschen etwas von der Welt" hat uns schon zu der Einsicht geführt, daß wir es erfahrend nie mit einer an sich seienden Welt im Sinne unseres natürlich-normalen Weltverständnisses zu tun haben, sondern daß Welt immer nur die subjektiv-relative Welt ist, „von der wir reden und je reden können".

Da Husserl vom Korrelat-Charakter der Welt an mehreren Stellen seiner Schriften in dieser Formel: „Welt ist nur Welt, von der ich rede und je reden kann" spricht, ohne aber diese Feststellung ausdrücklich als Folge der skeptischen Umkehr und damit als an den Anfang der Besinnung gehörig zu kennzeichnen, scheint es uns angebracht, hier

[87] *Erste Philosophie I*, S. 55.
[88] Manuskript B I 22 IV, S. 42/43.

noch einige solcher Stellen kurz kritisch zu beleuchten und zu erläutern, zumal die Bestimmung der Welt als der, „von der ich je reden kann" sich zuweilen mitten in der Kritik der äußeren Erfahrung befindet, so daß der Anschein entsteht, jene Bestimmung sei erst die Folge dieser Kritik.[89]

Inhalt von Beilage XXII der *Phänomenologischen Psychologie*, in der es Husserl um die, wie der Titel der Beilage sagt, „empirische und rationale Psychologie als Ausgang für die Gewinnung einer transzendentalen Phänomenologie" geht, sind Analysen der Erfahrung, deren Funktion es ist, die Einsicht in die Notwendigkeit der phänomenologisch-psychologischen und weiter noch der transzendentalen Reduktion heraufzuführen. In diesem Text gibt es ein in sich zusammenhängendes Stück,[90] das eine Beschreibung der natürlichen, raumweltlichen Erfahrung enthält, „in der für mich meine Umwelt, zunächst diese jeweils wirklich wahrgenommenen Dinge meiner nächsten Umgebung eben einfach da und dort sind . . .".[91] Es geht Husserl hier um den Aufweis der Tatsache, daß die Welterfahrung in jedem ihrer Schritte nicht nur In-Geltung-Setzung des jeweils Erfahrenen ist, sondern zugleich auch des in früheren Erfahrungen Erworbenen wie auch des möglich Wahrzunehmenden usw. In wenigen Sätzen wird nachgewiesen, daß die Welt eine Einheit „ausschließlich aus Quellen meiner Apperzeptionen und der ihr zugehörigen sich organisierenden Geltung . . ."[92] ist, und dann wird die Schlußfolgerung gezogen: „Ich habe danach die seiende Welt, *von der ich spreche und je sprechen konnte und können werde*, erkannt als seiend aus meinen Geltungsleistungen".[93]

Damit ist gesagt: Die seiende Welt der natürlichen Einstellung ist *keine andere* als die Welt, von der ich je reden kann – aber es ist diese selbe Welt skeptisch beleuchtet. Die Kritik der Erfahrung enthüllt sie als Leistungsgebilde der Subjektivität, weshalb die Besinnung anschließend zur transzendentalen Epoché führt, wie aus den nun folgenden Sätzen Husserls hervorgeht: „Bin ich nun so weit klar, so sage ich: Jedes Glaubens, den ich habe, kann ich mich enthalten".[94] Die

---

[89] Die Kritik wird zu keinem anderen Ergebnis führen als dem, daß es nur eine Welt gibt, nämlich die, von der ich reden kann. Aber das Problem besteht, wie schon gesagt, darin, daß erst die Einsicht in diese vortranszendentale Seinsverfassung der Welt eine phänomenologische Kritik der Erfahrung ermöglicht.

[90] Vgl. *Phänomenologische Psychologie*, S. 462, 21 bis zur S. 464, 24.

[91] a.a.O., S. 462.

[92] a.a.O., S. 463.

[93] a.a.O., S. 464; von mir hervorgehoben.

[94] ebda.

universale Epoché ermöglicht dann die Durchforschung des transzendentalen Lebens und mit Hilfe intentionaler Analysen die reflexive Konstitution der Mannigfaltigkeit des Seienden: „Ich sehe nun, daß ‚die' Welt, von der ich je spreche, nichts anderes ist als ein gewisser Sinn, mit dem Charakter seiend . .".[95] Ähnlich ist der Zusammenhang in den „Amsterdamer Vorträgen": „Die Welt – die von der wir je reden, die je für uns vorstellbar ist, mit allem, was sie anschaulich oder logisch für uns ist – ist nichts anderes als das noematische Korrelat dieser universalen Bewußtseinssubjektivität . . .".[96] Als „noematisches Korrelat" wird die Welt erst durch die Kritik sichtbar, deren Ausgangspunkt aber bereits ein Verständnis der Welt der Erfahrung als der Welt war, von der ich spreche und je sprechen kann.[97]

In der *Krisis* findet sich im § 48, nachdem Husserl das universale Korrelationsapriori Subjektivität-Welt in seinen verschiedenen Momenten beschrieben und damit den neuen Weg zur Reduktion, nämlich den über die Lebenswelt (vor allem § 44- §48), entwickelt hat, folgende Stelle: „Nie erregte (scil. vor dem ersten Durchbruch der ‚transzendentalen Phänomenologie' in den „Logischen Untersuchungen") die Korrelation von Welt (*der Welt, von der wir je sprechen*) und subjektiven Gegebenheitsweisen von ihr das philosophische Staunen, trotzdem sie sich schon in der vorsokratischen Philosophie und, aber nur als Motiv skeptischer Argumentation, in der Sophistik vernehmlich meldet".[98] Die Anführungszeichen bei „transzendentaler Phänomenologie" weisen daraufhin, daß es sich in den *Logischen Untersuchungen* nicht um echte, in vollem Bewußtsein über Absicht und Methode entwickelte Transzentalphilosophie handelt; und doch war die Korrelation von Welt und Bewußtsein schon Thema dieses Werkes.[99]

Die besagte Kennzeichnung der Welt ist auch an einer Stelle der *Cartesianischen Meditationen* anzutreffen, an der die Unterscheidung zwischen dem, was bereits auf der Stufe der skeptisch-phänomenologischen Natürlichkeit, d.h. *vor* dem bewußten Vollzug der transzen-

---

[95] a.a.O., S. 469.
[96] *Phänomenologische Psychologie*, S. 339.
[97] Den letzten Sinn der Identität zwischen der natürlichen Welt, verstanden als derjenigen, von der ich rede und reden kann, und der Welt als noematischem Korrelat des transzendental beleuchteten Bewußtseins wird erst in den Ausführungen des III. Teiles, in denen die Errichtung des transzendentalgenetischen Idealismus in Angriff genommen wird, hervortreten können.
[98] *Krisis*, S. 168; von mir hervorgehoben.
[99] Vgl. oben S. 72.

dentalen Reduktion aussagbar ist, und dem, was erst im Verlaufe dieses Vollzuges bzw. *nach* ihm ersichtlich wird, nicht so klar getroffen wird, daß es nicht doch noch zur Verwechslung dieses „vor" und „nach" kommen könnte.[100]

Der Zusammenhang ist folgender: Das im § 8 der *Cartesianischen Meditationen*: „Das ‚ego cogito' als transzendentale Subjektivität" von Husserl angewandte cartesianische Verfahren (Aufweis der Möglichkeit des Nichtseins der Welt) hat die Verwandlung der Realität ins Phänomen zwingend gemacht bei gleichzeitiger Einsicht in das absolute Sein des Ego. Die Epoché ist nun die Methode, die diesen Ergebnissen der Besinnung gerecht wird: „Die ἐποχή ist, so kann auch gesagt werden, die radikale und universale Methode, wodurch ich mich als Ich rein fasse und mit dem eigenen reinen Bewußtseinsleben, *in dem und durch das die gesamte objektive Welt für mich ist . . .".*[101]

Daß das Bewußtseinsleben dasjenige ist, „in dem und durch das die objektive Welt für mich ist", ist nun aber keine der Epoché nachfolgende und durch sie erst ermöglichte Erkenntnis; diese Erkenntnis ist vielmehr, als die skeptische Einsicht in die Korrelation Welt-Bewußtsein, der Anfang auf dem Wege zur Epoché hin; sie ist die Ausgangssituation, der Grund für die Suche nach einer radikalen und universalen Methode.

Die Erkenntnislage in dieser Ausgangssituation wird an dieser Stelle sogleich von Husserl umschrieben, aber sie wird nicht als Anfang und Grund des erst beginnenden Weges gekennzeichnet: „Alles weltliche, alles raum-zeitliche Sein ist für mich – das heißt gilt für mich, und zwar dadurch, daß ich es erfahre, wahrnehme, mich seiner erinnere, daran irgendwie denke, es beurteile, es werte, begehre usw.". Daß es sich hier trotz der fehlenden Kennzeichnung als Anfang und Grund doch um die Beschreibung der Ausgangslage handelt, geht daraus hervor, daß Husserl sich, wie wir früher gezeigt haben, an den Stellen gleich oder ganz ähnlich ausdrückt, an denen er das skeptische Bewußtsein und seine Folgen erörtert.

Husserl fährt weiter fort: „Das alles bezeichnet Descartes bekannt-

---

[100] Diese Verwechslung liegt andererseits auf der Hand, da ja die transzendentalphilosophische Bestimmung der Welt nichts anderes sagen wird als das, was schon die vortranszendentale sagte, nämlich, daß Welt in, aus und durch die Erfahrung ist. Nur wird hier dieses Sein durch Erfahrung derart universal begründet werden, daß die Möglichkeit eines natürlichen Seins der Erfahrungswelt durchaus ausgeschlossen ist.

[101] *Cartesianische Meditationen*, S. 60; von mir hervorgehoben.

lich unter dem Titel *cogito*. Die Welt ist für mich überhaupt gar nichts anderes als die in solchem *cogito* bewußt seiende und mir geltende. Ihren ganzen, ihren universalen und spezialen Sinn und ihre Seinsgeltung hat sie ausschließlich aus solchen *cogitationes*". Husserl charakterisiert hier das Bewußtseinsleben in cartesianischer Sprache: die Erlebnisse sind *cogitationes*, die Welt ist die im *cogito* bewußt seiende. Descartes aber spricht für Husserl, woran hier zu erinnern ist, aus der Erfahrung der Skepsis.

Man darf sich hier also nicht zu der Annahme verleiten lassen, diese Sätze Husserls seien das Resultat von nach der transzendentalen Reduktion vollzogenen transzendentalphilosophischen Analysen. Es handelt sich immer nur um dieselbe, durch die skeptisch-erkenntnis-kritische Besinnung vermittelte, Erkenntnis über die vortranszendentale Korrelation Welt-Weltbewußtsein.

Im Text geht es weiter: „Ich kann in keine andere Welt hineinleben, hineinerfahren, hineindenken, hineinwerten und -handeln als die in mir und aus mir selbst Sinn und Geltung hat". Daß diese Einsicht vorreduktiver Natur ist, geht aus der Überlegung hervor, die Husserl hier anschließt: „Stelle ich mich über dieses ganze Leben, und enthalte ich mich jedes Vollzuges irgendeines Seinsglaubens, der geradehin *die Welt* als seiende nimmt, ... so gewinne ich mich als das reine ego mit dem reinen Strom meiner *cogitationes*". Mein Mich-Stellen ü b e r dieses Leben ist also ein der Einsicht in das Wesen dieses Lebens als eines weltgebenden nachfolgender Schritt, m.a.W. eine durch die Einsicht in die Korrelativität erst ermöglichte methodische Operation: die Epoché.

Und in der Fortsetzung all dieser Erwägungen heißt es dann: „So geht also in der Tat dem natürlichen Sein der Welt – *derjenigen, von der ich je rede und reden kann* – voran als an sich früheres Sein das des reinen Ego und seiner *cogitationes* . . .".[102]

---

[102] a.a.O., S. 61; Hervorhebung von mir. Die Bemerkungen Ingardens zu diesen Stellen der *Cartesianischen Meditationen* (S. 208/209, Bemerkungen zu S. 60 u. 61) sind im Grunde aus der in der Darstellungsweise Husserls selbst liegenden Schwierigkeit erklärlich, eine Grenze zu ziehen zwischen dem, was als Motiv die Epoché in Gang bringt einerseits und ihrem Vollzug bzw. den dadurch ermöglichten neuen Einsichten andererseits. Obwohl Ingarden auf S. 211 ganz richtig schreibt: „Es sollte zum Prinzip der ganzen Methode gemacht werden: Aus dem Gehalt der Erfahrungserlebnisse ... und nur aus diesem Gehalt kann und darf man schöpfen jegliches Wissen und jegliche Behauptung sowohl über die Erlebnisse selbst wie auch über alles, was zu sein vorgibt und selbst nicht Erlebnis ist, falls es überhaupt existiert" – was sich übrigens genau mit dem Leitprinzip Husserls deckt –, erklärt er

Die einzige Welt, über die ich sinnvolle Aussagen machen kann, auch die Aussage, daß mein Sein ihrem Sein vorangeht – ist diejenige, die für mich ist, die mir durch Erfahrung gegeben ist. Denn, ,,wir haben nicht im voraus seiende Welt und hinterher Erkenntnis von ihr". Diese Welt, die einzige Grundlage sinnvoller Aussagen, bringt die skeptische Reflexion ans Licht.

ABSCHLIEßENDE ANMERKUNG

Die Überlegungen dieses Teils der Abhandlung sollten zeigen, daß die Radikalität der skeptischen Denkhaltung als grundlegende Voraussetzung für die Letztbegründung von Wissenschaft unentbehrlich ist. Die Philosophie, der es, wie wir ausführten, wesensmäßig um diese Letztbegründung geht, kann sie nur dann erlangen, wenn sie in Abwendung vom Naiv-Natürlichen und seinen Voraussetzungen und Selbstverständlichkeiten sich durch die Epoché auf das r e d u z i e r t, was sie in vollkommener Evidenz verantworten kann, auf die Sphäre des Selbstgegebenen. Die Suche nach der Möglichkeit dieser R e d u k t i o n muß ihren Ausgang in jener radikalen skeptischen Denkhaltung nehmen.

Andererseits ging aus den Überlegungen dieses Teils hervor, in welchem Sinne die Skepsis die Verkörperung der Antiphilosophie, die Negation der Möglichkeit einer objektiven Wissenschaft ist. Sie ist dies, weil sie, wie wir zitierten,[103] ,,die allgemeine Möglichkeit objektiver Erkenntnis, die Möglichkeit, über das momentane Bewußtsein und die momentan ihm selbst einwohnenden Meinungen und Erscheinungen hinausreichende Erkenntnis zu gewinnen, als solche, die an sich seiende Gegenstände, an sich bestehende Wahrheiten, zu erkennen prätendierten", in Frage stellt.

Aber mit dieser seiner Kennzeichnung der Skepsis gibt Husserl zugleich die Vorzeichnung des Sinnes von wissenschaftlicher Objektivität, von Strenge in der Erkenntnis und von Selbstverantwortung, wie er sie für die Philosophie verlangt. Er stellt der Phänomenologie die Aufgabe, unter Beibehaltung und auf dem Boden der skeptischen Aus-

---

Husserls Wendung von der Welt als derjenigen, ,,von der ich je rede und reden kann" für ,,erstens nicht ganz klar" (S. 209); und ,,zweitens", fügt er hinzu, ,,ist es aber noch nicht entschieden, von w e l c h e r Welt ich rechtmäßige Behauptungen aufstellen darf" (ebda.). Wir hoffen, durch unsere Ausführungen mehr Klarheit in diesen Zusammenhang gebracht zu haben.
[103] Vgl. oben S. 81.

gangssituation: „nur durch Erfahrung habe ich eine Welt, sie ist, aber sie ist, weil ich sie erfahre", d.h. unter Bewahrung des Ausgangsmotivs der universalen Subjekt-Relativität die Besinnung zu Einsichten zu führen, die es ermöglichen, die Philosophie als eine Wissenschaft von „an-sich-seienden Gegenständen", von „an-sich-bestehenden Wahrheiten" zu entwickeln. Die Skepsis muß wahrgemacht werden, der Sinn der Feststellung: „Nur aus meiner Erfahrung weiß ich und nur aus der ihren wissen alle anderen Menschen etwas von der Welt", muß radikal vertieft werden; denn auch und gerade nachdem die skeptische Besinnung die ursprüngliche Korrelation von Welt und Bewußtsein freigelegt und ihre Annahme als Anfangssituation zwingend gemacht hat, lauert die Gefahr, daß wir unsere Erfahrung noch immer auch als weltlich verstehen, daß wir Welt voraussetzen und deshalb den „skeptischen Schlingen und Rätseln" nicht entrinnen können.

Anders gewendet: „Die Welt ist" ist meine Aussage, meine Erfahrung. Aber bin ich nicht ein Mensch in der Welt, ein Teil von ihr, ein Stück der gesamten empirischen Realität? Die Welt geht mir, so scheint es, voraus und schließt mich ein. Soll die Skepsis besiegt werden, so muß gezeigt werden, daß jene Feststellung („Nur aus meiner Erfahrung weiß ich etwas von der Welt") keine Aussage dieses meines empirischen weltvoraussetzenden Ich ist bzw. daß auch dieses Ich wiederum nur ist, indem es erfahren wird. Die Erweiterung und Vertiefung der Tragweite jener Feststellung wird nun darin bestehen müssen, „daß ich mich radikal auf mich transzendental besinne *und mein Menschsein als erfahrenes mit hereinziehe* . . .", wie Husserl am Ende des Passus schreibt, den wir zu Beginn dieser unserer Überlegungen zum skeptischen Bewußtsein zitierten.[104]

Aber empirisch-personales Ich setzt Welt voraus, wie wir vorhin sagten, weil es in ihr ist. Das erste Problem, das zu lösen ist, ist also nicht das des empirischen Ich, sondern das der objektiven, transzendenten, an sich seienden Welt. Wird gezeigt, daß Welt keine objektive Transzendenz im naiv-natürlichen Sinne ist, d.h. daß sie ausschließlich als Erfahrenes der Erfahrung, als „subjektives" Gebilde sein kann, dann wird damit *eo ipso* dasselbe für das empirische Ich nachgewiesen. Dann ist damit gezeigt, daß das Ich der Welt vorausgeht und daß es zwar auch empirisches, aber eben n i c h t n u r empirisches Ich ist.[105]

---

[104] *Erste Philosophie II*, S. 418, hier S. 67/68; von mir hervorgehoben.
[105] So verfährt Husserl in den *Ideen I*. Die Schwierigkeit, daß Bewußtsein ein

Wir werden uns nun im 3. Teil der geforderten Erweiterung bzw. Vertiefung der Besinnung zuwenden müssen, aber es wird sich zeigen, daß dies nur in Stufen der Annäherung möglich ist.

reines Ganzes, nämlich das des Erlebnisstromes sein soll, zugleich aber in Verflechtung mit der natürlichen Welt steht, also natürliches, „irgendeines Menschen oder Tieres Bewußtsein ist" (§ 39), löst er durch den Aufweis des bloß intentional-immanenten Seins der natürlichen Welt. Nach diesem Aufweis kommt Husserl wieder auf die „wohlbegründete Rede von einem realen Sein des menschlichen Ich und seiner Bewußtseinserlebnisse in der Welt . . ." (S. 117) zurück und sagt, „daß trotz alledem Bewußtsein, in ‚Reinheit' betrachtet, als ein für sich geschlossener Seinszusammenhang zu gelten hat, als ein Zusammenhang absoluten Seins, in den nichts hineindringen und aus dem nichts entschlüpfen kann; der kein räumlich-zeitliches Draußen hat und in keinem räumlich-zeitlichen Zusammenhange darinnen sein kann . . . Andererseits ist die ganze räumlich-zeitliche Welt, der sich Mensch und menschliches Ich als untergeordnete Einzelrealitäten zurechnen, ihrem Sinne nach bloßes intentionales Sein . . .". Diese Schwierigkeit – die Verflechtung des Bewußtseins mit der realen Welt – die wir schon oben andeuteten mit einem Zitat Husserls aus den *Ideen I* (vgl. S. 17), spricht Husserl noch klarer in einem Vorschlag zur Änderung eines Teiles des Textes aus, in dem der von uns herangezogene Passus steht: „Wie ist aber diese Verflechtung zu verstehen? Ist nicht die reale Welt die für uns seiende und so seiende ausschließlich als die in unserem Bewußtsein vorgestellte, erfahrene, irgendwie bewußte?" (*Ideen I*, S. 470, ad 87, 19-29). Hieraus ist ganz klar zu ersehen, daß Husserl die Schwierigkeit im Licht der skeptischen Wendung betrachtet.

In anderen Texten, so z.B. in der *Krisis*, wird direkt die Destruktion der seienden Wirklichkeit der Welt in Angriff genommen – vor allem § 44-§ 49 – und dann erst die „Paradoxie der menschlichen Subjektivität" (§ 53, Titel) behandelt, „Subjektsein für die Welt und zugleich Objektsein in der Welt" (ebda.). Die Epoché hat die Menschen zu „Phänomenen gemacht" (S. 187).

DRITTER TEIL

DER TRANSZENDENTAL-GENETISCHE IDEALISMUS UND DAS PROBLEM DER ERSCHEINUNG

I. DER INTENTIONALANALYTISCHE RÜCKGANG AUF DIE ERSCHEINUNG

§ 21. DIE SKEPTISCHE WENDUNG ALS INTENTIONALITÄT

Durch die skeptische Besinnung ist uns die durchgängige Korrelation von Welt und Bewußtsein klar geworden. Die Welt ist, aber sie ist, weil ich sie in schlichter Wahrnehmung vor mir habe, über sie urteile, mich an sie erinnere usw., mit einem Wort: weil ich sie erfahre. Diese Feststellung ist aber, so sagten wir, noch keine Aussage über das Sein des Objektiven; sie will nicht irgendwie objektive Wirklichkeit, Objektivität ins Bewußtsein auflösen; sie ist keine transzendentalidealistische Behauptung, sondern „schlichte Besinnung und Aufweisung". Die Welt ist, und doch ist der allumfassenden Korrelativität wegen die subjektiv erscheinende „je meine Welt", die einzige, „von der ich rede und je reden kann".

Obwohl die zuletzt genannte Formel bereits die Subjektivität ins Spiel bringt, wird auf der in dieser Formel ausgesprochenen Stufe der Besinnung die Welt noch als die objektive Welt verstanden. Noch behält sie ihre Wirklichkeit. Die Frage ist nun unumgänglich: Welches Verhältnis besteht zwischen meinen Erscheinungen als meiner subjektiven Sicht der objektiven Wirklichkeit und dieser objektiven Wirklichkeit selbst, zwischen der Welt, „von der ich rede und je reden kann", und der objektiven Welt für alle? Handelt es sich um „zwei" Welten, besteht zwischen ihnen vielleicht ein „kausales" Verhältnis? Nur dank meiner Erlebnisse als Erscheinungen von der Welt kann ich über die Welt sagen, daß es sie gibt. Hat die Welt diese meine Erscheinungen auf irgendeine Weise verursacht? Die Antwort auf diese Frage versuchen wir im Sinne Husserls zu gewinnen, indem wir unsere Einsicht in das Verhältnis Welt-Weltbewußtsein vertiefen, d.h. indem wir die skeptische Ausgangslage gründlicher durchdenken. Zu diesem Zweck knüpfen wir an Husserls Bestimmung des Bewußtseins

als Intentionalität an, in der sich die skeptische Korrelation Welt-
Weltbewußtsein verkörpert. Von der feststehenden Formulierung
Husserls: „Welt ist – aber daß sie ist, ist meine Aussage", gehen wir
also zu der schon klassischen Aussage: „Bewußtsein ist immer Bewußtsein von etwas".

Husserl geht zunächst auf die uns nach der skeptischen Umkehr
allein zur Verfügung stehende Erfahrung zurück und stellt rein des-
kriptiv, in „schlichter Besinnung" folgendes fest: Abgesehen von der
Frage, ob meine Erlebnisse bzw. Erscheinungen Folgen einer „Wir-
kung" der objektiven Gegenstände „auf meine psychophysische Subjektivität"[1] sind, d.h. „wie immer es mit dieser kausalen Beziehung
stehen mag und ob gegen sie etwas zu sagen ist",[2] m.a.W.: wie immer
es mit einer möglichen realen Beziehung zwischen mir als Erfahrungssubjekt und der objektiven Wirklichkeit bestellt sein mag, –
„vor allen Theorien"[3] über eine solche Beziehung, d.h. über Wirklichkeit oder Nichtwirklichkeit der Außenwelt, über Immanenz und
Transzendenz, über Inneres und Äußeres (vor allem „Realismus" oder
„Idealismus"), wenn ich mich ausschließlich an meine Erlebnisse halte,
sehe ich ein, daß sie in sich selbst, rein immanent, ein gegenständliches Vermeinen sind. D.h. sie richten sich auf einen Gegenstand, der aber streng genommen nur Gegenstand meiner Erlebnisse
in ihrer reinen Subjektivität und nicht der wahre Gegenstand ist. Die
Erlebnisse haben es zunächst und prinzipiell mit einem Gegenstand zu
tun, der nicht „der" Gegenstand – „das" Haus, „der" Baum dort – ist,
sondern nicht mehr als das Korrelat des jeweiligen Erlebniszusammen-
hangs, d.h. das Wahrgenommene, Erinnerte, Gedachte, der „vermeinte
Gegenstand als solcher". Jeder Erfahrungsakt bzw. jeder Komplex
von Erfahrungsakten richtet sich notwendig auf einen bestimmten,
ihm und nur ihm zugehörigen Gegenstand, jedes Erlebnis oder jeder
Erlebniszusammenhang hat „seinen" Gegenstand, den meine anderen
Erlebnisse – oder die der Anderen – nicht haben können; oder von der
gegenständlichen Seite her gesprochen: die Gegenstände, die jeweils
erfahren werden, entsprechen oder sind Korrelate von diesen und nur
diesen Erfahrungsakten. Unbeschadet ihrer allgemeinen – objektiven,
intersubjektiven – Gültigkeit, sind sie Gegenstände dieser Erfahrungen
und keiner anderen. In jedem Bewußtseinsakt liegt eine Objektbe-

---

[1] *Phänomenologische Psychologie*, S. 31.
[2] ebda.
[3] ebda.

ziehung, die nicht die o b j e k t i v e – allgemeingültige – ist, die also
völlig unabhängig davon ist, ob der in jener subjektiven Objektbeziehung gemeinte Gegenstand wirklich ist, und d.h. ob durch jene subjektive Objektbeziehung etwa auch eine o b j e k t i v e (wahre, an sich
seiende) Beziehung hergestellt wird. Wie viele Male hat sich das, was
wir selbst da wahrzunehmen glaubten, nicht nachträglich als Täuschung, als nicht existent erwiesen, wie viele Male sind wir nicht Opfer
einer Illusion geworden; haben wir nicht oft den selbstverständlichen
Glauben an eine Realität aufgeben müssen? Nachträglich muß ich
etwa feststellen: was ich als ein Haus wahrzunehmen glaubte, war
kein Haus, ich habe mich geirrt.

Und doch, daß ich es wahrzunehmen glaubte, mein Wahrneh-
mungserlebnis, meine Wahrnehmung v o m Haus, ist undurchstreich-
bar. Meine Wahrnehmung meinte einen Gegenstand, der „in Wirklichkeit" nicht existierte. Als wirklich seiender muß er jetzt durchstrichen werden, als jener „gemeinte" kann er nie durchstrichen werden. Er gehört untrennbar zu meinem Akt, er ist konstitutives Moment
seiner; denn mein Erlebnis war nur als Erlebnis *von* ihm das, was es war.

Die Durchstreichung des w a h r e n Gegenstandes betrifft nicht den
„wahrgenommenen Gegenstand als solchen", der, mag es mit der
Wahrheit, mit der Wirklichkeit des Gegenstandes der Erfahrung wie
auch immer bestellt sein, bleibt, was er im jeweiligen Erfahrungsakt
war: der ganz subjektive, immanente Gegenstand. „Es ist das im Akt
Vermeinte rein a l s Vermeintes, ohne Frage und Entscheidung darüber, ob es in Wahrheit, ob es ‚wirklich' sei oder nicht".[4] V o r der
objektiven Wahrheit, der absoluten, an sich seienden Wirklichkeit,
v o r der natürlichen, für alle mit demselben Sinn seienden Welt, steht
die Welt, wie ich sie jeweils meine, die, die ich „gerade im Sinn habe",
die, auf die ich mich jeweils durch m e i n e Erlebnisse richte, die ich
i n t e n d i e r e; vor der realen steht die i n t e n t i o n a l e Beziehung auf
die Welt. Intentionalität ist also die Eigenschaft des Bewußtseins, rein
in sich selbst eine Gegenständlichkeit zu meinen, sie vor aller Frage
nach ihrem wirklichen Sein oder Nichtsein in sich selbst zu „tragen".

Die Auffassung der Korrelativität als intentionaler Beziehung des
Bewußtseins auf die Welt übernahm Husserl von seinem Lehrer
Franz Brentano, der den Begriff der Intentionalität seinerseits aus der
Scholastik kannte. Die vielzitierte Stelle aus Brentanos „Psychologie
vom empirischen Standpunkt", die man gerne zur Einführung der

---

[4] *Erste Philosophie I*, S. 106.

neuen Entdeckung der Intentionalität heranzieht, lautet folgendermaßen: „Jedes psychische Phänomen ist durch das charakterisiert,
was die Scholastiker des Mittelalters die intentionale (auch wohl
mentale) Inexistenz eines Gegenstandes genannt haben, und was wir,
obwohl mit nicht ganz unzweideutigen Ausdrücken, die Beziehung
auf einen Inhalt, die Richtung auf ein Objekt (worunter hier nicht eine
Realität zu verstehen ist) oder die immanente Gegenständlichkeit
nennen würden. Jedes enthält etwas als Objekt in sich, obwohl nicht
jedes in gleicher Weise".[5] Brentano war bei dieser Charakterisierung
der psychischen Phänomene von der rein psychologischen Absicht
geleitet, sie von den physischen zu unterscheiden.

Husserl übernimmt Intentionalität als den so verstandenen Grundcharakter des Bewußtseins, löst den Begriff aber aus dem bei Brentano
noch vorhandenen natürlichen Zusammenhang.[6] Intentionalität wird
nunmehr als Grundeigenschaft eines Bewußtseins verstanden, das
nicht mehr, wie noch bei Brentano, eine von ihm unabhängige Welt
sich gegenüber hat, sondern in Korrelation mit dieser Welt steht und
ausschließlich von dieser Korrelation her zu begreifen ist. So heißt es
in den *Logischen Untersuchungen*: „Es wird sich herausstellen, daß der
Begriff des Aktes im Sinne des intentionalen Erlebnisses eine wichtige
Geltungseinheit in der Sphäre der (*in phänomenologischer Reinheit erfaßten*) Erlebnisse begrenzt...".[7] Husserl will nämlich das „phänomenologische Wesen"[8] des psychischen Aktes umgrenzen. Die Erfassung der Intentionalität setzt also „phänomenologische Reinheit"
voraus und das besagt, wie bereits bekannt, an dieser Stelle: sie setzt
die skeptische Wendung voraus.

§ 22. INTENTIONALER UND REALER GEGENSTAND: VERSCHIEDENHEIT UND IDENTITÄT BEIDER

Wenn wir sagten, die intentionale Beziehung des Bewußtseins zur
Welt stehe „vor" der realen, so war das keineswegs objektiv-zeitlich,
im Sinne einer Reihenfolge in der Zeit der Welt gemeint. Würde es

[5] Brentano, F.: *Psychologie I*, S. 115, zitiert bei Husserl: *Logische Untersuchungen II*, V, S. 366/367.
[6] Vgl. die Kritik Husserls an Brentano in: *Formale und transzendentale Logik*, S. 231–232; *Phänomenologische Psychologie*, S. 32, 36–37, 309–310; „Nachwort", *Ideen III*, S. 155–156 usw.
[7] *Logische Untersuchungen II*, V, S. 344; von mir hervorgehoben.
[8] a.a.O., S. 346.

sich hier um eine weltliche Sukzession handeln, dann wäre für sie
wieder dasselbe zu sagen, nämlich, daß „vor" ihr eine subjektive Beziehung liegt, und so in infinitum. Obwohl also das Verhältnis beider
Beziehungen keinen innerzeitlichen Charakter hat, müssen wir nun
von einem Zugleich der realen und der intentionalen Beziehung
sprechen: „Allerdings beziehe ich mich wahrnehmend auf irgendein
Objekt meiner Umwelt, etwa auf diesen Baum dort am Bach, und sage
ich danach aus: ich sehe diesen Baum, so ist freilich im normalen Sinn
solcher Rede gelegen, daß der Baum in Wahrheit dort sei, während er
andererseits *zugleich* als in diesem Wahrnehmen Wahrgenommener
gemeint ist. Hier haben wir also eine normale Beziehungsaussage, in
der *zugleich* eine intentionale Beziehung miteingeschlossen und mitaus-
gesagt ist".[9] Und in der *Phänomenologischen Psychologie*: „Der reale
Mensch, in der Raumwelt real seiend, ist Einheit eines naturalen
Körpers (Leibkörpers) mit einer darin waltenden, durch dieses Walten
auf die objektive Welt erfahrend und praktisch wirkend bezogenen
Subjektivität. Dieses Walten ist die unmittelbare und nur für den Leib
des Leibessubjektes mögliche Subjekt-Objekt-Beziehung, in der alle
seine sonstigen Subjekt-Objekt-Beziehungen (intentionale Beziehungen auf seine Welt als Raumwelt) möglich werden. Diese *intentionalen*
Beziehungen sind Beziehungen des *realen* Subjektes auf *reale* Objekte –
alle möglichen realen Objekte sind durch *real-intentionale* Beziehungen
erreichbar".[10]

Eine reale Beziehung – eine Beziehung auf die wirkliche, an sich
seiende Welt – ist zugleich eine intentionale. Aber ebenso wie das
„Vor" keine real-weltliche Sukzession bedeuten konnte, so kann auch
dieses „Zugleich" keine Gleichzeitigkeit zweier Vorkommnisse an
derselben objektiven Zeitstelle, in der objektiven Zeit des objektiv
seienden Gegenstandes bezeichnen, da die intentionale, rein subjektive
Beziehung der Wirklichkeit des Gegenstandes zunächst in dem Sinne
vorhergeht, daß sie, wie wir im vorigen Paragraph ausführten, von der
möglichen Wirklichkeit dieses Gegenstandes völlig unabhängig ist und
in diesem Sinne nicht wirklich ist.[11]

Was bedeutet: realer, wirklicher, an sich seiender, objektiver Gegenstand? Mit diesen Prädikaten wird vom Gegenstand ausgesagt,

---

[9] *Erste Philosophie I*, S. 107; „zugleich" von mir hervorgehoben.
[10] *Phänomenologische Psychologie*, S. 393; Hervorhebungen von mir.
[11] Die volle Bedeutung des „Vorhergehens" kann in dieser Arbeit erst später zur
Sprache kommen.

daß er für alle zu jeder Zeit d e r s e l b e ist, mit einem Bestand bestimmter, identisch verharrender, evtl. zu präzisierender Eigenschaften, mit einer identischen Bedeutung, die im Wechsel aller möglichen subjektiven Erfahrungen und Auffassungen jederzeit unveränderlich bleibt: das Haus selbst, das dort steht, der allgemeine Begriff „Haus" usw. Das wirkliche Haus oder der objektive allgemeine Begriff „Haus" sind unabhängig von jeder Aussage, die über sie, und zwar notwendigerweise in der subjektiven Form des „für-mich" gemacht werden. „Haus" in diesem Sinne ist kein bloß vermeinter Gegenstand, kein bloß „für mich" Seiendes, keine subjektive E r s c h e i n u n g, sondern schlechthin „an sich". Es ist der Gegenstand, den wir in unserem Wahrnehmungsakt (oder Erinnerungsakt usw.) meinen, aber es ist nicht der Gegenstand, s o w i e wir ihn meinen.

Er, der objektiv seiende Gegenstand selbst, wird allerdings zum „für mich seienden", von mir vermeinten, subjektiven, wenn er in strenger Nach-innen-Gerichtetheit der Betrachtung als der von mir erfahrene, erlebte verstanden wird – „von mir": d.h. von einem so und so beschaffenen Jemand, dem der Gegenstand unter ganz bestimmten subjektiven Umständen erscheint als Korrelat seiner Erlebnisse, die dann eben Erscheinungen, d.h. Bewußtsein v o n dem Gegenstand sind. Der objektiv seiende Gegenstand, ohne seine Objektivität zu verlieren, wird zu einem intentionalen.

Wir müssen also folgendermaßen sagen: Der vermeinte Gegenstand der intentionalen Beziehung i s t der an sich seiende, wahre Gegenstand, jedoch so, w i e er für mich – subjektiv – gilt; er ist der wahre Gegenstand, aber streng in seinem „Wie" als „wahrgenommener", „erinnerter", „gedachter" usw. genommen. Im lebendigen Vollzug der Erfahrung läuft die intentionale Beziehung nicht n e b e n der realen her; sie stiftet keine neue Gegenständlichkeit n e b e n der realen, sondern: „Das wahre Objekt ist identisch dasselbe wie das jeweils intentionale, im Eigenwesen vermeinte, das objektive oder an sich wirkliche".[12] Das jeweils intentional Vermeinte ist der Gegenstand unserer Erscheinungen, unserer Vorstellungen. „Der transzendente Gegenstand wäre gar nicht Gegenstand dieser Vorstellung, wenn er nicht *ihr* intentionaler Gegenstand wäre".[13] Unmittelbar davor sagt Husserl: „Man braucht es nur auszusprechen, und jedermann muß es anerkennen: daß der intentionale Gegenstand der Vorstellung *derselbe*

---

[12] *Phänomenologische Psychologie*, S. 430; vgl. auch *Ideen I*, § 90.
[13] *Logische Untersuchungen II*, V, S. 425.

ist wie ihr wirklicher und gegebenenfalls ihr äußerer Gegenstand, und daß es *widersinnig* ist, zwischen beiden zu unterscheiden";[14] denn, wie könnte ich – das hat uns die skeptische Besinnung gelehrt – von einem Gegenstand sagen, daß er ist und so oder so ist, die und die Eigenschaften hat, ja, wie könnte ich überhaupt von ihm sprechen, wenn ich nicht einmal eine Erfahrung von ihm gehabt hätte, eine unmittelbare Wahrnehmung oder eine Vergegenwärtigung – sei dies nun eine Lektüre, ein Bericht von anderen, eine denkerische oder fiktive Konstruktion oder was auch immer –, wenn ich nicht einmal direkt oder indirekt eine Vorstellung, eine Erfahrung also von ihm gehabt hätte? Das heißt: Nur weil ein Gegenstand das Vorgestellte seiner Vorstellungen ist, kann er als ein transzendenter, objektiver, an sich seiender erfahren werden. Nur weil er für-mich ist, kann er an-sich sein. Mit dieser Feststellung wird zwar seine Objektivität nicht angetastet, sie fängt aber an zu zerfließen.

§ 23. DER REAL-INTENTIONALE GEGENSTAND UND SEINE ERSCHEINUNGSWEISEN

Zwischen dem wirklichen, an sich seienden Gegenstand und ihm selbst als für-mich seiend, d.h. zwischen ihm und seinen Erscheinungs- bzw. Gegebenheitsweisen – meinen Erlebnissen, Erfahrungen von ihm – ergibt sich somit eine eigentümliche Korrelation. Wie schon aus dem Dargelegten ersichtlich, ist diese Korrelation keine andere als die zwischen dem, was im jeweiligen Erfahrungsakt vom real-wirklichen Gegenstand wirklich, aktuell zur Gegebenheit kommt und dem Gegenstand selbst als dem Endpol der Richtung des Erlebnisaktes. Auf den Gegenstand sind wir thematisch gerichtet, wir nehmen dieses Haus vor uns wahr *als Haus*, es ist der Pol, auf den sich unser aktuelles Erfahrungsinteresse bezieht. Besinnen wir uns nun auf diesen unseren Akt, so stellen wir fest, daß wir in Wirklichkeit nur einen Teil, eine Seite des Hauses sehen; gehen wir um es herum oder in es hinein, so wird es uns immer neue Teile und Seiten, m.a.W. jeweils verschiedene Aspekte darbieten. Von jeder Seite aus wird es verschieden aussehen; denn die von uns zufällig eingenommene Stelle im Raum bewirkt, daß die jeweils zur Sicht kommenden Seiten – und entsprechend die halb- oder total verdeckten, die wir uns imaginativ vergegenwärtigen können – sich uns in einer ganz bestimmten Orientierung zeigen:

[14] a.a.O., S. 424/425.

Das Wahrgenommene ist vor mir, es befindet sich in Bezug auf mich rechts oder links, oben oder unten, nah oder fern. Ich nehme mit meinem Leib jeweils eine Stelle im Raum ein, und mein Leib fungiert dabei als eine Art Nullpunkt, um den herum bzw. auf den hin sich die Dinge im erscheinenden – phänomenalen, orientierten – Raum verteilen.[15]

Seitengegebenheit und Orientierung bedingen wiederum die Perspektive, in der wir den Gegenstand jeweils erfahren und damit einen ganz bestimmten Anblick, ein ganz bestimmtes Aussehen von ihm. Jede unserer Bewegungen, jeder Wechsel in der Orientierung bringt eine Wandlung in der Perspektive und damit eine Mannigfaltigkeit von neuen und immer neuen Anblicken mit sich; die Farben der Oberflächen schatten sich verschieden ab, je nach den verschiedenen Lichtverhältnissen, Entfernungen, die unser Gehen oder im Falle eines sich bewegenden Gegenstandes dessen Bewegung hervorruft; die Gestalt des Ganzen und die der verschiedenen Teile verändert sich kontinuierlich, verzerrt sich.

Weiterhin verändert sich der Gegenstand, wenn wir ihn, statt ihn leibhaft in Form der Wahrnehmung vor uns zu haben, uns bloß vergegenwärtigen. Auch Erinnerung, Erwartung usw. sind Formen von Perspektivität.

Und doch stellt sich uns durch alle diese Wandlungen, durch die Mannigfaltigkeit dieser Erscheinungen hindurch derselbe identische Gegenstand dar; denn jede Perspektive, jeder Aspekt usw. ist eben Perspektive oder Aspekt vom Gegenstand selbst, d.h. wird von uns erlebt als seine Erscheinung.[16]

Dieser kann uns aber nur deswegen immer als derselbe erscheinen, weil wir im lebendigen Verlauf unserer Erfahrung ständig Korrekturen an diesen unseren subjektiven Erscheinungen vornehmen, mit Hilfe derer wir beständig auf die Gewißheit hinarbeiten, daß wir den objektiven – den allgemeingültigen, anerkannten – Gegenstand erfahren, in seiner objektiven Farbe oder seiner objektiven Gestalt, den Gegenstand in seiner Wahrheit. So sehen wir etwa – und das lehrt uns jede „natürliche" Reflexion – verzerrte Gestalten; ich sehe z.B. ein

---

[15] Dasselbe gilt für bewegliche Gegenstände. Ihre Bewegung in Bezug auf mich, der ich gegebenenfalls stillhalte, wird dasselbe Orientierungsphänomen ergeben.

[16] Vgl. die Ausführungen Husserls über den „Gegenstand schlechthin" und den „Gegenstand im Wie seiner Bestimmtheiten" in *Ideen I*, § 131. Der „Gegenstand im Wie" heißt bei Husserl bekanntlich Sinn.

Objekt, von dem ich weiß, daß es objektiv, d.h. außerhalb seiner Beziehung zu mir, eine viereckige Figur hat, aber in seiner jeweiligen Darstellung für mich in einer Gestalt erscheint, die rein als solche subjektive Erscheinung betrachtet kein Viereck, sondern eher ein Rhombus ist; trotzdem gehen wir über die Verzerrung hinaus auf die objektive Form, auf den für alle geltenden Gegenstand. Unser Erfahren ist ein ständiger Prozeß der Objektivierung im Sinne der Vernichtung des „bloß Subjektiven" unserer mannigfaltigen Erscheinungen.

Der Gegenstand als das Gemeinte, Intendierte des Erfahrungsaktes und als real seiend erfahren, ist also nicht das in der Wahrnehmung wirklich Wahrgenommene; das wirklich rein Wahrgenommene sind jeweils nur die verschiedenen Teile, Seiten, Stücke, denen wir wahrnehmend gerade zugewandt sind; nur sie sind jeweils „effektiv", wie Husserl sagt, erfahren, jedoch nicht so – und darauf ist besonders zu achten – daß sie dabei das Thema oder Ziel unserer Wahrnehmung wären, dasjenige, worauf wir meinend gerichtet wären; denn das ist, wie gesagt, das Ganze, das Haus, der Baum usw. Die Korrelation von Gegenstand und Erscheinungsweisen besteht demnach zwischen dem Gegenstand als Ganzem, worauf das Bewußtsein erfahrend gerichtet ist, und allen jenen subjektiven Erscheinungsweisen vom Gegenstand (Seiten –, Perspektiven –, Orientierungserscheinungen), durch die hindurch es so gerichtet ist. Obwohl also der Gegenstand der angezielte Pol des erfahrenden Bewußtseins, sein Thema ist – und das spricht es etwa mit den Worten aus: „ich sehe das Haus", „ich höre die Sonate" usw. – und obwohl wir unverkennbar in der Wahrnehmung auf dieses Eine geradezu „verschossen" und dabei überzeugt sind, es unmittelbar in der Erfahrung zu haben, so zeigt uns doch diese Überlegung, daß die Wahrnehmung eines äußeren Gegenstandes diesen in Wirklichkeit keineswegs direkt und ganz trifft; die Wahrnehmung geht nur durch eine Fülle der Gegebenheitsweisen hindurch, durch Seiten, Teile, perspektivisch verzerrte Gestalten und Farben usw. auf ihr Wahrgenommenes und kann es nur so in seiner Objektivität treffen. Die Wahrnehmung eines äußeren Gegenstandes ist also, entgegen der selbstverständlichen, zumeist unausgesprochenen Überzeugung des Wahrnehmenden keineswegs eine leere, d.h. auf die Fülle der Gegebenheitsweisen nicht angewiesene Habe des Gegenstandes, sie ist kein „leeres Hinsehen eines leeren ‚Ich' auf das Objekt selbst".[17]

[17] *Ideen I*, S. 89.

Wenn ich, wie es in diesen Überlegungen geschieht, das Wahrgenommene streng in seiner Korrelation mit dem es jeweils erfahrenden
Bewußtsein betrachte, so gewinnt seine „Identität", „Objektivität",
seine „Transzendenz" einen ganz neuen und eigenartigen Sinn; denn
es stimmt zwar, daß ich durch alle Erscheinungen, zeitlichen und
räumlichen Abschattungen hindurch ein Identisches erfahre, aber
meine Erfahrung geht so vonstatten, daß ich es jeweils nur von dieser
oder jener Seite, in dieser oder jener Orientierung, Perspektive, ge-
wahre, immer in einem bestimmten Wie, in einem bestimmten Anblick seiner beständig wechselnden Gegebenheitsweisen. Nie kann ich
es so erfahren, wie es an sich selbst, in seinen „absoluten" Eigenschaften, d.h. au ß e r h a l b der Korrelation mit mir als Erfahrendem
beschaffen ist. Jeder Versuch, einen Gegenstand in dieser seiner „absoluten" Beschaffenheit bestimmen zu wollen, „so wie er selbst ist",
würde ja nichts anderes sein als eine neue Weise, w i e ich ihn erfahre,
würde nur eine neue Erfahrung sein, in der er sich mir abermals in
einem bestimmten Wie zeigen müßte.

Nun sind aber alle diese perspektivischen Mannigfaltigkeiten der
Anblicke, Aspekte etwas streng „Subjektives"; sie machen gerade den
Fluß je m e i n e r Erlebnisse, den Strom je m e i n e r Bewußtseinsakte in
der immanenten Zeit aus. Die Identität, Objektivität des Gegenstandes
ist für die jetzt erreichte Stufe der Besinnung, auf der ich ihn nur als
„für mich seiend", als Korrelat meiner Erfahrungen, als den Gegenstand, den ich jeweils „im Sinn habe", betrachte, nicht mehr die
objektive Identität eines „neutralen", für alle mit demselben Sinn geltenden Gegenstandes. Das jeweils in der konkreten, aktuellen Erfahrung dieses Menschen, der ich bin, Gemeinte, das Wahrgenommene,
Erinnerte, Phantasierte als solches meiner entsprechenden Wahrnehmungen, Erinnerungen, Phantasieakte usw. ist nicht dasselbe wie das,
was Andere erfahren; denn die Anderen haben ja eine andere Stelle im
Raum – ich bin „hier" und sie sind „dort" – oder in der Zeit, aus der
sie erfahren; die begleitenden „Umstände" der Erfahrung sind dementsprechend verschieden und haben andersartige Erscheinungen,
Aspekte „desselben" Gegenstandes zur Folge. Gerade darum ist der
Gegenstand in der Korrelation etwas „bloß Subjektives", mit den
Akten – den Meinungen, die sich auf ihn richten – untrennbar verbunden. Es gibt ihn immer nur in Gestalt des Wahrgenommenen, Gedachten, Gewünschten als solchen, d.h. immer nur gerade so, wie er im
jeweiligen Erfahren gemeint ist: von dieser oder jener Seite, in dieser

oder jener Orientierung oder perspektivischen Verzerrung. Deshalb ist der Gegenstand untrennbar eins mit der ihn darstellenden Mannigfaltigkeit der Erscheinungsweisen, die alle, als Erscheinungen von ihm, ihn in sich selbst gewissermaßen als ihren „idealen Schnittpunkt" tragen.[18] Mit anderen Worten, der Gegenstand ist seinen Erscheinungen „immanent" als eine in diesen Erlebnissen „bewußt werdende Erscheinungseinheit".[19] Seine Identität ist nicht die eines fertigen, starren Stückes, das alle seine Erscheinungen unangetastet überdauerte, sondern der Gegenstand ist ganz im Gegenteil eine im Fluß der perspektivischen Erscheinungen sich immerzu wandelnde Einheit;[20] seine Identität kann nur das Resultat einer „Deckung" aller dieser Erscheinungen im „Selbigen", einer immanenten Synthesis sein. Die Besinnung auf die Korrelativität tastet die Objektivität des Gegenstandes nicht an, sie verflüssigt sie aber.

§ 24. AUFFASSUNG (APPERZEPTION) UND HYLE

Im lebendigen Vollzug der Erfahrung sind wir nicht auf die Erlebnisse gerichtet, sondern auf den Gegenstand, auf die Welt: „Wir durchlebten zwar die Erscheinungen, unser aufmerkendes Gewahren ging aber durch sie hindurch ausschließlich auf den Pol, auf das Ding selbst und dann auf seinen eigenschaftlichen Pol, auf Dingfarbe, Dinggestalt und dergleichen".[21] „Die Dingerscheinung (das Erlebnis) ist nicht das erscheinende Ding (das uns vermeintlich in leibhaftiger Selbstheit ‚Gegenüberstehende'). Als dem Bewußtseinszusammenhang zugehörig, erleben wir die Erscheinungen, als der phänomenalen Welt zugehörig, erscheinen uns die Dinge. Die Erscheinungen selbst erscheinen nicht, sie werden erlebt".[22]

Die Erscheinungen sind jeweils die verschiedenen Aspekte, in denen sich uns der Gegenstand zeigt, die Seiten, Teile, „eigenschaftliche Pole" usw., die in der Erfahrung des Gegenstandes von ihm selbst als

---

[18] *Phänomenologische Psychologie*, S. 153.
[19] ebda.
[20] Vgl. *Phänomenologische Psychologie*, S. 182 „... das Objekt mit seinen objektiven Eigenheiten (ist) nicht einfach ein Etwas, das, obschon als ein irreales Stück, in dem Prozeß der subjektiven Erlebnisse als durchgängig Identisches darinsteckt. Das Objekt ist als Wahrnehmungsobjekt ja gar nicht anders denkbar als in diesem beweglichen Strukturzusammenhang, der unabtrennbar zum Erlebnisstrom der Perspektiven gehört ..."
[21] *Phänomenologische Psychologie*, S. 153.
[22] *Logische Untersuchungen II*, V, S. 350.

Ganzem „verdeckt" werden. Diese Seiten können wir zum Gegenpol einer anderen Wahrnehmung machen, und in dieser neuen Wahrnehmung werden andere Seiten, Teilstücke als die vermittelnden Erscheinungsmannigfaltigkeiten fungieren. Der Aspekt ist zwar subjektiv, er ist aber *zugleich* der Gegenstand – dargestellt in diesem seinen Aspekt. *Im lebendigen Vollzug der Erfahrung sind wir nicht bei dem Aspekt als Aspekt, sondern bei dem Gegenstand in seinem aspektmäßigen Erscheinen.*

Das bedeutet: im Bewußtsein des Aspektes oder der Erscheinung g e h e n wir schon über das wirklich Erlebte h i n a u s, indem wir es als Gegenstand a u f f a s s e n.

Auffassen heißt demnach: ein subjektives Datum, das zwar erlebt, aber nicht Richtpol des Erlebnisses ist, in eben diesem Erlebnis in den thematischen Gegenstand überführen, objektivieren. Das subjektive Datum bietet dann die Materie, die Hyle für das Darüber-hinaus-Gehen im Akt der Auffassung.

Auf diese Weise leitet Husserl den Begriff Hyle bzw. die Notwendigkeit der Annahme einer Hyle im Akt der Erfahrung ab. „Der Ausdruck H y l e deutet dieses Kern-sein (Materie für Bewußtseinsfunktionen sein) an. Ein besonderer Fall ist dann diejenige Funktionsweise, in der das subjektiv wahrnehmungsmäßige Datum abschattendes ist und so zur Wahrnehmungserscheinung von einem Objektiven wird. Der allgemeine Begriff Hyle bietet dann die äußerste Erweiterung für den aus der rein subjektiven Sphäre zu schöpfenden Begriff des Empfindungsdatums . . .".[23] Die Hyle ist also das „Datum" oder der Inhalt der Empfindung, Hylebewußtsein ist Empfindungsbewußtsein.

Im Vollzug der Erfahrung ist nur diese Hyle, aufgefaßt als Erscheinung-von, das wirklich Erlebte des Gegenstandes. Nicht wirklich erlebt ist im Vollzug des Aktes der Gegenstand als Ganzes, sondern eben nur seine Erscheinung, der jeweilige perspektivische Aspekt als Aspekt von ihm.

Als Erlebnis oder erlebte Wirklichkeit bleibt die Hyle u n w a h r g e - n o m m e n, weil der Akt der Wahrnehmung, die Auffassung, sie schon in E r s c h e i n u n g des Gegenstandes verwandelt hat und in der Erscheinung schon bei diesem „draußen", außerhalb des Bewußtseins ist. Aber auch die Auffassung oder der eigentliche Erfahrungsakt selbst ist kein Thema der lebendigen Wahrnehmung; denn diese zielt auf den Gegenstand „außerhalb" des Bewußtseins: „Die Empfindun-

---

[23] *Phänomenologische Psychologie*, S. 167.

gen und desgleichen die sie ‚auffassenden' oder ‚apperzipierenden'
Akte werden hierbei e r l e b t, aber sie e r s c h e i n e n n i c h t gegen-
s t ä n d l i c h; sie werden n i c h t gesehen, gehört, mit irgendeinem ‚Sinn'
wahrgenommen''.[24]

Empfindung ist demnach, bildlich gesprochen, j e w e i l s die nie-
drigere Stufe des Bewußtseins, die für die höhere Bewußtseinsstufe die
Materie beistellt. In der Empfindung verhält sich das Bewußtsein, weil
es hier noch nicht Gegenstandsbewußtsein (Auffassung) ist, passiv,
rezeptiv, ,,bloß'' aufnehmend; und weil es noch nicht gegenständliche
Einheit besitzt, ist es ein unaufhörlicher Strom reinen Werdens, eine
pure Phasenmannigfaltigkeit der Veränderung. In ihr ist das erfahrende Subjekt nicht auf etwas gerichtet, das irgendwie als Objekt
seinem Erfahren gegenüberstünde. Die Farbe, der Klang usw., als
pure Empfindung, sind nicht das, worauf wir in der konkreten Erfahrung gerichtet sind. ,,Wir stoßen hier bei dem puren Empfindungsda-
tum auf eine Vorgegebenheit, die noch vor der Konstitution des Gegenstandes als Gegenstandes liegt''.[25]

Weil sich das Bewußtsein in der Hyle bzw. Empfindung noch nicht
auf einen Gegenstand hin transzendiert hat, sondern noch mit sich
selbst r e e l l koinzidiert, ist im Empfindungsbewußtsein eine Unterscheidung zwischen Hyle oder Empfindung im Sinne des Bewußt-
habens einerseits und Empfindung im Sinne des Empfundenen, gegenständlich Bewußten andererseits unmöglich.[26] So betrachtet liegt
im Empfindungsbewußtsein eine volle Koinzidenz des Bewußtseins mit
sich selbst, ein adäquates Bei-sich-selbst-Sein des Bewußtseins vor.
Hier könnte man bereits die Konsequenz ziehen, es müsse dem Bewußtsein aufgrund dieser Koinzidenz möglich sein, in der Reflexion,
d.h. in ,,immanenter'' Wahrnehmung zu einer a d ä q u a t e n Selbsterfassung zu gelangen. Adäquat würde sie sein, weil das immanent Wahr-
nehmbare mit seiner Wahrnehmung ,,wesensmäßig eine unvermittelte
Einheit, die einer einzigen konkreten *cogitatio*''[27] bildet. Diese Einheit

---

[24] *Logische Untersuchungen II*, V, S. 385.
[25] *Ideen II*, S. 22-23. Vgl. auch S. 214: ,,Die Schichten der Dingkonstitution rück-
wärts durchlaufend gelangen wir schließlich zu den Empfindungsdaten als letzten
primitiven Urgegenständen, die nicht mehr durch irgend welche Ichaktivität konstituiert, sondern im prägnantesten Sinne V o r g e g e b e n h e i t e n für alle Ichbetä-
tigung sind''.
[26] Vgl. *Logische Untersuchungen II*, V, S. 352: ,,Zwischen dem erlebten oder bewußten Inhalt und dem Erlebnis selbst ist kein Unterschied. Das Empfundene z.B.
ist nichts anderes als die Empfindung''.
[27] *Ideen I*, S. 85–86.

hat die Form eines „reellen Beschlossenseins".²⁸ In diesem
reellen Beschlossensein ist demnach keine Stelle mehr offen gelassen,
an der etwas nicht Selbst-Gegebenes, bloß Antizipiertes oder dergleichen zu Bewußtsein kommen könnte. Das in der immanenten
Wahrnehmung Geschaute oder Vermeinte überschreitet nirgendwo
den Rahmen seines Meinens – was nur dann der Fall wäre, wenn es mit
dem auf es lebendig-gegenwärtig gerichteten Erlebnis – der immanenten Wahrnehmung – *nicht* jene reelle Einheit bildete, sondern in diesem
Erlebnis wiederum nur durch eine Mannigfaltigkeit von Erlebnissen,
d.h. durch eine Mannigfaltigkeit von „Aspekten" hindurch gegeben
sein könnte. Das aber leugnet Husserl ausdrücklich: die immanente
Wahrnehmung erfaßt „unvermittelt" ihr Wahrgenommenes. „Es gibt
hier [in der immanenten Wahrnehmung] eben nicht die Spannung
von Objektivem, das sich nur durch subjektive Erscheinungen darstellt, und diesem es darstellenden Subjektiven. Es ist das Subjektive,
das gar nichts anderes als subjektiv Wahrnehmungsmäßiges und
somit Verlaufendes ist".²⁹ Ist das Erschaute das Subjektive selbst,
d.h. das Bewußtsein, dann ist es nicht für das Bewußtsein, auf es
relativ, sondern dann ist es ein Absolutes. Damit sieht es so aus, als
sei hier eine Adäquatheit erreicht, mit der das Prinzip der reinen
Evidenz, der Selbstgebung erfüllt und somit die durch die Letztbegründung geforderte Voraussetzungslosigkeit erzielt wäre.
Andererseits würde aber auf diese Weise die Wissenschaft im
Sinne sich letztverantwortender radikaler Besinnung, die reine transzendentalphänomenologische Wissenschaft, der Wirklichkeit be-
raubt sein, da ja das adäquat mit sich koinzidierende Bewußtsein die
Hyle gerade nicht auf Wirklichkeit hin transzendieren würde; denn
Wirklichkeit begegnet uns als Erscheinung, als aufgefaßte Hyle; auf
die Erfassung der so verstandenen Erscheinung hat es die sich letzt-
verantwortende Besinnung gerade und eigentlich abgesehen.³⁰

§ 25. APPERZEPTION, ERSCHEINUNG UND ERSCHEINENDES

Daß die Hyle nicht das Thema, das Ziel ist, auf das sich das erfahrende Bewußtsein richtet, heißt mit anderen Worten, daß sie nicht in-

---

²⁸ a.a.O., S. 86.
²⁹ *Phänomenologische Psychologie*, S. 172.
³⁰ Wir werden weiter unten noch die Hyle auf diesen ihren Adaequatiocharakter
hin prüfen; vgl. unten S. 179/180.

tentional ist. „Daß nicht alle Erlebnisse intentionale sind, zeigen die Empfindungen und Empfindungskomplexionen. Irgendein Stück des empfundenen Gesichtsfeldes, wie immer es durch visuelle Inhalte erfüllt sein mag, ist ein Erlebnis, das vielerlei Teilinhalte in sich fassen mag, aber d i e s e Inhalte sind nicht etwa von dem Ganzen intendierte, in ihm intentionale Gegenstände".[31] Die Richtung des Bewußtseins, die Intention, geht d u r c h die Empfindungsdaten hindurch auf das Ganze, auf den intentionalen Gegenstand, der sich aber in jenen darstellt. Bewußtsein als das, was sich durch das Empfindungsmaterial hindurch auf etwas anderes richtet, ist Akt, *cogitatio*, intentionales Erlebnis. Es ist als Akt der Auffassung, der Apperzeption. „Apperzeption ist uns der Überschuß, der im Erlebnis selbst, in seinem deskriptiven Inhalt gegenüber dem rohen Dasein der Empfindung besteht; es ist der Aktcharakter, der die Empfindung gleichsam beseelt und es seinem Wesen nach macht, daß wir dieses oder jenes Gegenständliche wahrnehmen . . .".[32] In den Akten der Apperzeption gründet die Intentionalität des Bewußtseins; denn sie sind das, was den Erfahrenden über das bloß Empfundene, d.h. das wirklich Erlebte als Erscheinung hinaus zu dem Gegenstand selbst führt, sie bilden die Richtung des Bewußtseins auf den gegenständlichen Pol.

Indem ich auffasse (apperzipiere), erhebe ich die Hyle zur Erscheinung – und bewege mich z u g l e i c h im selben Akt der Apperzeption und aufgrund seiner über die Erscheinung hinaus auf den Gegenstand als Korrelationspol des Vollzugsaktes zu. Im Erlebnis der Erscheinung bin ich beim Gegenstand. E r s c h e i n u n g , A s p e k t ist H y l e – u n d z u g l e i c h d u r c h d i e A u f f a s s u n g A n w e s e n h e i t d e s G e g e n s t a n d e s .[33]

Weil die Erscheinung aber im lebendigen Vollzug der Erfahrung übersprungen, d.h. nicht für sich selbst als Erscheinung wahrgenom-

---

[31] *Logische Untersuchungen II*, V, S. 369.
[32] a.a.O., S. 385.
[33] Diesen doppeldeutigen Charakter der Erscheinung – einmal Hyle, einmal Aspekt und dadurch Anwesenheit des Gegenstandes – wird man kaum in den Schriften Husserls in dieser Weise ausgesprochen finden; normalerweise spricht er von der Hyle, den Auffassungscharakteren und der aus ihrer Synthesis resultierenden Erscheinung als den reellen Inhalten des Bewußtseins. Vgl. aber diese Stelle aus den *Analysen zur passiven Synthesis*: „Die in jedem Jetzt neu auftretende Dingerscheinung, sagen wir, die optische Erscheinung, ist, wenn wir nicht auf den erscheinenden Dinggegenstand achten, sondern auf das optische Erlebnis selbst, ein Komplex so und so sich ausbreitender Farbenflächenmomente, die immanente Daten sind, also in sich selbst so original bewußt wie etwa Rot oder Schwarz. "(S.

men wird, gehört sie noch der „subjektiven Seite" im engeren Sinn zu,
ist sie noch reeller Teil des Bewußtseins. „Es ist nur das Erscheinen
reell immanent, d.h., es sind nur die hyletischen Daten und die ihnen
zugehörigen und einander angepaßten Charaktere des Bewußtseins
von ... reell immanent. Im Fortgang der dahinströmenden Mannigfaltigkeit hyletischer Daten mit ihren Erscheinungscharakteren haben
diese, *haben die voll genommenen Erscheinungen* eine reelle Erlebnis-
einheit ...".[34] Die Erscheinung, die selbstgesehene Seite, als solch
reelles Stück des Bewußtseins ist also, wie die hyletischen, auffassenden und sonstigen reellen Momente, selbst ein subjektives Datum im
Erlebniszusammenhang. Sie vergeht mit dem Vergehen des Erlebnisses als einer zeitlichen Einheit im immanenten Fluß des Bewußtseins, oder besser: ihr Vergehen ist das Vergehen des Erlebnisses, in
dem der Gegenstand sich in einem bestimmten orientiert-perspekti-
vischen Aspekt darstellte.

Die übersprungene Erscheinung erscheint selbst nicht, weil sie
reelles Moment des Bewußtseins ist. Die jeweilige Erscheinung vergeht, aber bei ihrem Vergehen bleibt das Bewußtsein durch neue
Erscheinungen weiterhin auf denjenigen Gegenstand gerichtet, der
sich in der vergangenen Erscheinung meldete und sich noch immer als er selbst in neu aufkommenden Erscheinungen meldet;
denn das Bewußtsein intendiert ihn durch alle seine erscheinenden
Aspekte.

Damit wird die eigentümliche Verfassung der Erscheinung erkennbar. Die Erscheinung ist Reelles, Immanent-Zeitliches, vergehend mit
dem Vergehen des Erfahrungsaktes. Sie ist aber zugleich das Erscheinende, so wie es erscheint, in dieser oder jener Orientierung, Perspektive, Verzerrung usw. Die Erscheinung ist die Seite, das einzige, was
wir wirklich wahrnehmen, nur daß sie im lebendigen Vollzug des Erfahrens eben nicht für sich wahrgenommen wird, weil wir dabei dem
Gegenstand als Ganzem zugewandt sind. Die Erscheinung als reeller
Teil des Bewußtseins ist zugleich Anwesenheit des Gegenstandes, Er-
scheinungsbewußtsein ist Gegenstandsbewußtsein. In der Erschei-

---

17). Allerdings deutet dieses „achten" hier auf eine Änderung der Einstellung, d.h.
im Grunde auf eine neue Erfahrung; wir meinen dagegen – und glauben, daß dies
auch Husserls wenn auch nicht klar formulierte Meinung ist –, daß im selben apperzeptiven Erfahrungsakt die Erscheinung jene eigentümliche Struktur aufweist bzw.
gemäß dem phänomenologischen Ansatzpunkt aufweisen muß.

[34] *Phänomenologische Psychologie*, S. 173; Hervorhebung von mir.

nung durchdringen sich Noetisches und Noematisches, Erlebtes und Erfahrenes.[35]

Aber dieses Zugleich-sein von Erscheinung und erscheinendem Gegenstand kann keineswegs die Identität von beiden bedeuten. Der Gegenstand im strengen Sinne des intentional Vermeinten ist kein reelles Stück des Bewußtseins. Er ist nicht in ihm als ein reeller Teil enthalten, sondern steht ihm gegenüber, transzendiert es; denn das Reelle vergeht, verläuft ständig, ist ein stetiger Fluß der einander ablösenden Erscheinungsreihen, der Gegenstand aber ist die sich in diesem Werden erhaltende identische Einheit. Der Gegenstand transzendiert das Bewußtsein. Aber diese Transzendenz ist nicht die des naiv-natürlichen Denkens: hier Erkenntnis, Erfahrung – dort seiende Dinge, wirkliche, bewußtseinsunabhängige Welt. Der Gegenstand kann keine Transzendenz ,,außerhalb'' des Bewußtseins sein; denn dann würde er eben gar nicht bewußt, nicht für jemand sein und d.h. einfach nicht sein; er ist Transzendenz, aber er muß eine solche ,,innerhalb'' des Bewußtseins sein; auch er ist im Bewußtsein ,,beschlossen'', aber er kann nicht ,,reell'' darin beschlossen sein. Mit der Transzendenz des Gegenstandes ist nun nicht mehr die Beziehung des Bewußtseins auf ein transzendentes ,,Außerhalb'' gemeint, sondern der aus dem zuletzt Ausgeführten ersichtliche Umstand, daß das Bewußtsein im jeweiligen Erfahrungsakt immer über das in dem betreffenden Erlebnis beschlossen Liegende im Sinne des wirklich Erlebten – die Seite, den Aspekt – hinausgeht, daß es erfahrend sich auf etwas bezieht, das nicht es selbst als Erlebnis – als Auffassen und Hyle oder besser als aufgefaßte Hyle, d.h. als Erscheinung – ist. Dieser durch die Auffassung ermöglichte Überschritt der Erscheinung auf ein Etwas hin ist, wie wir sagten, die Intentionalität. Die Transzendenz des Gegen-

[35] Im § 6 seines Buches: *Strukturanalytische Probleme der Wahrnehmung in de Phänomenologie Husserls*, unternimmt H. Asemissen eine ,,kritische Korrektur' der Husserlschen Lehre von der Abschattung. Unsere obigen Ausführungen, die im weiteren Verlauf dieser Arbeit noch präzisiert werden, möchten diese Korrektur korrigieren. Man kann phänomenologisch nicht sagen, daß die ,,Abschattungswahrnehmung genauso geradeaus gerichtete Wahrnehmung wie die Dingwahrnehmung (ist)'' (S. 27). Dann müßte man genau dasselbe sagen für die Empfindungsdaten. Eine geradeaus gerichtete *Wahrnehmung* hat nicht die Abschattung sich gegenüber, sondern eben den Gegenstand. Daß ,,zur Abschattung notwendig eine räumliche Bestimmtheit (gehört)'' (S. 26) trifft nicht zu: eine ,,räumlich bestimmte'' Abschattung ist schon der Gegenstand als in dieser seiner Abschattung räumlich erscheinend. Asemissen ist nicht bereit, die *funktionelle* Bedeutung der Hyle bei Husserl zu akzeptieren, und darum verkennt er die ganz eigentümliche Bedeutung des Husserlschen Begriffs ,,reell subjektiv''. Vgl. hier, S. 143, Fußnote 1.

standes, die sich „innerhalb" des Bewußtseins vollzieht, ist also die
intentionale Transzendenz, die, weil sie die Sphäre des Bewußtseins
nicht verläßt, auch mit vollem Recht als eine intentionale Immanenz
bezeichnet werden kann.

Diese intentionale Immanenz oder der intentionale Gegenstand
ist das Ganze, auf das wir gerichtet sind, das aber als solches Ganze,
wie wir schon zeigten und wie jetzt noch klarer wird, nicht als im
Vollsinne anwesend für die Erfahrung gegeben ist. Das einzige wirklich da Seiende ist die selbst erscheinende Seite, der selbst erscheinende Aspekt. Die selbst gesehene Erscheinung in der aktuellen
Phase der lebendigen Gegenwart ist die im ganz strengen Sinne einzige Wirklichkeit, der Gegenstand dagegen als volle Synthesis seiner
Erscheinungen – „der" Baum, „das" Haus – ist in diesem strengen
Sinne keine Wirklichkeit, er ist ein Unwirkliches. Die Erscheinung
ist ein reelles Moment des Bewußtseins, der Gegenstand ist keines
mehr, er ist deshalb ein Nicht-reelles, ein Irreelles oder, wie Husserl
ihn auch in dieser Entgegensetzung terminologisch nennt, ein Ideelles
oder Ideales. „Es ist die allgemeine Idealität aller intentionalen Einheiten gegenüber den sie konstituierenden Mannigfaltigkeiten. Darin
besteht die ‚Transzendenz' aller Arten von Gegenständlichkeiten gegenüber dem Bewußtsein von ihnen..."[36] Gegenüber der reellen
Wirklichkeit der Erscheinung erhebt sich die bloße Idealität des
intentionalen Gegenstandes. Der Gegenstand ist das Eine gegenüber der Mannigfaltigkeit der reellen Erscheinungsreihen, bzw. die
jeweilige Erscheinung von ihm, die wirklich erscheinende Seite, ist
das Eine gegenüber der Mannigfaltigkeit aller seiner möglichen
Aspekte.

Das reell Beschlossene setzt sich demnach dem intentional-ideal Be-
schlossenen oder die reelle Immanenz der intentionalen Immanenz entgegen. Der intentional vermeinte Gegenstand ist die synthetische Einheit seiner Erscheinungen, zeigt sich in und ist erreichbar nur durch
seine Erscheinungen. Die Erscheinung aber, die aufgefaßte Hyle als
jeweils übersprungener Aspekt, ist, als reelles Moment des Bewußtseins, keine intentionale Einheit. Darum sagt Husserl: „In der psychischen Sphäre gibt es ... keinen Unterschied zwischen Erscheinung
und Sein, und wenn die Natur ein Dasein ist, das in Erscheinungen erscheint, so sind die Erscheinungen selbst ... nicht selbst wieder ein

---

[36] *Formale und transzendentale Logik*, S. 148. Vgl. auch *Phänomenologische
Psychologie*, S. 174.

Sein, das durch dahinterliegende Erscheinungen erscheint . . .".[37]
Und: „Das Psychische ist ja nicht erfahren als Erscheinendes; es ist
‚Erlebnis' und in der Reflexion erschautes Erlebnis, erscheint als
selbst durch sich selbst in einem absoluten Fluß . . .".[38]
Damit scheint es so, als ob die Reflexion zur Letztverantwortung
auch in der Erscheinung die Möglichkeit eines streng wissenschaftlichen Vollzuges im Sinne der Voraussetzungslosigkeit erreichen kann,
daß die immanente Wahrnehmung, welche die Reflexion ist, nicht nur
in der vorgegenständlichen Hyle, sondern auch in der Erscheinung als
reellem Moment des Bewußtseins einen a d ä q u a t e n Gegenstand
findet, der z u g l e i c h in sich selbst, rein subjektiv, als Erscheinung
von . . . die objektiven Gegenstände, die objektive Welt als vermeinte
erschließt. Mit der Erscheinung scheint die bei der Hyle noch nicht erreichte Möglichkeit gegeben, in immanenter Wahrnehmung zu einer
adäquaten Beschreibung des objektiv Erfahrenen zu gelangen, wie
Husserl in der *Phänomenologischen Psychologie* sagt: „Aber sogar von
adäquater Gegebenheit dieses relativ zu dem reellen Erlebnis Transzendenten können wir sprechen. Nämlich halten wir uns an jede Phase
des Erscheinens für sich und beschreiben wir das Erscheinende rein als
Erscheinendes dieser Phase, so ist doch die Beschreibung adäquat. Beschreiben wir von Phase zu Phase sozusagen mitschwimmend und
das Erscheinende einer ganzen Erscheinungsstrecke beschreibend
dieses Erscheinende als wie es stetig nach und nach erscheint, so ist die
Beschreibung natürlich adäquat".[39]
Soll diese Beschreibung gelingen, muß die Phänomenologie also die
Erscheinung und durch sie das Erscheinende in seinem Wie als Objekt
erfassend thematisieren. Wie und ob das möglich ist, wird uns noch
näher beschäftigen. Ziehen wir vorher noch einige Schlüsse aus dem
bisher Gesagten.

§ 26. DIE REDUKTION AUF ERSCHEINUNG UND DER
UNINTERESSIERTE ZUSCHAUER

Der reale Gegenstand hat seine Stelle in der objektiven Zeit, in der
objektiven Wirklichkeit, nicht hingegen der intentionale Gegenstand,
unter dem, wie wir zeigten, ja gerade etwas zu verstehen ist, dessen

---

[37] *Philosophie als strenge Wissenschaft*, S. 35.
[38] a.a.O., S. 36.
[39] *Phänomenologische Psychologie*, S. 177.

Thematisierung vor und außerhalb jeglicher Frage nach „Wirklichkeit" geschieht. Der reale Gegenstand kann aber nur sein, indem er „für mich", d.h. intentional ist. Und er ist für mich gerade durch meine Erlebnisse, die darum den Charakter der Erscheinung von ihm, d.h. der aufgefaßten Hyle haben.

Meine Erlebnisse als Erscheinungen des intentionalen Gegenstandes, d.h. des realen Gegenstandes im Wie seines Für-Mich-Seins, können demnach keine innerzeitlichen, wirklichen, weltimmanenten Vorkommnisse sein, sondern müssen von reiner (un-, außer-, vorweltlicher) Wesensart sein. Das heißt, ihre Herausnahme aus dem natural-kausalen Zusammenhang ist keine eigenwillige Operation des sich Besinnenden, durch die im Dienste der Absicht, die Aufmerksamkeit der Erfahrung in einer bestimmten Richtung zu lenken, methodisch von einem eigentlich zum Wesen des Erlebnisses gehörigen Zug, nämlich von seiner natürlichen Weltlichkeit künstlich abgesehen würde. Die Reinheit der Erlebnisse als Erscheinungen des wirklichen Gegenstandes ist kein Produkt einer Abstraktion, durch die die reinen Elemente der Erfahrung von den natürlich-weltlichen abgesondert worden wären. Die Einsicht in die Reinheit der Erlebnisse im Sinne ihrer Unweltlichkeit ist nicht bloß das Ergebnis des methodischen Kunstgriffs der Enthaltung vom weltlichen Interesse, d.h. der Epoché, sondern sie ist die Entdeckung der Natur des Erlebnisses. Die Weltlichkeit, die Verflechtung in den naturalen Kausalzusammenhang, ist kein zum Wesen des Erlebnisses gehöriges Moment: „. . . daß sie Bestandstück des realen Menschen sind, psychophysisch eines mit seinem Leib, daß die Empfindungsdaten natural, physisch und psychophysisch kausiert sind und dgl. sind, das gehört nicht selbst zu den Erlebnissen in ihrem eigenen absoluten Wesen . . .".[40]

Nur die natürliche Überzeugung von der Verflechtung der Erlebnisse in die Weltkausalität führt zu der Annahme zweier voneinander völlig unabhängiger Seinssphären: der immanenten des Psychischen und der transzendenten des Physischen oder Weltlichen. Die Einsicht in die wahre Natur des Erlebnisses ist also zugleich die In-Frage-Stellung dieser natürlichen Unterscheidung; denn sie ist die Entdeckung einer Seinssphäre, in der jener natürliche Gegensatz Immanenz – Transzendenz seine Gültigkeit verliert, bzw. in der erst der legitime und eigentliche Sinn einer solchen Unterscheidung ans Licht tritt.

Hieraus wird ersichtlich, daß die Beschränkung auf die reinen Er-

[40] *Ideen I*, S. 107.

lebnisse nicht im mindesten so etwas wie eine Resignation darstellt, so als ob der sich Besinnende, weil er die Unerreichbarkeit von Objektivität erkannt hätte, sich auf die immanente Betrachtung der Erlebnisse zurückzöge, da diese das einzige unmittelbar Zugängliche seien, während auf das Transzendente für immer verzichtet werden müßte. Mit anderen Worten, die ausschließliche Beschäftigung mit den Erlebnissen ist kein negativ-skeptischer Ausweg, weil es auf der Seinsebene der Reinheit der Erlebnisse den weltlichen Unterschied zwischen Immanenz und Transzendenz überhaupt nicht gibt.

In jeder realen Beziehung liegt, wie wir früher sagten, zugleich eine intentionale mitbeschlossen. In der realen Beziehung verhalte ich mich stellungnehmend zum Sein, Nichtsein, Vermutlichsein usw. des Erfahrenen, ich bin an seinem Sein und Sosein interessiert; in dieser Beziehung bin ich auf den objektiven Gegenstand gerichtet, wie er für alle und nicht nur für mich wahr ist. Aber zugleich ist immer die subjektive Beziehung auf die immanente Gegenständlichkeit, d.h. die reale im Wie ihres Für-mich-seins im Spiele. Im „geraden" Vollzug der Erfahrung gibt es kein Verhalten von mir zu diesem immanenten Gegenstand, in Bezug auf ihn bin ich „interesselos", „nicht-stellungnehmend", weil das Bewußthaben des intentionalen Gegenstandes der Stellungnahme zu Sein, Nichtsein usw. vorangeht.

Ich als Vollzieher der reinen Erlebnisse, d.h. der intentionalen Beziehung zur intentional immanenten Gegenständlichkeit, bin nicht Mensch im normalen Sinne eines psychophysischen, in die Raumzeitkausalität eingeordneten, Welt und Natur voraussetzenden, von ihnen bestimmten und sich zu ihnen interessiert verhaltenden Wesens, sondern unbeteiligtes, unengagiertes, interesseloses Erfahrungssubjekt.

Der Entschluß zur Letztverantwortung fordert die Enthaltung von jeglichem naiv vollzogenen Urteil und demgemäß die Rückkehr zu den reinen Erlebnissen. Aber diese Rückkehr will, wie wir schon sagten, nicht einfach die Konstruktion einer methodisch geeigneten interesselosen Erfahrung sein, sondern sie will in der Struktur der Erfahrung selbst ihr Fundament finden: Nur deswegen, weil ich immer schon interesselos gelebt habe, weil ich jederzeit „innerhalb" – bzw. „zugleich" mit – der objektiven Welt meine Welt hatte, nämlich die subjektiv-relativ aussehende, die, die nur für mich galt, nur deswegen kann ich die Rückkehr zu den reinen Erlebnissen reflektiv vollziehen und in diesem Sinne von einer neuen Erfahrung sprechen.

Die reinen Erlebnisse sind dadurch, daß sie die immanente, nur für mich geltende Beziehung zur Welt, das Wie ihres Für-mich-seins konstituieren, Erscheinung der realen Welt. „Erscheinung" besagt dasselbe wie *Phänomen*.[41] Die subjektiv erscheinende Welt der reinen Erlebnisse ist die Welt der Phänomene. Indem ich meine Aufmerksamkeit diesen Phänomenen, meinen Erlebnissen als Erscheinungen oder Darstellungen der realen Welt zuwende, werde ich damit zum phänomenologischen, d.h. interesselosen, unbeteiligten Selbstzuschauer.

Als solcher interesseloser Selbstbetrachter habe ich es nicht mehr mit einer daseienden objektiven Welt, sondern nur noch mit der erscheinenden Welt der reinen Phänomene zu tun. Durch die Epoché von jedem natürlichen Urteil bin ich auf die reinen Phänomene zurückgegangen, d.h. ich habe die phänomenologische Reduktion vollzogen. „Führe ich das aus, so habe ich das phänomenologisch reine Subjektive und darin sein Objekt in der modifizierten Geltungsgestalt des bloß intentionalen Objekts seines Aktes".[42]

Das „phänomenologisch reine Subjektive" sind also die Erscheinungen, in denen das jeweilig wirklich Gegebene, das so „Aussehende als so Aussehendes" erscheint. Und nur über dieses Aussehende als so Aussehende kann jeder „zweifellos aussagen". Der unbeteiligte Zuschauer, der sich ausschließlich auf Subjektives einstellt, erweist sich damit als derjenige, von dem allein erwartet werden kann, daß er die Forderung nach Reinheit, nach Voraussetzungslosigkeit zu erfüllen vermag und daß ihm so die Letztbegründung der Wissenschaft gelingen kann.

Auf der anderen Seite bleibt zu bedenken, welche Schwierigkeit darin liegt, in immanenter Wahrnehmung die Erscheinung nicht nur als ein Fließend-Reelles, sondern auch als Aspekt, d.h. als Anwesenheit des Gegenstandes zu erfassen. Die „Reduktion" auf die Erscheinung als Anwesenheit der Wirklichkeit ist eine schwierige Aufgabe; es ist kein Zufall, daß Husserl so viele Wege zu dieser Reduktion versucht und sein ganzes Leben lang über dieses Problem nachgedacht hat. Um unser Verständnis der Möglichkeit der Erfassung der Erscheinung bzw. der Möglichkeit der Reduktion selbst noch zu vertiefen, müssen

---

[41] Vgl. *Die Idee der Phänomenologie*, S. 14: „Das Wort Phänomen ist doppelsinnig vermöge der wesentlichen Korrelation zwischen Erscheinen und Erscheinendem. Φαινόμενον heißt eigentlich das Erscheinende und ist aber doch vorzugsweise gebraucht für das Erscheinen selbst, das subjektive Phänomen . . .".

[42] *Erste Philosophie II*, S. 111.

wir nach diesen kurzen methodischen Erwägungen wieder an die Beschreibung des welterfahrenden Bewußtseins anknüpfen und die
Suche nach seinen Grundstrukturen fortsetzen. Unserem vertieften
Verständnis wird sich das Problem der Korrelation von Erscheinung
und Erscheinendem als das Problem des Zustandekommens der Erscheinung enthüllen.

II. VON DER STATISCHEN ZUR GENETISCHEN PHÄNOMENOLOGIE

§ 27 DIE IMPLIKATION VON SELBSTHABE UND MITMEINUNG. EVIDENZ UND TELEOLOGIE

Wie wir sahen, ist die aktuell lebendige Wahrnehmung eines Gegenstandes ein erfahrendes Gerichtetsein auf diesen Gegenstand als Pol d u r c h eine Mannigfaltigkeit von Erlebnissen, bzw. Erscheinungen von ihm hindurch.

Dabei bleibt zu beachten, daß wir in diesem aktuellen Vollzug der Wahrnehmung, obwohl unser Interesse nur ihrem objektiven Pol zugewandt ist, doch auch des Umstandes bewußt sind, daß wir n u r eine Seite des Gegenstandes in einer gewissen Orientierung und Perspektive *selbst*, *wirklich*, erfahren; beides ist z u g l e i c h bewußt, sowohl die Seite oder dergleichen als Teile wie auch der Gegenstand als Ganzes, aber das eine in der Form des Erlebten, das andere in der des Wahrgenommenen. Jede natürlich-normale Reflexion bringt uns schon durch eine Wendung der Aufmerksamkeit das zu Gesicht, was eben noch unbeachtet gewesen war: die Seiten in ihrer perspektivischen Orientierung, all die „Teilinhalte", die in der geradehin, d.h. mit Blick- bzw. Interessenrichtung auf das Ganze vollzogenen Wahrnehmung, als vermittelnde Momente fungierten. Bei jeder solchen Wendung des Blickes habe ich ein Wissen davon, daß das, was nun zum Objektpol meiner neuen Wahrnehmung geworden ist, eben noch Teil oder Seite des zu diesem Zeitpunkt in den Blick genommenen Ganzen war, – ein Wissen allerdings, das sich selbst normalerweise ganz unthematisch, anonym bleibt, das aber thematisch werden kann, wenn es zu einer ausdrücklichen Frage oder einer Beschreibung des Gegenstandes kommt. Immer können wir – noch in der Natürlichkeit, ohne „phänomenologischen" Motiven zu folgen, vom jeweils Erfahrenen, vom Ganzen auf seine vorher unbeachteten Teilmomente zurückkommen, aus diesen Momenten einen Aspekt des Ganzen herausheben und ihn zum Thema der aktuellen Betrachtung machen; auf diese Weise wiederholt sich bei ihm, was eben mit dem Gesamtgegenstand der vorigen Wahrnehmung geschah: was vorhin Teilmoment war, ist jetzt das Ganze, in bezug auf welches eine Mannigfaltigkeit von subjektiven Erscheinungen – die Teilmomente dieses Teilmoments – anonym verlaufen; diese subjektiven Erscheinungen sind nun in derselben Weise seine Darstellungen, wie er eben noch Teilaspekt, darstellender Inhalt eines zu der Zeit thematischen umfassenderen Ganzen war. Und jeder dieser neuen subjektiven Aspekte kann wiederum als Thema fungieren in einem endlosen Prozeß von Darstellung und Dargestelltem, von Subjektivem und Objektivem.[1]

Wir nehmen den Gegenstand wahr, und zugleich ist uns bewußt, daß uns von ihm nur jeweils eine Seite, ein Aspekt zur Gegebenheit kommt. Weil unsere Wahrnehmung immer von diesem Bewußtsein begleitet wird, weil uns das jeweils Erfahrene immer nur als ein Ausschnitt, als ein Aspekt des Gegenstandes, in dem dieser sich darstellt, erscheint, darum sind wir in jeder Erfahrung auf die anderen Teile, Momente des Gegenstandes verwiesen, die in der betreffenden Erfahrung nicht selbst zur Gegebenheit kommen. Es gibt mehr als das, was wir sehen, es „muß" mehr geben, andere Seiten, andere Aspekte; denn der Gegenstand, auf den wir gerichtet sind, ist nicht die Seite, die wir sehen und – obschon in einem unthematischen Wissen – als bloßen Teil von ihm erfassen.[2]

Diese anderen Seiten, die verdeckten, verborgenen, können aber *selbst* zur Gegebenheit kommen, sobald wir die dafür notwendigen Bewußtseinsakte in Gang setzen; ich weiß, daß ich um den Gegenstand

[1] Vgl. *Ideen II*, S. 128: „Jeder dieser Aspekte und der Ablauf der sich kontinuierlich wandelnden Aspekte ist dabei phänomenologisch bezogen auf entsprechende ‚Umstände', er zeigt sich . . . bezogen auf ihm zugehörige Komplexe von Bewegungsempfindungen". „Nun ist es aber klar, daß die apperzeptive Konstitution der Aspekte eine solche ist, daß sich in passend ausgezeichneten Kontinuen ihrer Abwandlungen Aspekte höherer Stufe konstituieren als „Einheiten', hinsichtlich welcher die Aspekte im vorigen Sinn als ‚Mannigfaltigkeiten' fungieren . . ." (ebda. S. 129). „Man sieht hierbei, daß der Ausdruck ‚Abschattung' ein vieldeutiger ist. Von jedem Aspekt kann gesagt werden, daß sich in ihm das Ding abschattet . . ." (ebda. S. 130).
[2] Vgl. *Phänomenologische Psychologie*, S. 433: „Im intentionalen Wesen der Wahrnehmung selbst liegt, daß die wirklich anschauliche Dingseite uns eben nur als eine Seite vom Ding gilt und auf mannigfaltige neue Seiten und so schließlich auf einen Gesamtrest von Bestimmungen verweist, *die insofern mitgemeint sind, als uns das Ding eben nicht als die eine Seite gilt . . .*"; Hervorhebung von mir.

gehen, oder umgekehrt, daß ich ihn bewegen kann und daß ich dann jeweils andere Seiten, Perspektiven zur Erfahrung bringe, daß damit das Erfahrene ein neues Aussehen zeigt, weil die Orientierung sich phänomenal geändert hat usw. Die mir dann zu Gesicht kommenden neuen Seiten werden die selbstgegebenen sein, die sich mir in unfraglicher Evidenz zeigen.

Weil die Seiten für mich nur Seiten des Gesamtgegenstandes sind, der sie gewissermaßen in ihrer Selbstgegebenheit verdeckt, lebe ich in der Evidenz des Selbstgegebenen – Seite, Aspekt, Perspektive – und zugleich im Bewußtsein des Nicht-Evidenten, nur verweisungsmäßig Gegebenen.

Beim selben Bewußtseinsakt, etwa der Wahrnehmung eines Hauses, gibt es bewußtseinsmäßig diese doppelte Struktur: Teil – Ganzes. Die Richtung des Bewußtseins geht auf das Ganze hin durch die jeweils selbst in Evidenz bewußt werdenden Teilmomente hindurch. Weil dem Subjekt der Erfahrung in jeder Phase seiner Erfahrung bewußt ist, daß es dabei nicht den vollen Gegenstand erfährt, sondern nur ein Bruchstück von ihm, weil es jede Phase als unvollkommen erlebt, darum strebt das Subjekt nach Evidenz, nach Selbstgegebenheit, Selbsthabe des Erfahrenen.

Den Gegenstand selbst haben wollen, darauf aus sein, ,,bei ihm selbst zu sein", ist also nichts anderes als das Streben des Erfahrenden, die Mannigfaltigkeit der nach Seiten, Perspektiven, Orientierungen verschiedenen Erscheinungen des Gegenstandes zu überwinden, um zu ihm selbst in die Evidenz der Habe des Gegenstandes selbst zu gelangen. Diese Überschreitung oder Überwindung der Erscheinungen kann aber immer nur relativ erfolgreich sein, da jegliche Selbsthabe immer noch von dem Bewußtsein begleitet wird, nur Selbsthabe eines Teilmoments, eines Ausschnittes des Ganzen zu sein. Die Evidenz der ,,äußeren", der Welterfahrung birgt in sich das Bewußtsein der Habe, aber einer unvollkommenen, die auf weitere Erfahrung notwendig verweist. Sie ist Evidenz, Bewußtsein der Sebsthabe, des Bei-dem-Gegenstand-selbst-seins[3], aber sie bleibt immer notwendig eine relative, unvollkommene, inadäquate Evidenz, die auf einen unendlichen Prozeß verweist. ,,So ist Evidenz eine universale, auf das gesamte Bewußtseinsleben bezogene Weise der Intentionalität, durch sie hat es eine universale teleologische Struktur, ein Angelegtsein auf ,Vernunft' . . .".[4]

---

[3] Vgl. *Formale und transzendentale Logik*, S. 144.
[4] a.a.O., S. 143.

In der unaufhebbaren Verwiesenheit auf das Nicht-Selbstgegebene, die in der intentionalen (Auffassung-Hyle) Struktur der Erfahrung gründet, besteht die teleologische Grundverfassung des Bewußtseins.

Die Teleologie des welterfahrenden Lebens ist somit Ausdruck des Bewußtseins der Endlichkeit, der Endlichkeit nämlich, die die Verfassung der Erscheinung kennzeichnet.

§ 28. DIE INTENTIONALE IMPLIKATION ALS HORIZONTSTRUKTUR DES BEWUßTSEINS

Selbstgegebenes und Nicht-Selbstgegebenes sind in der Einheit des einen Bewußtseins des Gegenstandes geeint. Nur ein Moment (Teil, Aspekt usw.) des Erfahrenen ist uns jeweils selbst gegeben. Aber *in eins* mit diesem Selbstgegebenen wird eine Fülle von anderen Bestimmungen des Gegenstandes mit bewußt, die aber nicht in jener ausgezeichneten Weise des Selbst-da, der leibhaften Anwesenheit, sondern nur als Mitgemeintes erscheinen. So und nur so ist ein Transzendentes wahrnehmbar. Die Wahrnehmung ist, sagt Husserl, „ihrem eigenen Sinne nach direkte Selbsterfassung".[5] Aber: „Sie ist eben nicht minder ihrem eigenen Sinn nach vorgreifend – der Vorgriff betrifft ein M i t g e - m e i n t e s –, und so radikal, daß selbst im Gehalt des im gegebenen Wahrnehmungsmoment Selbsterfaßten, genauer besehen, Momente des Vorgriffes liegen. Im Grunde ist nichts im Wahrgenommenen rein und adäquat Wahrgenommenes".[6] Endlos, so sagten wir schon, kann man Momente aus dem Wahrnehmungsfeld herausgreifen und fixieren, und das Fixierte wird immer diese doppelte Struktur: Selbsterfaßtes-Mitgemeintes aufweisen. Es gibt notwendig, und zwar deswegen, weil, wie gesagt, das jeweils Selbstgegebene als Teilmoment erlebt wird, eine bewußtseinsmäßige I m p l i k a t i o n,[7] eine wechselseitige i n t e n t i o n a l e Implikation von Selbsthabe und Mitmeinung. Keine Theorie der Erfahrung und Vernunft ist möglich „ohne Aufwicklung und exakte Beschreibung dieser Implikationen", urteilt Husserl in der *Phänomenologischen Psychologie*[8].

Diese Implikation bedeutet, daß kein Akt des Erfahrungssubjekts, der ja als solcher Akt Erscheinung einer Gegenständlichkeit ist, eine

---

[5] *Erste Philosophie II*, S. 45.
[6] ebda.
[7] Vgl. *Erste Philosophie II*, S. 123, 144, 149.
[8] *Phänomenologische Psychologie*, S. 179.

isolierte, selbständige, für sich und aus sich bestehende Einheit im lebendigen Fluß des Bewußtseins ist, sondern immer nur Teil, Phase, partielles Moment einer Aktverflechtung, eines mehr oder minder großen Erlebnis- bzw. Erscheinungszusammenhangs, der selbst Teil eines umfassenderen Zusammenhangs ist usw. Das intentionale Aktleben ist ein Geflecht der Intentionalität, „eine konkrete Intention (ist) nur möglich durch ein Ineinander der intentionalen und im übrigen unselbständigen Leistungen, mit einem verborgenen Ineinander intentionaler Gegenständlichkeiten".[9] Im lebendigen Vollzug der Erfahrung ist jeweils eine Phase da als die Vollzugs-, Gegenwartsphase, die in sich selbst die vorangegangenen und die kommenden Strecken des welterfahrenden Lebens impliziert in der einzigartigen, nur in der Erfahrung vorkommenden Form des Intentional-in-sich-Habens. Jeder Akt bzw. jede Erscheinung bildet dabei einen Kern, um den sich die anderen Phasen des Lebens nach verschiedener Nähe und Ferne als Hof oder Horizont ordnen; dieser Kern fungiert jeweils als Träger des ganzen Horizonts, weil sich das Bewußtsein erst im Durchgang durch ihn, d.h. durch die selbstgesehene Seite, des Ganzen, d.h. des durch ihn hindurch Erscheinenden (des „Durchscheinenden" wie Husserl sich zuweilen auch ausdrückt[10]), bemächtigt. Weil aber andererseits dieser originale Kern des Selbstgegebenen, wie ausgeführt, als bloßes Teilmoment, als unselbständiger Ausschnitt erlebt wird, deshalb wird er, der Träger des Gesamthorizonts, seinerseits auch vom Ganzen bewußtseinsmäßig getragen.

Das Bewußtseinsleben weist auf diese Weise in allen seinen Ausformungen die Horizontstruktur auf; es ist immer und mit Notwendigkeit Vordergrund- und Hintergrundbewußtsein, ein sich Beschäftigen (wahrnehmend, urteilend usw.) mit etwas, das dabei als gegenständliches Thema fungiert und die jeweilige Richtung des Bewußtseins bezeichnet, welches Thema aber zugleich von einer, wie Husserl sagt, gerade unaufgemerkten Zone umgeben ist; es fehlt aber nur eine „Wendung der Aufmerksamkeit", und Momente dieser bewußtseinsmäßigen Umgebung können zum Thema eines neuen Aktes werden, während das frühere Thema gerade entgleitet und zum inaktuellen Horizont wird.

So führt jedes erfahrene Ding, sofern es erfahren und ein Ganzes thematisierbarer Teilmomente ist, in räumlicher Hinsicht einerseits

---

[9] *Erste Philosophie II*, S. 124.
[10] Vgl. Manuskript C 3 VI, S. 17.

einen Innenhorizont mit sich als seine Teile, Seiten, Momente, die im Vollzug der Erfahrung unsichtbar sind, verdeckt durch die selbst wahrgenommenen; es hat eine Vorderseite, welche dabei selbst, wirklich erfaßt wird, während anderes, die inneren Teile, die Rückseite usw. bloß horizontmäßig, als die Umgebung jener Vorderseite bewußt (erlebt) werden.

Weil andererseits jede Erfahrungsgegenständlichkeit als Teilmoment umfassenderer Zusammenhänge thematisierbar ist und somit jede Wahrnehmung eine „Sondererfassung" bildet, befindet sich jede solche Gegenständlichkeit auch in einem „Außenhorizont", in einer kontinuierlichen Verflechtung mit anderen Gegenständen, aus der sie im jeweiligen Akt bewußtseinsmäßig entnommen wird. Der Gegenstand steht in einem Außenhorizont, der sich zum Teil unmittelbar an das jeweilige Erfahrungsthema anschließt als ein „Bereich noch wahrnehmungsmäßiger Anschaulichkeit",[11] zum anderen Teil aber ein im strengen Sinne „unanschaulicher Leerhorizont" ist: „Bewußtseinsmäßig endet das Wahrgenommene nicht da, wo das Wahrnehmen sein Ende hat, der Raum als Feld wirklicher und möglicher bekannter und unbekannter Gegenstände geht endlos fort".[12] Und weil dieses Feld endlos fortgeht, umfaßt der Leerhorizont „eigentlich die ganze Welt, und auch sie als einen Horizont, einen unendlichen Horizont möglicher Erfahrung".[13]

Die Umgebung des jeweilig Wahrgenommenen als die an es sich anschließenden Innen- und Außenhorizonte ist mit jenem *zugleich* in der Einheit desselben Erfahrungsaktes; das wirklich und das bloß horizontmäßig Wahrgenommene füllen die Zeitstelle der Gegenwart. Aber diese Zeitstelle als lebendiger Vollzugsakt der Subjektivität impliziert, wie wir schon andeuteten, die vorangegangenen Erfahrungsphasen, und zwar in der Weise der „Retention" die gerade abgeflossenen und vermittelt durch diese die weiter verflossenen Phasen, „das Reich der sozusagen niedergeschlagenen, erledigten Vergangenheiten".[14] Dieser Vergangenheitshorizont liegt als „Potentialität zu erweckender Wiedererinnerungen"[15] intentional vorgezeichnet in der Aktualität jedes lebendig strömenden Erlebnisses. In ähnlicher Weise intentional

---

[11] *Erste Philosophie II*, S. 147.
[12] ebda.
[13] a.a.O., S. 148.
[14] a.a.O., S. 150.
[15] *Cartesianische Meditationen*, S. 82.

vorgezeichnet liegt in jedem Akt ein Zukunftshorizont als Vorzeichnung dessen, was man vom jeweiligen Gegenstand in weiteren möglichen Erfahrungen erkennen könnte. Das, was zur wirklichen Erkenntnis kommt, die jeweilig gesehene Seite, Farbe, die Phase des
Tones usw. läßt das Nächstkommende in verschiedenen Graden der
Bestimmtheit erwarten.

Innen- und Außenhorizont unterschieden wir oben an Hand *eines*
aus dem Geflecht des Seienden herausgehobenen Gegenstandes; das
nicht Selbstgegebene an diesem Seienden war sein Innenhorizont.
Dieser erstreckt sich vom Kern des wirklich Erfahrenen nach außen
hin und geht in die den Gegenstand umgebende Welt über. Aber der
Innenhorizont kann sich auch in entgegengesetzter, zentripetaler
Richtung erstrecken, so daß sogar die selbstgegebene Gegenwartsphase nur einen ,,Rahmen'' darstellt für eine Fülle von Eigenschaften,
die evtl. in weiteren explizierenden Erfahrungen jeweils selbst thematisiert werden könnten in einem sich iterierenden Prozeß der Klärung.
,,Auch hinsichtlich der schon wirklich gesehenen Seite ertönt ja der
Ruf: Tritt näher und immer näher, sieh mich dann unter Änderung
deiner Stellung, deiner Augenhaltung usw. fixierend an . . .''[16] Im
Grund ist dies dasselbe, was Husserl in der *Ersten Philosophie* schrieb
und wir oben zitierten[17], als er vom Erkannten sagte, daß es in ihm im
Grunde ,,nichts . . . rein und adäquat Wahrgenommenes'' gebe, sondern es immer mit ,,Momenten des Vorgriffes'' behaftet wäre. Der Vorgriff, die Mitmeinung, steht nicht nur am Rande des Selbsterfaßten,
sondern liegt in seinem Herzen selbst. Der Vorgriff ist aber das im
Gegebenen Vorausgesetzte, das also im Zuge der Letztbegründung aus-
zuschalten wäre. Die Ausschaltung des bloß Mitgemeinten diente
dazu, das Moment des rein Selbstgegebenen methodisch herauszuarbeiten, das dann, weil es als Erscheinung reelles Moment des Bewußtseins ist, in ,,immanenter Wahrnehmung'' erfaßt werden könnte. Wie
aber, wenn der Horizont sogar in dieses Selbstgegebene hineinreicht
und es von innen her zur gewünschten Voraussetzungslosigkeit un-
tauglich macht? Gewiß würde Husserl hier darauf hinweisen, da
Innen- und Außenhorizont Strukturmomente eines Transzendenten
seien, habe es keinen Sinn, beim Immanenten davon zu sprechen.
Damit stellt sich die Aufgabe, die Selbstgegebenheit durch hin-
reichende Klärung zu dem Punkt zu bringen, wo sie auch von ihrem

---

[16] *Analysen zur passiven Synthesis*, S. 7; vgl. auch S. 202.
[17] Vgl. oben S. 145.

Innenhorizont befreit werden könnte. Es wird mithin darum gehen, die
Grenze zwischen Immanentem und Transzendentem bzw. zwischen
immanenter und transzendenter Wahrnehmung zu fixieren.

§ 29. ANTIZIPATION, MOTIVATION, ERFÜLLUNG

Im selben einheitlichen Akt einer Wahrnehmung haben wir z u -
g l e i c h die Anwesenheit von selbstgegebenen und bloß mitgegebenen
Momenten, von Vordergrund und Horizont, von Aspekt und Gegenstand, beides ineinander verflochten und die Einheit des Wahrgenommenen herstellend. Ich sehe z.B. nur den Zweig eines Baumes und doch
weiß ich – und bringe dies vielleicht in einer möglichen Antwort auf
eine an mich gestellte Frage zum Ausdruck –, daß es sich um einen
Baum handelt. In dieser Aussage habe ich die anderen Teile des
Baumes, den Stamm, die übrigen Zweige, die Wurzel usw. zugleich mit
dem selbst gesehenen Teil des Baumes in den gegenständlichen Gesamtsinn ,,Baum'' mit einbezogen, (was ich evtl. in Einzelaussagen
zum Ausdruck gebracht habe); dabei habe ich aber, obwohl mir diese
anderen Teile des Baumes nicht selbst gegeben sind, so getan, als
seien sie mir alle in dem Augenblick präsent, in dem ich ,,Baum''
sagte; ich habe die abwesenden Teile zur Anwesenheit gebracht durch
einen Akt des Vorgriffs, der A n t i z i p a t i o n.[18] Durch die Antizipation
übersteige ich bewußtseinsmäßig den engen Bereich des leibhaft
Selbsterfaßten auf das Ganze hin, das jeweils Thema ist, ich verwebe
das Selbsterfaßte in die Mannigfaltigkeit des u n w a h r g e n o m m e n e n
Horizonts und bringe so dasjenige zum a k t u e l l e n, wenn auch nur
horizontmäßigen Bewußtsein, was ich erst im weiteren Lauf der Erfahrung, in anderen m ö g l i c h e n W a h r n e h m u n g e n a l s e s s e l b s t
zur Erfassung bringen kann oder könnte. Ich antizipiere das Nicht-
selbst-Wahrgenommene, die anderen Teile und Seiten des Gegenstandes und durch diese meine jeweilige Umwelt und so endlos, indem ich
das jeweils wirklich Selbstgegebene als ein Etwas a u f f a s s e, als Baum,
Mensch, Landschaft, Stadt, Meer.

Das Selbstgegebene als die wirklich erscheinende, lebendig-gegen-
wärtige Phase ist nie der volle Gegenstand. Aber die Tatsache, daß ich
ein bestimmtes Seiendes sehe, einen Baum, einen Menschen usw.,
zeigt, daß die Antizipation von einer festen Struktur ist, daß ich immer

---

[18] Über Antizipation vgl. u.a. *Erste Philosophie II*, S. 46/47, 51; *Ideen I*, S.
122–125.

gemäß dem antizipiere, was ich als es selbst sehe. Was ich als selbst
daseiend sehe – das Erscheinende der Erscheinung – gilt mir unmittelbar als Haus; die Antizipation ist dabei durch diesen Sinn streng vorgezeichnet, und ich antizipiere nur diejenigen Bestimmtheiten, die
überhaupt zu einem Haus gehören können. Mit anderen Worten,
die Antizipation hat ihr Motiv in jenem Kern des Selbstgegebenen.

Das Nichtwahrgenommene, das Unsichtbare, das vielleicht schon
bekannt und dabei nur nicht selbst wahrgenommen ist, oder das vielleicht auch ,,völlig" unbekannt ist, wird durch Motivation[19] antizipiert als die Fülle der möglichen Eigenschaften des jeweils Wahrgenommenen oder als die Gegenstände, Gegenstandszusammenhänge
usw., auf die dieses verweist. All das Antizipierte, als Korrelat möglicher Erfahrungen, als Erfahrbarkeiten[20] ist im Kern des Selbst-

---

[19] In den *Logischen Untersuchungen II*, I, S. 25 erörtert Husserl das Wesen der
Anzeige, und er sieht es darin, daß ,,irgendwelche Gegenstände oder Sachverhalte,
von deren Bestand jemand aktuelle Kenntnis hat, ihm den Bestand gewisser anderer
Gegenstände oder Sachverhalte in dem Sinne anzeigen, daß die Überzeugung von
dem Sein der einen von ihm als Motiv (und zwar als ein nicht einsichtiges Motiv) erlebt wird für die Überzeugung oder Vermutung vom Sein der anderen". Was
Husserl hier von der Anzeige sagt, läßt sich allgemein auf die gesamte Sphäre der
Akte übertragen, wenn auch nicht so, als ob damit gemeint wäre, daß unsere Erfahrung als stetiges Anzeigebewußtsein fungierte im Sinne der Erfassung von etwas
als ,,Zeichen" für etwas anderes, so wie wir im konkreten Leben Zeichen verstehen.
Aber die ursprüngliche Motivationsverweisung, die in dieser Struktur der Anzeige
wesentlich vorliegt, gibt es so in jedem Erfahrungsakt. Darum sagt Husserl in *Erfahrung und Urteil* über das ,,Phänomen der Anzeige": ,,Diese bereits in den Logischen Untersuchungen herausgearbeitet Einsicht bildete dort schon den Keim der
genetischen Phänomenologie". (S. 78).
[20] Vgl. *Ideen I*, S. 112: ,,Die Erfahrbarkeit besagt nie eine leere logische
Möglichkeit, sondern eine im Erfahrungszusammenhange motivierte. Dieser
selbst ist durch und durch ein Zusammenhang der rein immanenten ,Motiva-
tion', immer neue Motivationen aufnehmend und schon gebildete umbildend".
Mit der Motivation beschäftigt sich Husserl am längsten in den *Ideen II*. Im dritten
Abschnitt wird die ,,Konstitution der geistigen Welt" (S. 172ff) in Angriff genommen, die Husserl im Gegensatz zur naturalistischen Welt ansetzt. Beide ,,Welten"
resultieren aus verschiedenen Einstellungen, der personalistischen und der naturalistischen, die der Mensch dem All des Seienden gegenüber einnehmen kann bzw.
immer schon eingenommen hat. Einstellung bedeutet hier so viel wie Verhaltens-
weise; während in der naturalistischen Einstellung der Mensch sich der Wirklichkeit gegenüber so verhält, daß er sich von dieser so wie Dinge untereinander natur-
kausal affiziert betrachtet, nimmt die personalistische Einstellung die Gestalt eines
Motivationsumgangs mit den Dingen an. Herrscht dort das Gesetz der Kausalität,
so hier das Gesetz der Motivation, und dies besagt: das Subjekt faßt seine Beziehung
zur Welt nicht als eine zu realen Dingen, sondern zu Dingnoemen (S. 233). Die
Motivation ist also eine bestimmte Art von Kausalität, die ganz innerhalb der
Sphäre der eigenen Akte des Subjekts verläuft; durch diese seine Akte wird es bestimmt. Als solches Gesetz der personalen Beziehung zur Welt hat Motivation in

gegebenen verwurzelt, und dieser Kern gibt der Erfahrbarkeit einen fest bestimmten Stil[21]. „Diese implizierten Möglichkeiten sind nicht beliebige Meinungen über mein Können und über das, was dann kommen würde, sondern von der aktuellen Gegenwart her ursprünglich motivierte Voraussichten . . .“.[22] Im voraus weiß ich, daß ich, wenn ich mit meiner Wahrnehmung auf diese oder jene bestimmte Weise fortfahre, ich diese oder jene weitere Seite des jeweils Erfahrenen, diese oder jene anderen Gegenstände erfahren k a n n. Auf die verdeckten Seiten des Gegenstandes, meiner Umwelt usw. bin ich immer bewußtseinsmäßig teleologisch gerichtet, so daß, wenn ich neue Erlebnisreihen in Gang setze, dasjenige, was dabei selbst zur Gegebenheit kommt, mir notwendig als motivierte E r f ü l l u n g dessen bewußt wird, was ich immer schon in größerer oder geringerer Bestimmtheit – bis hin zum Limes des „absolut Unbekannten” – antizipiert hatte. „Die Erfüllbarkeit, im Sinn der praktischen Möglichkeit, die jeweilige Wahrnehmung als erfahrende Kenntnisnahme in die Gestalt erfüllender Näherbestimmung des noch Unbekannten von dem schon wahrgenommenen Realen her überzuführen – das aber wesensmäßig nie absolut Unbekanntes, sondern in seinem formalen Typus, z.B. als Raum-dingliches, vorgezeichnet ist – führt beständig mit sich die empirisch-praktische Evidenz: Ich kann . . . mein Wahrnehmen als Wahrnehmen desselben, . . . fortführen”.[23]

Im lebendigen Vollzug der Erfahrung gehe ich jeweils über das, was ich wirklich wahrnehme, hinaus, indem ich dieses, d.h. die subjektiv gegebene Materie, die vielleicht nur ein Bein des Tisches, ein Zweig des Baumes oder ein Wort eines Menschen ist, *die wiederum aber als bloß subjektives Datum eben noch nicht Bein, Zweig oder Wort sind,*

Ideen II zunächst die Bedeutung eines Konstitutionsmoments für e i n e Sphäre der Realität, nämlich die der geistigen Welt. In *Ideen I* wird ihr dagegen von Husserl die Kernfunktion eines Grundbegriffes für die Konstitution des Ganzen des Seienden zugewiesen. *Ideen II* bleiben aber insofern nicht hinter *Ideen I* zurück, als sie die naturalistische Einstellung, die der personalistischen ontologisch gleichgestellt zu sein schien, dann in jene aufgehen lassen (*Ideen II* §§ 62-64). Die Natur erweist ihre Relativität, der Geist (*Ideen I* gleich Bewußtsein) seine Absolutheit (S. 297 ff).

[21] Vgl. *Phänomenologische Psychologie*, S. 94: „Im Fortgang wirklicher Erfahrung enthüllt sich manches Unerfahrene von selbst, aber mögliche Erfahrung, die wir als von der wirklichen jederzeit motivierte ins Spiel setzen, enthüllt uns im Bilde der Möglichkeiten alsbald auch den konsequenten Stil, der zu unserer Erfahrungswelt gehört . . .”.

[22] *Erste Philosophie II*, S. 405.

[23] Kant-Rede, *Erste Philosophie I*, S. 275.

doch als Tisch, Baum oder Menschen a u f f a s s e , apperzipiere.[24]

„Tisch", „Baum", „Mensch" sind mir also schon bekannte Bedeutun-
gen oder S i n n e möglicher Gegenstände, die sich im lebendigen Erlebnis
insofern aktualisieren, als das, was ich w i r k l i c h erfahre: die erscheinende Seite, der erscheinende Teil, für mich als G e g e n s t a n d erscheint. So ist
das, was ich jeweils s e l b s t habe, die Phase der lebendigen Gegenwart eine
Bestimmung, eine Konkretion des in der Allgemeinheit des T y p i s c h e n
mir schon Bekannten. Die lebendige Gegenwart ist immer nur Erfüllung, Verwirklichung eines schon vorliegenden Bekanntheitshorizonts.

Indem sie aber dieses Vorliegende, als solches also *Vergangene*, erfüllt, verweist sie zugleich, da sie nur ein unselbständiges Moment zur
Erfüllung bringt, notwendig auf das, was der M ö g l i c h k e i t nach
durch die weitere Erfahrung in rechtmäßiger M o t i v a t i o n zu erfüllen
wäre, d.h. auf die Zukunft. Jede Erfüllung als Verwirklichung der Vergangenheit ist z u g l e i c h Antizipation als E r w a r t u n g (als möglich
bewußte Verwirklichung) der Zukunft.

Und doch bleibt meine Antizipation streng motiviert, d.h. ich kann
nur Bestimmtheiten, Gegenstände usw. antizipieren, die ich, zwar vielleicht nicht in ihren Einzelheiten, aber doch dem Allgemeintypischen
nach schon kenne; ich kann im Grunde nur Vergangenes antizipieren.
Was eintreten kann – das Zukünftige, das „Neue" – schöpft sein Sein
und So-Sein aus der Vergangenheit.[25]

Auffassung – Apperzeption –, die wir im ersten Abschnitt dieses
Teiles zunächst nur als Formgebung, Vergegenständlichung der Hyle
bestimmten, präzisiert sich uns, indem die Verwandlung der Hyle in
die Erscheinung, und damit in die Anwesenheit des Gegenstandes sich
jetzt als ihre Verwebung in einen Horizont erweist, den sie trägt, indem
sie von ihm getragen wird.

[24] Husserl nennt den ganzen Zusammenhang: Antizipation-Motivation-Apper-
zeption auch I n d u k t i o n . Vgl. z.B. Manuskript B I 10 I, S. 14: „Die Wahrnehmung
meint also mehr als was sie eigentlich selbst gibt, und dieses mitgemeinte Mehr als
stets und notwendig den Wahrnehmungssinn mitbestimmend, heißt hier apperzipiert . . . In der Tat bezeichnet dieses Mitmeinen die ursprüngliche zur Wahrnehmung gehörige Induktion". In *Erfahrung und Urteil*, S. 28, sagt Husserl: „Das Wort
[Induktion] ist nützlich, da es vordeutet (selbst eine ‚Induktion') auf die Induktion
im gewöhnlichen Sinne einer Schlußweise und darauf, daß diese letztlich bei ihrer
wirklich verstehenden Aufklärung zurückführt auf die originale und ursprüngliche
Antizipation". Vgl. auch *Krisis*, S. 51.
[25] Das ist ein Verhältnis zwischen Retention und Protention von ihrem noematischen Sinn her betrachtet. Vgl. in den *Analysen zur passiven Synthesis*, S. 76–77,
den noetischen Unterschied zwischen der einen und der anderen: Retention ist
keine assoziative Synthesis, wohl aber Protention.

§ 30. DAS NEUE UND DAS ERWORBENE. DER TELEOLOGISCH-
GESCHICHTLICHE SINN DER INTENTIONALITÄT

Wir sahen zuletzt, daß wir nur Bekanntes antizipieren können und
sei dies auch nur ein in der leersten Allgemeinheit Bekanntes: raum-
zeitlich Seiendes, ideales Etwas oder dergleichen. Immer verwirklicht
sich jeweils der Bekanntheitshorizont; er verdichtet sich zu einem Gegenstand oder Gegenstandskomplex, wenn ich einen Gegenstand aus
dem unabgehobenen Horizont erfahre, wobei immer im Auge zu behalten ist, daß in dieser Erfahrung kein „Gegenstand" vorliegt, sondern nur ein Aspekt als Erscheinung dieses Gegenstandes. Der neuer-
fahrene Gegenstand war bis dahin verdeckt, unbeachtet. Oder er war
vielleicht sogar für mich unbekannt. In diesem Falle bin ich im Laufe
meiner Erfahrung jetzt auf etwas für mich „absolut" Neues gestoßen,
d.h. auf etwas, das ich nie vorher als diesen bestimmten Gegenstand
gesehen, gehört usw. hatte; in einem fremden Land sehe ich z.B. neue
Dinge, höre ich eine neue Sprache, eine fremde Musik, komme mit mir
bis dahin unbekannten Sitten in Berührung. Alles ist „neu". Und doch
wiederum nur neu innerhalb eines durch das mir schon Bekannte vor-
bestimmten Rahmens: „Ding", „Sprache", „Musik", „Sitten",
waren mir bereits vertraut und zwar nicht bloß als starre leere Allgemeinheiten, sondern in vielfältiger Konkretion möglicher Wahrnehmungen von dergleichen bis hinunter zu ganz konkreten Bestim-
mungsmomenten; da aber alle diese konkreten Wahrnehmungen
wesenhaft unabgeschlossen waren und ihr Wahrgenommenes niemals
vollständig zur Gegebenheit brachten, so kann mir dieses wahrnehmungsmäßig Vertraute in diesem Augenblick ohne weiteres in Gestalt
von etwas „absolut" Neuem erscheinen.
    Und damit ist gesagt: Dieses „Neue" ist nicht irgendein geheimnis-
volles „Plus" im wahrgenommenen Seienden, ein „Plus", das zu dem
mir an diesem Seienden schon Bekannten von „außen" hinzuträte und,
weil aus einer völlig „transzendenten" Sphäre herrührend, eine Art
Absolutheit besäße, das m.a.W. an sich seiend bestünde und nun
nachträglich erst von mir erkannt und so dem Reich des mir Bekannten einverleibt würde. Sondern: Das Neue – das man als weltliches
Vorkommnis nicht leugnen kann – ist nichts anderes als eine neuartige, bis dahin im Rahmen meiner Erfahrungen noch nicht aufgetretene Disposition der Daten, der Erscheinungen, eine neue Konstellation von visuellen, taktuellen Erscheinungsreihen. Gewiß, es

ist ein neues Ding, aber eben ein *Ding*. Das mir schon Bekannte „organisiert" sich für mich a n d e r s, oder vom Gegenstand her: es ist
anders organisiert und affiziert mich entsprechend.

Um bei dem gerade angeführten Beispiel zu bleiben: Auf meiner
Reise in das fremde Land sehe ich Bauwerke, die ich zunächst für
Häuser halte, deren Architektur aber in geringerem oder größerem
Maße von der abweicht, die mir aus meinen früheren Erfahrungen bekannt ist. Verteilung, Form oder Verhältnis der einzelnen Bauelemente
eines Hauses, Wände, Räumlichkeiten, Dach, Hof usw. ist mir neu.
Vielleicht kann ich das mir da Begegnende als Wohnhaus erkennen,
oder ich sehe bei näherer Betrachtung, daß es sich um einen Tempel
handelt, oder ich kann weder das eine noch das andere bestimmen,
aber es ist mir klar, daß es sich um ein Gebäude handelt. Oder die Unbestimmtheit läßt mich nicht einmal erkennen, ob es ein zweckmäßiges
Gebäude ist oder ein Kunstwerk. In der möglichen V e r f l ü s s i g u n g
der Konkretion, in ihrer Auflösung in die Allgemeinheit folgen als all-
gemeinere Bekanntheitsstufen schließlich das Ding, das „Etwas"; und
irgendwelche solche Bekanntheiten müssen folgen; denn trüge ich
nicht schon eine gewisse Summe an Erfahrungen, Erkenntnissen „in
mir", wüßte ich nicht von Dingen und einigen ihrer Besonderheiten,
Eigenschaften, wie könnte ich das, was da auftritt, überhaupt als etwas
erfassen, auffassen, erkennen, wie könnte es mir „bewußt" werden?
Jede Erfahrung ist nur möglich durch Vermittlung des Bekannten. Eine
Erfahrung vom Seienden ohne diese Vermittlung, eine „unmittelbare"
Erfahrung in diesem Sinne, ist mir nicht möglich. Oder mit anderen
Worten: *Es gibt nie etwas Neues im absoluten Sinne.* „Handeln erzielt
auf Grund von schon Seiendem neues Seiende, aus schon Bekanntem
Neues, das Neue ist im Vorhaben der Erzeugung doch schon im voraus
antizipiert als bekannt, als bekannte praktische Möglichkeit erfah-
rend-wirkend. Die Handlung führt aus, bringt zur Selbstgebung und
macht wirklich bekannt, was schon in Antizipation Bekanntes ist".[26]

Was da neu auftritt, tritt für mich auf mit einem bekannten Sinn: es
ist Mensch, Ding, Kunstwerk usw. Mensch – oder konkreter: Euro-
päer, Ding – oder konkreter: Haus, Kunstwerk – oder in näherer Be-

---

[26] Vgl. Manuskript B I 14 VI, S. 9. Handeln bzw. Handlung bezeichnet in diesen
Ausführungen Husserls allgemein den Erkenntnisakt: „Ich als Ich der reinen Akte:
dabei ‚habe' ich schon Welt und Weltliches in Sonderheit, nämlich das, womit ich
mich beschäftige. Akte vollziehen ist sich beschäftigen mit etwas, das ‚für mich ist'.
Nehmen wir also ‚Akt' als Sich-beschäftigen-mit, Handeln im weitesten Sinne . . ."
(ebda., S. 1).

stimmung: Gemälde, ist ein mir bekannter Sinn; ich habe schon einmal solches erfahren bzw. ich habe schon mehrere Erfahrungen von Gegenständen derselben Art gehabt. Weil und indem diese meine früheren Erfahrungen Begegnendes solcher Art wiederholt und einstimmig zur Selbstgegebenheit gebracht haben, haben sie zur Folge gehabt, daß ich den gegenständlichen Sinn „Haus", „Baum", „Gemälde" usw. fest besitze, daß ich mit geringerer oder größerer Bestimmtheit weiß, was das ist: Mensch, Haus oder Baum. Die Bestätigung der Erfahrungen von Seiendem derselben Art, die Wiederholung derselben Erscheinungsreihen im selben Gegenstand bzw. in denselben Gegenständen haben mir zum bleibenden Erwerb dieser Seinssinne, zu einer „habituellen" Habe von Erkenntnissen bzw. von Seienden verholfen, über die ich verfüge und auf die ich immer wieder zurückgreifen kann.[27]

Mit diesem jeweils schon Erworbenen ausgerüstet bin ich imstande, neues Seiende zu erwerben, indem ich das, was mir jeweils begegnet, als etwas auffasse, das mir schon bekannt ist, als Haus, Tier usw. Ich „subsumiere" gewissermassen stillschweigend, analogisch verfahrend, das mir Begegnende unter die mir schon eigenen Seinssinne. In der Sphäre des mir Bekannten, des Erworbenen, tritt ein neues Seiende bzw. eine neue Seinsgruppe auf und bereichert sie. „Lerne ich ein fremdartiges Tier kennen, so erwerbe ich nicht nur eine Kenntnis dieses Individuums, als dieses, dessen ich mich immer wieder erinnern kann . . . So oft ich aber später einmal individuell Anderes, ein nie gesehenes Tier derselben Art begegne, *fasse* ich es im ersten Blick als Tier dieser Art *auf*, d.h. ich *apperzipiere* es mit all den Eigenschaften, die ich im früheren mir wirklich erworben habe, ganz unmittelbar durch ‚apperzeptive Übertragung' auf Grund der Analogie".[28]

---

[27] Habitualität und Erwerb deuten im Grund auf dasselbe Phänomen hin: die bleibende Habe, das für mich schon Seiende. Vgl. u.a. *Krisis*, S. 23, 471, 487; *Phänomenologische Psychologie*, S. 462–465; *Cartesianische Meditationen*, S. 102; *Ideen II*, § 29; *Erfahrung und Urteil*, § 25 usw.

[28] Manuskript B I 14 VI, S. 7; Hervorhebungen von mir. Vgl. auch *Erfahrung und Urteil*, S. 35: „Mit jedem neuartigen, (genetisch gesprochen) erstmalig konstituierten Gegenstand ist ein neuer Gegenstandstypus bleibend vorgezeichnet, nach dem von vornherein andere ihm ähnliche Gegenstände aufgefaßt werden. So ist unsere vorgegebene Umwelt schon als vielfältig geformte ‚vorgegeben', geformt nach ihren regionalen Kategorien, und nach vielerlei Sondergattungen, Arten usw. typisiert". Die Erfahrung des „erstmalig konstituierten Gegenstandes" ist möglich durch Analogie mit dem schon Bekannten, das also als allgemeiner Typus (Gattung, Art) schon vorliegen muß. Aber dieser Gegenstand selbst ermöglicht seinerseits neue

So vollzieht sich ganz allgemein und notwendig die Erfahrung, sowohl, wenn sie Erfahrung von für mich Bekanntem ist wie auch dann, wenn sie Erfahrung von „völlig Unbekanntem" ist. Nur so kann ich Dinge haben. Das jeweils selbst Gesehene, in leibhaftiger Anwesenheit Daseiende, wird aufgefaßt, apperzipiert als dieser oder jener Gegenstand. Indem ich es so wahrnehme, überschreite ich aber den engen Rahmen des Selbstgegebenen, die konkret verwirklichte Disposition oder Konstellation der Erscheinungen auf den allgemeinen Sinn hin („Haus", „Baum", „Tier" usw.), der „dahinter" steht und der es ermöglicht, es als dieses bestimmte Seiende zu erkennen bzw. es überhaupt zu erkennen. Im jeweiligen Vollzug der Erfahrung überspringe ich das Selbstgegebene auf seinen Horizont hin, und das heißt jetzt: auf den Horizont des Erworbenen hin.

Das Erworbene aber ist das, was sich im Verlaufe aller meiner Erfahrungen als fester Besitz niedergeschlagen hat, es ist Widerspiegelung meines gesamten intentionalen Lebens als eines Geschehens der Erfahrung, es ist Widerspiegelung meiner eigenen Geschichte. Das Erworbene ist Geschichte, ist Tradition.

Indem ich das Selbstgegebene, die jeweilige perspektivische Konstellation der Erscheinungen, als Gegenstand auffasse – als Ding, konkreter Tisch, Baum usw. –, überschreite ich die Erscheinungen auf den Gegenstandssinn hin, der als Erwerb nichts anderes ist als Ausdruck meiner eigenen Geschichte. Jeder Akt der Welterfahrung – und sei es die schlichteste, passivste Wahrnehmung – ist demnach ein durch und durch geschichtlicher Akt.

Die Auffassung, Apperzeption als Formgebung der Hyle durch deren

---

Erfahrungen von ihm analogisch Seiendem, die „erstmalige" Erfahrung eines Gegenstandes ist zugleich die Erwerbung eines Typus und d.h. eines Allgemeinen, eines Eidos. Die „erste" Erfahrung eines Seienden, die durch ein Eidos möglich wurde, ist selbst Stiftung, Ursprung eines Eidos. Im konkreten Zusammenhang der Erfahrung, in ihrem lebendigen Vollzug, wenn man Erfahrung phänomenologisch auslegt und nur dann, entspringt die eidetische Frage. Lange vor der expliziten methodisch-wissenschaftlichen Beschäftigung mit den Allgemeinheiten, vor der „eidetischen Variation", ist das konkrete Leben schon ein „Umgang mit Eide", bzw. jene Beschäftigung muß in diesem erfahrungslebendigen Umgang ihre Legitimität suchen. Wir zitierten (S. 151, Fußnote 21) aus der *Phänomenologischen Psychologie*: „...mögliche Erfahrung, die wir als von der wirklichen jederzeit motivierte ins Spiel setzen, enthüllt uns im Bilde der Möglichkeiten alsbald auch den konsequenten Stil, der zu unserer Erfahrungswelt gehört...", und Husserl fährt weiter fort: „... und seine Notwendigkeit deutet schon auf die Möglichkeit der Entdeckung eidetischer Notwendigkeiten" (S. 94).

Verflechtung in ihren Horizont erhält hier die einzig richtige, die geschichtliche Bedeutung. In der Apperzeption überschreiten wir geschichtlich den Kern des eigentlich Selbstgegebenen, indem wir es *in* oder *mit* seinem Horizont erfahren. Die Erfahrung des wirklich Gegebenen ist Miterfahrung des Horizonts; die Apperzeption, legt Husserl etymologisch aus, ist eine Ad-perzeption. „Jede weltliche Erfahrung als Ad-perzipieren. Mit der eigentlichen Perzeption, in der etwas als selbst da sich darstellt, Mitmeinung, die nur durch künftige Perzeption sich ausweisen könnte, Mitgemeintes, das aber im voraus, vor der Ausdrücklichkeit, ja selbst vor dem Darauf-Achten, vor dem expliziten Meinen schon gilt, Mitgemeintes, das erst durch explizites Meinen für sich zum eigentlichen Meinen wird. Ohne das habe ich kein Ding. So für die ganze Welt als Welt der Erfahrung. Verborgene Tradition".[29] Die Welt der Erfahrung ist „in der Weise der Apperzeption perzipierte" Welt.[30] Die „Perzeption" meint also das in der Wahrnehmung rein Wahrgenommene, d.h. jenen Kern des Selbstgegebenen; aber jede Perzeption ist zugleich eine *Ad-perzeption*, und nur so kann sie Perzeption sein. Durch die Ad-perzeption geht die Wahrnehmung als Perzeption über sich selbst als selbstgebenden Akt hinaus, indem sie das Selbstgegebene als einen Gegenstand, ein Ganzes auffaßt, das doch als solches Ganze nicht selbst da ist. Die Wahrnehmung als Apperzeption ist Mit-meinung, sie bringt zu aktueller Erfahrung, was nicht aktuell wirklich, leibhaft-da ist, was nur als Horizont in Antizipation erscheint.

Perzeption und Ad-perzeption im lebendigen Vollzug der Erfahrung sind eins: Wahrnehmung des Dinges, Habe einer Welt. Sie bedingen sich, sind aufeinander angewiesen. Ohne den Horizont kann ich nicht Perzeption haben, ohne Perzeption ist die Rede vom Horizont sinnlos.

Durch die Perzeption hindurch bin ich auf den Gegenstand bzw. auf die Welt aus, und zwar in Form von Apperzeption, Mitmeinung. Ich ad-perzipiere, indem ich das Selbstgegebene a l s etwas auffasse, aber das heißt nun, indem ich a n a l o g i s c h das Gesehene als etwas wahrnehme, was ich s c h o n erfahren habe, schon kenne, was zu meiner Geschichte gehört.

„Apperzeption ist uns der Überschuß, der im Erlebnis selbst ge-

---

[29] Manuskript B I 6 I, S. 19.
[30] a.a.O., S. 21. Vgl. auch Manuskript B I 10 I, S. 14; *Formale und transzendentale Logik*, S. 282–283.

genüber dem rohen Dasein der Empfindung besteht . . . „zitierten wir
früher aus den *Logischen Untersuchungen*.[31] Dieser Überschuß hat sich
nun als die „sedimentierte Geschichte",[32] die Tradition erwiesen.

Den Fluß der Erscheinungen durch ihre Auffassung als Hyle auf
den Gegenstand hin überschreiten, diesen als Gesamtsinn intendieren,
darin besteht, wie wir ausgeführt haben, die Intentionalität. Im Vollzug des intentionalen Aktes über die reellen Momente des Bewußtseins, die Erscheinungen, hinausgehen und beim Gegenstand bzw. bei
der Welt sein, heißt nun: das Selbstgegebene auf seine Geschichte hin
überschreiten, es heißt: nur aufgrund „seiner" Geschichte etwas erkennen, erfassen können. In diesem Überschreiten der Mannigfaltigkeit der Erscheinungen besteht auch, wie wir zeigten, die teleologische
Struktur des Bewußtseins. Die Intentionalität als Überschritt zur Welt
ist eine „teleologische Funktion"[33] des Bewußtseinslebens, die, weil
jener Überschritt geschichtlicher Natur ist, und weil er erst *nach dem
Bruch* mit der Natürlichkeit als solcher zutage tritt, als die „transzendentale Geschichtlichkeit"[34] oder die „absolute Geschichtlichkeit"[35]
der Subjektivität bezeichnet werden kann. Erst hier wird der letzte Sinn
des in einer ersten, phänomenologisch-psychologisch-natürlichen oder
auch statischen Betrachtung des Bewußtseins gewonnenen Charakters
der Intentionalität: „Bewußtsein ist immer Bewußtsein von Etwas",
„Bewußtsein ,trägt' immer seinen Gegenstand in sich" usw. erkennbar, – erst hier, nachdem die Besinnung zur Bestimmung von Intentionalität durch die Geschichte des Bewußtseins geführt hat.

§ 31. DER GENETISCHE RÜCKGANG AUF DEN
UNDIFFERENZIERTEN, ZEITLOSEN ANFANG

Die vorangehenden Betrachtungen lassen sich zusammenfassen in der
Einsicht, daß die transzendentale Geschichtlichkeit des Bewußtseins
die Form eines genetischen Ursprunges aller reellen wie intentionalen
Bewußtseinsinhalte annimmt. Das jeweils Erfahrene und sei es das in
der Form der passivsten Hinnahme ohne irgendeine erfassende Zuwendung Erfahrene, weist immer eine Genesis auf: entweder habe ich

---

[31] Vgl. oben S. 133.
[32] *Formale und transzendentale Logik*, S. 221.
[33] a.a.O., S. 216.
[34] *Krisis*, S. 212.
[35] a.a.O., S. 262.

dasselbe schon einmal original – ursprünglich – erfahren, und die gegenwärtige Erfahrung ist im Grunde nur eine Wiederholung der früheren, – ich erkenne dasselbe durch dasselbe –, oder mir war Ähnliches schon einmal selbstgegeben, und meine jetzige Wahrnehmung ist eine analogische Erkenntnishandlung – ich erkenne etwas durch passiven oder aktiven Vergleich mit etwas anderem. Es gibt für jeden Gegenstand bzw. jede Gegenstandsart immer eine zeitlich urstiftende Genesis, eine erstmalige Erfahrung, einen Anfang der betreffenden Geschichte oder Tradition.

Wenn ich also Seiendes nur durch schon erworbene Bekanntheit von Seiendem erkennen, wenn ich Welt nur durch schon vorhandene Welt haben kann, so führt das bei jeder Gegenständlichkeit zurück zu einem Zeitpunkt, in dem diese Gegenständlichkeit zum ersten Mal für mich da war. Jede Erfahrung von Seiendem irgendeiner Seinsart enthält eine genetische Verweisung[36] auf meine Geschichte bzw. innerhalb ihrer. Meine jeweilige Welt (Lebenswelt, Umwelt) ist die Konkretion, die Fülle dieser Geschichte; sie ist ihre Erfüllung.

Vollzieht sich das Erfahrungsleben als Ad-perzeption, als Habe des Begegnenden in seinem Horizont, so macht diese genetische Verweisung, wenn sie nicht als eine Verweisungskette in infinitum sinnlos werden soll, die Anerkenntnis einer Erfahrung notwendig, die, da sie über nichts bereits Vorliegendes verfügt, aufgrund dessen sie apperzipieren könnte, zwar Habe, aber nicht ad-perzeptive Habe ist, ein unvermitteltes, „geschichtloses" und in diesem Sinne „zeitloses" Bewußtsein als „Urstiftung der Weltlichkeit",[37] ein Anfang der Tradition.

Apperzeption aber ist Auffassung der Hyle in der Form der geschichtlichen Synthesis der Erscheinungen. Soll also eine Erfahrung ohne Apperzeption möglich sein und auch notwendig, damit Geschichte (Leben) einen Anfang und damit einen Sinn hat, so kann sie nur Hylebewußtsein sein, Empfindung. Nur in solchem Bewußtsein vollzieht sich die „ursprüngliche Erwerbung"[38], die Husserl für die Erfahrung gehalten wissen will, die noch nicht echte Erfahrung aus Erwerb ist. Diese anfängliche Erfahrungslage beschreibt Husserl in den *Ideen II* sehr deutlich: „Ein Bewußtseinssubjekt, das noch nie einen Ton „wahrgenommen", also als einen Gegenstand für sich erfaßt

---

[36] Vgl. *Formale und transzendentale Logik*, S. 279.
[37] Manuskript B I 14 VI, S. 10.
[38] a.a.O., S. 11.

hätte, dem könnte sich auch kein Gegenstand Ton als Gegenstand
aufdrängen. . . . Natürlich kann nicht jede Zuwendung zu einem Ton
genetisch auf Zuwendung zu einem konstituierten Ton zurückweisen,
es muß ein Tonempfinden geben, das nicht gegenständliches Auffassen
oder Erfassen ist; es muß eine ursprüngliche Konstitution des Gegenstandes Ton geben, die als vorgebendes Bewußtsein voranliegt, ein
eigentlich nicht vorgebendes, eben schon gegenständlich auffas-
sendes Bewußtsein".[39]

Die genetische Rückverweisung führt zur Empfindung als vorge-
bendem, vor-gegenständlichem Bewußtsein. Irgendwann einmal kam
das Tonempfinden in mir auf, und von da an konnte ich Töne wahrnehmen. Es scheint also, daß mit diesem Empfinden, welches „zum ersten
Mal" einer Gegenständlichkeit „vorgegenständlich" inne ist, ein Bewußtsein anerkannt werden kann und muß, das seinen Gegenstand
nicht „aus seiner eigenen Geschichte", vom Bewußtsein selbst her hat,
daß das Empfinden demnach auf etwas außerhalb des Bewußtseins
Liegendes, schlechthin Transzendentes, an sich Seiendes verweist.

Aber man erkennt sofort die Relativität dieser Rede. Denn wie
kann ich etwas empfinden, ohne ihm eine gewisse Eigenschaft beizu-
messen, mag diese noch so vorgegenständlicher Natur sein? Empfindung ist Bewußtsein. Wovon hat man empfindend Bewußtsein? Eben
von süß oder bitter, schwarz, blau oder rot, angenehm oder schmerzhaft
usw. Wie könnte ich etwas als schwarz empfinden, wenn der Sinn
„schwarz" mir völlig unbekannt wäre, wenn ich nie Schwarzes emp-
funden hätte? In diesem Sinne erörtert Husserl die Genesis der Empfindung in *Erfahrung und Urteil*. Er zeigt hier, daß auch in dieser vorgegenständlichen Sphäre der „passiven Vorgegebenheiten" Synthesis
waltet, und illustriert am Beispiel des optischen Sinnesfeldes der
Farben, daß dieses Sinnesfeld „nicht unmittelbar als Gegenstand
in der Erfahrung gegeben ist, in der die Farben schon immer ‚aufgefaßt'[40] sind als Farben von konkreten Dingen, Oberflächenfar-
ben, ‚Flecken' auf einem Gegenstande usw...".[41] Die Sinnesfelder
sind aber kein „bloßes Chaos",[42] kein „bloßes ‚Gewühl' von ‚Daten',
sondern ein Feld von bestimmter Struktur, von Abgehobenheiten und
gegliederten Einzelheiten";[43] jedes Sinnesfeld ist eine „Einheit der

[39] *Ideen II*, S. 23.
[40] Vor der „Auffassung" liegt für Husserl immer die Hyle.
[41] *Erfahrung und Urteil*, S. 75.
[42] ebda.
[43] ebda.

Homogeneität", [44] es steht „zu jedem anderen Sinnesfeld . . . im Verhältnis der Heterogeneität" [45]: z.B. „rote Flecken auf einem weißen Hintergrund", es gibt „Gleichheit", „Ähnlichkeit", „Kontrast" usw. [46] Und Husserl schreibt dann: „Was in einer rein statischen Beschreibung sich gibt als Gleichheit oder Ähnlichkeit, ist also selbst schon als Produkt der einen oder anderen Art von Deckungssynthesis anzusehen, einer Deckungssynthesis, die wir mit dem traditionellen Ausdruck, aber unter Verwandlung seines Sinnes als Assoziation bezeichnen. Das Phänomen der *assoziativen Genesis* ist es, das diese Sphäre der passiven Vorgegebenheiten beherrscht, aufgestuft auf den Synthesen des inneren Zeitbewußtseins". [47]

Assoziation als genetische Verweisung ist Grundgesetz in der Sphäre der passiven, vorgegenständlichen, vorapperzeptiven Synthesis, in der Sphäre der Hyle, der Materie. Die Möglichkeit des Ich, rein passiv „weiß mit weiß" zu assoziieren, weist auch hier auf eine „Urstiftung" zurück. Es „liegt" im Ich schon eine Geschichte, die ihm erst die Möglichkeit verleiht, die Assoziation zu vollziehen. Das Tonempfinden im eben angeführten Beispiel aus den *Ideen II* war zwar keine Tonwahrnehmung, aber es war doch ein Bewußtsein, das, wenn ihm auch im Akt des Empfindens nichts gegenständlich gegenüber stand, selbst rein immanent im Felde der reinen Daten schon eine Artikulation, oder wie Husserl sagt, „Vorkonstitution" von Tondaten im Unterschied etwa zu Farb- oder Geruch- oder Lust- oder Schmerzdaten bewußt hatte in einer vorgegenständlichen Differenzierung. Auch hier gibt es also so etwas wie Ad-perzeption, wenn sie auch nicht die des gegenständlichen Bewußtseins ist. Die genetische Urstiftung gibt es also, wie Husserl ausdrücklich sagt, „. . . wesensmäßig für jedwede Gegenstandskategorie im weitesten Verstande, selbst für die des „immanenten" Empfindungsdatums . . .". [48] Auch das Empfinden hat seine Geschichte, auch das Empfinden verweist auf „früher".

---

[44] a.a.O., S. 76.
[45] ebda.
[46] a.a.O., S. 76, 77.
[47] a.a.O., S. 77; Kursivschrift von mir.
[48] *Formale und transzendentale Logik*, S. 278. Die Kritik Sartres am Husserlschen Begriff der Hyle in *Das Sein und das Nichts* (S. 26) verkennt ihre wesentlich genetische Struktur, sie richtet sich gegen eine Bestimmung der Hyle, die nicht die Husserlsche ist. Was es bedeutet, die Hyle zu überspringen und beim Gegenstand zu sein, haben wir oben ausgeführt; in diesem Überspringen sehen wir den einzig *phänomenologisch* richtigen Sinn der Transzendenz des Bewußtseins zur Welt. Sartre denkt hingegen im Grunde immer noch an ein Objekt, an eine

Empfinden ist demnach kein Letztes, sondern ,,hinter ihm" bzw. ,,vor ihm" steht schon eine aufnahmefähige, bewußtseinsfähige Subjektivität. Diese Subjektivität muß, weil sie noch vor der ursprünglichen Differenzierung (assoziative Genesis) des Reiches der Empfindung liegt, als u n d i f f e r e n z i e r t, und, weil sie nicht durch Genesis ermöglicht ist, als A n f a n g und schließlich, weil sie nicht auf Genesis rückbezogen ist, als A b s o l u t e s bezeichnet werden.

Anders gewendet: Indem ich mich von Erwerbung zu Erwerbung zurückleiten lasse und mich so in die immanente Zeit meiner Geschichte versetze, sehe ich, wie die Tradition, die ich da zurückverfolge, mit jeder früheren Stufe kraftloser und a l l g e m e i n e r wird; je weiter ich zurückgehe, umso mehr gehen alle festen Bestimmungen, geht die Fülle der Eigenschaften der Welt, die die meine ist, verloren; die ,,Differenzierung" in Gegenstände verwischt sich,[49] die ,,Wahrneh-

Welt, die ,,draußen" liegt und nicht mehr Bewußtsein ist, d.h. er verfährt hier ganz und gar n a t ü r l i c h – u n p h ä n o m e n o l o g i s c h. Die Hyle stellt sehr wohl ,,jene widerstandsfähige Grundlage für Eindrücke" (cette base impressionnelle et résistante, L'être et le néant, S. 26) dar, da sie im Vollzug der Erfahrung nicht für sich selbst als Richtungspol der Erfahrung bewußt wird, sondern aufgefaßt und im Auffassen übersprungen wird. Sie ist durch und durch Bewußtsein – gerade als das bewußtseinsmäßig Selbstgegebene und doch Übersprungene, und wäre sie – etwa das Wort eines Menschen, der Zweig eines Baumes – nicht bewußt, dann gäbe es keinen Gegenstand bzw. keine Welt für mich. Sie ist bewußt und doch keineswegs ,,durchsichtig", sondern vollkommen ,,undurchsichtig", weil sie nicht *wahrgenommen* wird. Sie hat – genetisch-geschichtlich – ihr Sein aus dem Bewußtsein selbst, aber sie muß transzendiert werden aufs Objektive hin. Weil die Hyle ihr Sein aus dem Bewußtsein selbst schöpft, versteht Sartre dann nicht, ,,wie das Bewußtsein dieses Subjektive in Richtung auf die Objektivität zu transzendieren vermag" (comment la conscience peut transcender ce subjectif vers l'objectivité, ebda.). Dieses Unverständnis liegt, wie gesagt, an seiner grundlegenden Auffassung des Objektiven als ,,außerhalb des Bewußtseins" bzw. an seiner Verfehlung des Wesens der Intentionalität als ,,teleologischer (genetisch-geschichtlicher) Funktion". In der genetischen Bestimmung der Hyle und in der Folge der Erfahrung allgemein gibt es durchaus kein ,,Problem der Beziehung des Bewußtseins zu den von ihm unabhängig Seienden" (problème . . . du rapport de la conscience avec des existants indépendants d'elle, ebda.).

[49] Vgl. *Cartesianische Meditationen*, S. 112. ,,Es liegt an einer wesensmäßigen Genesis, daß ich, das ego, und schon im ersten Blick ein Ding erfahren kann. Das gilt übrigens, wie für die phänomenologische, so für die im gewöhnlichen Sinn psychologische Genesis. Mit gutem Grunde heißt es, daß wir in früher Kinderzeit das Sehen von Dingen überhaupt erst lernen mußten, wie auch, daß dergleichen allen anderen Bewußtseinsweisen von Dingen genetisch vorangehen mußte. Das vorgebende Wahrnehmungsfeld in der *frühen Kindheit* enthält also noch nichts, was im bloßen Ansehen als Ding expliziert werden könnte." Das Beispiel Husserls für die Genesis macht hier Gebrauch von der ,,psychophysischen Außenbetrachtung der Psychologie" (ebda.). Es ist richtig, daß die genetische Verweisung von mir als ent-

mung wird zur „Empfindung" und diese schließlich zu absoluter Indifferenz. Die genetisch-geschichtliche Verweisung führt notwendig zu einem absoluten undifferenzierten Anfang.

Aber dieser Anfang, der hinter der Wahrnehmung und hinter der Empfindung steht, darf keineswegs in naiv-natürlicher Weise als ein „damaliges" Ereignis verstanden werden. Dieser Anfang besagt wohl, daß es einen „Augenblick" gibt, in dem die Differenzierung der Wirklichkeit noch nicht vorliegt, daß sie einmal „anfängt". Aber dieser „Anfang" in diesem „Augenblick" ist keine zeitliche Bestimmung, kein zeitliches Ereignis; denn wäre er ein solches, dann müßte er selbst in der Genesis die Bedingung seines Daseins haben, d.h. Produkt einer Differenzierung sein; der Anfang fällt aus der Zeit; er ist weder „damals" noch „jetzt" in irgendeinem zeitlichen Sinne, sondern jeweils, in jedem „Puls des Lebens" die urfungierende Subjektivität in der lebendigen Gegenwart, die keinen „Anfang" und kein „Ende" kennt. Und er ist wiederum nicht „jeweils" die absolute Subjektivität im Sinne einer über alle Zeitpunkte sich erstreckenden Allzeitlichkeit, die wieder nur eine Zeitform darstellen würde und sich auch genetisch hätte bilden müssen. Die differenziert-erfüllte Wahrnehmung ist zugleich undifferenziert-leerer Anfang. Die genetische Verweisung, wie wir sie vorhin geschichtlich – von der aktuellen differenzierten Wahrnehmung zu der damaligen Empfindung und von dieser zu einem noch vor der Empfindung liegenden Anfang – dargestellt haben, ist eine Verweisung innerhalb des lebendigen Aktes selbst; die Empfindung ist nicht damals, sondern jetzt; der Anfang geschah nicht irgendwann einmal, sondern geschieht nun in der lebendigen urtümlichen Gegenwart; das Empfinden des Tones als vorgegenständliche Konstitution des Gegenstandes Ton wurde nicht „zurückgelassen" und von einem höheren Akt, der Wahrnehmung, verdrängt, sondern in der aktuellen Wahrnehmung fungiert es lebendig, indem die Wahrnehmung eben nichts als Auffassung der Hyle – als Überspringen der empfundenen

wickeltem ego zu meiner Kindheit zurückführt, und doch ist sie keineswegs bloß empirisch-psychologischer Natur; es handelt sich nicht um meine „empirische Geschichte", sondern um das intentionale Apriori meiner als letztfungierenden ego. Vgl. die weiteren Ausführungen Husserls im selben § 38 und vor allem die des nächsten § 39. In den *Ideen II*, nach dem von uns in dieser Arbeit S. 160 zitierten Passus, bemerkt Husserl: „Lassen wir die genetischen Erwägungen beiseite *(die darum noch nicht empirisch-psychologisch sein müssen)*" (S. 23; von mir hervorgehoben). Die „genetische Fragestellung" des Rückgangs auf die Lebenswelt in *Erfahrung und Urteil* (§ 10) hat für Husserl den Charakter einer „*nicht-psychologischen* Fragestellung" (S. 38; von mir hervorgehoben).

Tondaten – ist, d.h. indem die Wahrnehmung nur aufgrund der Empfindung zustandekommen kann bzw. indem sie zugleich Empfindung
ist. Geschieht das Empfinden gegenwärtig, dann besagt dies, daß die
ursprüngliche Differenzierung, die dieses Empfinden bedeutet – die
Abgehobenheit der sinnlichen Felder, die passive Assoziation usw. –
nicht bloß ein damaliges Ereignis, sondern ein in der fungierenden
aktuellen Erfahrung mitbeschlossenes ist.

Die genetische Betrachtung, die von der differenzierten Fülle der jeweils für mich daseienden Welt geschichtlich an den undifferenzierten Anfang zurückführt, führt mich im jeweiligen Vollzugsakt der
lebendigen Gegenwart von der Wahrnehmung als apperzeptiver Habe
der Welt zu mir als im selben Akt fungierenden letzten Subjekt, als
absolutem Anfang. In jedem Erfahrungsakt bin ich sowohl der
Wahrnehmende einer traditionserfüllten, nach Dingen, Werkzeugen,
Kulturobjekten, Personen, Nationen usw. differenzierten, zeitlich gewordenen Welt wie auch der Anfang, die Urquelle, die namenlose,[50]
zeitlose absolute Subjektivität.[51] Ich bin das Ich, das doch kein Ich
ist, ,,das immer noch sein Du und sein Wir und seine Allgemeinschaft
von Mitsubjekten in natürlicher Geltung hat'',[52] ein Ich, das nur durch
Äquivokation ,,Ich'', ,,ego'' heißt,[53] ein Ich also, das ,,seine Einzigkeit
und persönliche Undeklinierbarkeit nie verlieren kann''.[54] Der Anfang
als die absolute Subjektivität hat deshalb – um auch dies noch klarzu-
stellen – mit dem Beginn des natürlichen Lebens, des Lebens in der
Welt nichts zu tun. Als letztfungierendes Subjekt bin ich nie geboren
worden und werde nie sterben. Geboren-werden und Sterben sind
,,innerzeitliche'' Geschehnisse, sind ,,Erfahrungstatsachen''.[55] Das
natürlich-weltliche Leben des Ich bedeutet nur sein ,,Wach- oder Er-
wecktwerden''. Vor dem Wachwerden lebt das Ich schon als, wie
Husserl schreibt, ,,eine schwarze Nacht, in der nichts passiert''.[56]
,,Aber'', sagt Husserl, ,,diese schwarze Nacht ist eben auch wieder etwas, eine Art positiver Füllung der immanenten Zeitform''.[57] Diese

---

[50] Husserl hat jedoch für dieses letztfungierende Bewußtsein normalerweise den
Namen ,,inneres Zeitbewußtsein''.
[51] Vgl. *Zur Phänomenologie des inneren Zeitbewußtseins*, § 36, S. 75.
[52] *Krisis*, S. 188.
[53] ebda.
[54] ebda.
[55] Vgl. Manuskript B I 14, X, S. 22.
[56] Manuskript B I 22 I, S. 17.
[57] ebda.

immanente Zeit muß wiederum „endlos in die Zukunft hinein sich fortsetzen als erfüllte Zeit. Ich kann nicht aufhören zu leben . . . Ich kann totes, ungewecktes (völlig traumlos schlafendes) Ich sein, ein solches, das einen völlig *undifferenzierten* Strom hat, worin nichts ist, was die Bedingungen der Affektion und somit auch Aktion erfüllt. Es ist darum nicht nichts, auch wenn es außer Funktion ist".[58] Das Wach-werden des Ich als der Anfang des natürlichen Lebens ist, wie Husserl mit Fichte sagt, der „unbegreifliche Anstoß";[59] es treten „definite Empfindungen, Affektionen auf das Ich, Reaktionen, Ichakte usw. . ."[60] auf. U n m o t i v i e r t, also außerhalb der Genesis, „unbegreiflich", setzt sich das Leben sozusagen in Bewegung;[61] die hyletischen Felder differenzieren sich nach Homogeneität bzw. Heterogeneität, allmählich gruppieren sich die rein immanenten Daten genetisch-assoziativ zu mehr oder minder definiten Gegenständlichkeiten, all-

---

[58] ebda, von mir hervorgehoben. Husserl stellt sich an dieser Stelle auch die Frage, ob es möglich ist, daß das Ich nur im Limeszustande absoluter Dumpfheit ist: „Nur ein Ich, das sich selbst erkennen kann, kann irgendein anderes Ich und kann überhaupt Anderes, eine Natur, eine Welt erkennen. Ein absolut und von Ewigkeit zu Ewigkeit dumpfes Ich könnte sich nicht erkennen und könnte überhaupt nicht Erkenntnissubjekt sein, wie selbstverständlich. Also dann müßte es mindest ein zweites Ich neben dem dumpfen als mögliches Erkenntnissubjekt geben. Kann es von einem anderen Ich, das wir nun als Erkenntnissubjekt, als waches hinzudenken müssen, erkannt werden? Es ist einzusehen, daß auch das nicht möglich ist: wie könnte es zu einer Äußerung kommen? Es müßte also geweckt werden und dann wäre es mit der absoluten Dumpfheit vorbei".
Die in diesem ganzen Zusammenhang anklingende „Ewigkeit" des Ich darf aber nicht verstanden werden als eine unaufhörliche Dauer *in der Zeit*, sondern als ein schlechthinniges *der Zeit Enthobensein*. Die immanente Zeit, die sich in die Zukunft endlos fortsetzt, ist nicht die immanente Zeit der Erlebnisse und Erscheinungen, der Erwerbe und verharrenden Habitualitäten, sondern die ursprüngliche Zeitlichkeit des absoluten, des „inneren" Bewußtseins in seiner urtümlichen, zeitlosen Gegenwart. Wittgenstein schreibt ähnlich: „Wenn man unter Ewigkeit nicht unendliche Zeitdauer, sondern Unzeitlichkeit versteht, dann lebt der ewig, der in der Gegenwart lebt" (*Tractatus logico-philosophicus*, 6.4311). Vgl. die Abhandlung von Klaus Held *Lebendige Gegenwart. Die Frage nach der Seinsweise des transzendentalen Ich bei Edmund Husserl, entwickelt am Leitfaden der Zeitproblematik*, M. Nijhoff, 1966, in der Held, viel eingehender als wir es hier im Rahmen unserer Problematik tun können, den ganzen Komplex der Schwierigkeiten dieser anonymen, zeitlosen und doch nicht ewigen Subjektivität untersucht.
[59] *Phänomenologische Psychologie*, S. 487.
[60] ebda.
[61] Der Tod – der weltliche Tod – entbehrt ebenfalls der genetischen Motivation: „Und ebenso unbegreiflich bricht der Strom definiten Lebens, eines eigentlichen mannigfaltigen Erlebens ab, es wird nicht mehr in Sonderheit erlebt" (ebda.) „Und doch", sagt Husserl dann, „ist die Monade nicht nichts, und sie lebt als dumpfes Bewußtsein, das immer wieder ‚aufwachen' kann".

mählich differenziert sich die anfängliche Unbestimmtheit, es tritt „Neues" auf, und immer wieder Neues; das Wissen erweitert sich durch Habe und immer wieder neue Habe von Seienden, womit gesagt ist: das geschichtliche Leben schreitet voran in stetiger Differenzierung.[62]

§ 32. GENETISCHE PHÄNOMENOLOGIE ALS DURCHGEFÜHRTE TRANSZENDENTAL-IDEALISTISCHE BESINNUNG

a. Skepsis, Genesis und An-sich

„Es gibt nichts Neues" heißt also ganz konkret, es ist keine an sich und von sich her seiende Welt vorhanden, eine „bewußtseinsunabhängige" Welt, die mich – mich, ein anderes Seiendes *in der Welt* – sozusagen „von außen" affizierte, eine Welt, die v o r dem Bewußtsein da wäre und die ich bloß hin- und aufzunehmen hätte. Die Empfindung, das Hylebewußtsein, ist kein „letztes Faktum", in dem sich mir eine daseiende Welt meldet; denn Empfindung ist selbst nur genetisch-assoziativ möglich. Was mich affiziert und zur erfahrenden aktiven

---

[62] Diese idealistische Lösung, die Fähigkeit des Bewußtseins, dem Leben einen Anfang von sich her zu geben, wird mit Notwendigkeit durch die intentional-genetische Reflexion aufgezwungen. Diese Reflexion nimmt aber ihren Ausgang, wie wir gezeigt haben, im dualistischen Schema Auffassung-Auffassungsinhalt. Dieses Schema, schrieben wir in der Einleitung, wollen wiederum manche phänomenologische Denker nicht akzeptieren, mindestens nicht in der Husserlschen, von uns hier vorgetragenen transzendentalphänomenologischen Form. Wir möchten kurz noch einmal auf das Beispiel Merleau-Pontys eingehen. Der „regressus" der Erwerbung, wie wir ihn auf diesen Seiten dargelegt haben, sowohl als genetisch-geschichtliche Verweisung wie auch als Zugleich von erfüllter Wahrnehmung und Indifferenziertheit im selben Akt, ist auch Motiv seiner Reflexion in der *Phénoménologie de la perception*; vgl. ganz deutlich eine Stelle, S. 296 der deutschen Übersetzung, über unsere *erste Wahrnehmung*: Auch sie, sagt Merleau-Ponty, muß durch Erwerb (l'acquis) möglich sein, und dieser Erwerb bzw. diese Tradition ist schon da, wenn ich „zum ersten Mal wahrnehme", und zwar in meinem Körper, der in sich also eine „vorpersönliche Tradition" (tradition prépersonnelle) beherbergt: „Es gibt also, mir zugrunde liegend, ein anderes Subjekt, für das eine Welt schon existiert, ehe ich da bin, und das in ihr meinen Platz schon markiert hat" (Il y a donc un autre sujet au-dessous de moi, pour qui un monde existe avant que je sois là et qui y marquait ma place") (vgl. dort weiter) Merleau-Ponty gibt keine neue Lösung; er ersetzt die „transzendental-konstituierende" Subjektivität durch die Leiblichkeit. Aber da diese sich nicht die Welt verschafft, sondern sie immer schon vorfindet, kann sie im Grunde den letzten Sinn von Erwerb – einer Kategorie übrigens, die in der *Phénoménologie de la perception* eine grundlegende Rolle spielt – nicht erklären; im Gegenteil, der *regressus in infinitum* ist unvermeidlich.

oder passiven Tätigkeit bringt, die Hyle, kommt von mir selbst her, ist mein Eigenes, etwas, das immer schon als Horizont da war und nun aktuell für mich da ist.[63] Die genetisch-geschichtliche Struktur des Bewußtseins – die „immanente Einheit der Zeitlichkeit des Lebens",[64] nimmt die jeweilige faktische Konstellation der Erscheinungen, auch dann, wenn es sich um etwas „völlig Neues" handelt, in das Apriori der absoluten Subjektivität auf. Nichts entzieht sich dem Bereich dieses Apriori, nichts, auch nicht die vermeintlich real-seiende Materie im lebendigen Erfahrungsvollzug. In den *Cartesianischen Meditationen* faßt Husserl diesen ganzen Problemzusammenhang folgendermaßen zusammen: „Erst durch die Phänomenologie der Genesis wird das ego als ein unendlicher, in der Einheit universaler Genesis verknüpfter Zusammenhang von synthetisch zusammengehörigen Leistungen verständlich – in Stufen, die sich durchaus der universalen verharrenden Form der Zeitlichkeit fügen müssen, weil diese selbst sich in einer beständigen passiven und völlig universalen Genesis aufbaut, die wesensmäßig alles Neue mit umgreift. Dieser Stufenbau erhält sich im entwickelten ego als ein verharrendes Formensystem der Apperzeption und somit der konstituierten Gegenständlichkeiten, darunter eines objektiven Universums von fester ontologischer Struktur, und dieses Sich-erhalten ist selbst nur eine Form der Genesis. In all dem ist das jeweilige Faktum irrational, aber nur möglich in dem ihm als egologischen Faktum zugehörigen Formensystem des Apriori. Dabei ist aber nicht zu übersehen, daß *Faktum* und seine Irrationalität selbst ein Strukturbegriff im System des konkreten Apriori ist".[65]

Das An-sich der Welt löst sich in Geschichte, in meine eigene und durch sie in intersubjektive Geschichte auf. Die „natürliche" Welt des vorkritischen, vorphänomenologischen Bewußtseins erweist sich somit als ein in der Immanenz der absoluten Subjektivität sich nach und nach „machendes",[66] sich allmählich „konstituierendes" Gebilde. Die

---

[63] Vgl. Manuskript C 7 I, S. 18: „. . . ich brauche immerzu zweierlei: das strömende Feld der ‚Erlebnisse', worin ständig ein Feld Urimpression, abklingend in die Retention, vor sich die Protention, – andererseits das Ich, *das von daher affiziert ist* und zur Aktion motiviert ist" (von mir hervorgehoben).

[64] *Formale und transzendentale Logik*, S. 278.

[65] *Cartesianische Meditationen*, S. 114. Vgl. allgemein die § § 36–39 und *Formale und transzendentale Logik*, Beilage II, § 2, wo sich eine nähere Erörterung der Problematik Genesis-Zeit befindet.

[66] Über dieses „Sich-Machen" der Welt in uns vgl. u.a. *Phänomenologische Psychologie*, S. 339; *Erste Philosophie I*, S. 40–41; *Erste Philosophie II*, S. 448 usw.

Genesis zerstört das An-sich, bzw. die Genesis ist das Prinzip der Relativierung des Seienden auf die Subjektivität als den absoluten Anfang.

Durch diese Zerstörung wird zugleich die Abstraktion aufgehoben, die der Mensch der natürlichen Denkhaltung vollzieht und die „das philosophische Denken dazu verführt, bloße Abstrakta zu verabsolutieren".[67] Diese Verabsolutierung ist die der objektiven, an sich seienden Welt, die ohne die sie in sich tragende Subjektivität ein Abstraktum ist. Welt ist nicht an sich, sondern gehört unabtrennbar zur Konkretion[68] der absoluten Subjektivität.

Die skeptische Wendung hatte uns zu der Einsicht geführt, daß es keine andere Welt gibt als die, von der ich spreche und je sprechen kann, die bloß subjektiv-relative Lebenswelt in ihrem stetigen Wandel der Gegebenheitsweisen. „Das ist die Welt, eine andere hat für uns überhaupt keinen Sinn . . .".[69] Aber diese Welt vertrug sich immer noch mit der Natürlichkeit des Lebens, meine Welt und die Welt eines jeden Anderen waren „Erscheinungen der Welt, der Lebenswelt für alle".[70] Die Vertiefung der Besinnung in diese Korrelation „Meine Welt – Welt für alle" stellt sie erst ins richtige Licht. Nun kann und muß man das sagen, was Husserl sagt, nachdem er in der Kant-Rede klargemacht hat, „daß und wie ‚die Welt' sich im transzendentalen Zusammenhang . . . konstituiert . . .":[71] „Die Welt, von der wir reden und je reden können, von der wir wissen und je wissen können, ist doch keine andere als eben diejenige, die wir in der Immanenz unseres eigenen, einzelnen und vergemeinschafteten Bewußtseinslebens in den angedeuteten Mannigfaltigkeiten sich vereinheitlichender Erkenntnisgestaltungen konstituieren . . .".[72]

Die natürliche Welt ist „doch keine andere als eben diejenige, die wir konstituieren", als die transzendentale, in der Genesis des transzendentalen ego sich machende Welt. Die transzendentale Besinnung zerspaltet nicht die Welt in eine empirisch-natürliche und eine trans-

[67] *Erste Philosophie I*, S. 184.

[68] „Das Universum wahren Seins fassen zu wollen als etwas, das außerhalb des Universums möglichen Bewußtseins . . . steht, . . . ist unsinnig. Wesenmäßig gehört beides zusammen und wesensmäßig Zusammengehöriges ist auch konkret eins, eins in der einzigen absoluten Konkretion der transzendentalen Subjektivität." (*Cartesianische Meditationen*, S. 117); vgl. auch S. 134; *Formale und transzendentale Logik*, S. 226 usw. Husserl nennt das konkrete ego Monade.

[69] *Krisis*, S. 258.

[70] ebda.

[71] *Erste Philosophie I*, S. 277.

[72] ebda.

zendental-genetische, sondern macht die empirische transzendental verständlich. Die Besinnung lehrt uns nicht, daß es einen Menschen gibt, der durch seine leibkörperlichen Sinnesorgane in die Natur verflochten und durch sie affiziert ist, und außerdem ein reines Ich, das keinen Leib bzw. Empfindungen hat, wie manchmal verstanden wird,[73] sondern sie lehrt uns, daß der Mensch transzendentales Ich ist, und daß alle psychophysischen Vorgänge: Reize, Affektionen, Kinästhesen, Empfindungen, Wahrnehmungen, Wollungen, Denkakte usw. transzendentale Funktionen sind, durch die wir uns eine Welt, nämlich die natürliche, die daseiende, verschaffen bzw. sie für uns erschließen. Als Menschen „apperzipiere" ich mich, indem ich mich zum Gegenstand *in der Welt* mache, aber *im Vollzug* der Apperzeption selber bin ich das Ich, das sich dabei als Menschen sieht.[74]

Diese eigentümliche Identität von empirischem und transzendentalem Ich, deren Eigentümlichkeit nämlich darin liegt, daß sie einer reflektiven Unterscheidung beider Ich, wie wir sie vorgenommen haben, nicht im Wege steht, hatten wir im Auge, als wir in unseren Überlegungen ständig auf das Moment des Zugleich in der Analyse der Welterfahrung hingewiesen haben: das Zugleich von realer und intentionaler Beziehung, d.h. von realem und intentionalem Gegenstand; das Zugleich von Teil und Ganzem, von Aspekt und Gegenstand, von Selbstgegebenem und Mitgegebenem; das Zugleich von Hyle und Auffassung, von Hyle und Horizontapperzeption. Daß in diesem Zugleich sich ein „Vor" verbirgt, d.h. das Vorangehen der immanenten intentionalen Beziehung vor der realen, ist kein Widerspruch, Zugleich und Vor sind hier keine empirisch-zeitlichen Bestimmungen.[75]

Auf dieser Höhe der Besinnung wird noch verständlicher, warum Husserl die bloß psychologische Universalität in die philosophische verwandelt,[76] welche Verwandlung aber gerade besagt, daß es im Grunde keine psychologische Universalität gibt, sondern nur die

---

[73] „Wie das reine Ich keinen Leib hat, hat es auch keine Empfindungen und kann keine haben" (Asemissen, *Strukturanalytische Probleme der Wahrnehmung in der Phänomenologie Husserls*, S. 34).

[74] Vgl. den klaren Passus über die Identität von empirischem und transzendentalem Ich in *Krisis*, S. 209. Und in den *Cartesianischen Meditationen*, § 34, die Verwandlung des „empirisch-faktischen transzendentalen" ego in das „Eidos ego" (S. 105).

[75] Vgl. hier S. 121.

[76] Vgl. hier S. 47–49.

transzendentalphilosophische, und daß eine Psychologie, die die
Meditation bis zu den letzten Gründen der Universalität fortgetrieben
hat, keine Psychologie mehr ist, sondern Transzendentalphilosophie.
Die Besinnung, die diese Universalität enthüllte, begann mit der
skeptischen Wendung: ,,Die Welt ist; aber daß sie ist, ist meine Aussage''. Die Besinnung hielt sich hier zwar noch immer in der Natürlichkeit, aber in ihrem Fortschritt konnte sie zeigen, daß alles, was ist,
indem es für die Subjektivität ist, konstituierter Erwerb sein muß, alles,
der Andere und auch Gott; denn auch Gott muß sich in meiner Erfahrung ausweisen.[77] Indem aber gezeigt wird, daß jegliche Objektivität sich im Bewußtsein genetisch-intentional konstituiert, gewinnt
der anfängliche Satz: Nur aus meiner Erfahrung weiß ich von der
Welt, seine transzendentalphilosophische Bedeutung; denn nun wird
erkennbar, wie die Erfahrung intentional-genetisch das Sein alles
dessen verbürgt, was für den Menschen ist oder je sein kann, also auch
die Welt als Horizont der Horizonte. In dem skeptischen Satz: die
Welt ist, aber daß sie ist, ist meine Aussage, verbarg sich die Transzendentalphilosophie, sie mußte aber zutage gefördert werden.

Darum konnte Husserl, als er von der Universalität des Psychologen
zur philosophischen Universalität überging, sagen, ,,Ich hatte die
Welt vorausgesetzt und halte sie noch jetzt in Setzung. Aber bin ich es
nicht, der da setzt . . . ?''[78]

Indem die Besinnung jenen Satz, der uns eine skeptisch-phänome-
nologische Epoché eröffnete, zu Ende denkt, wird deutlich, wie diese
Epoché, die die Welt noch in ihrer Natürlichkeit beließ, durch die transzendentale Reflexion aufgesaugt wird oder besser, daß sie schon von
Anfang an die transzendentale war und sich nur noch nicht als solche
wußte.

b. Apperzeption als die horizontvermittelte Unmittelbarkeit der Erfahrung

Die Welt bzw. das Seiende überhaupt konstituiert sich im transzendentalen Bewußtsein. Diese Konstitution ist Erfahrung in Form

---

[77] ,,Das subjektive Apriori ist es, das dem Sein von Gott und Welt und allem
und jedem für mich, den Denkenden, vorangeht. Auch Gott ist für mich, was er ist,
aus meiner eigenen Bewußtseinsleistung, auch hier darf ich aus Angst vor einer vermeinten Blasphemie nicht wegsehen, sondern muß das Problem sehen.'' (*Formale
und transzendentale Logik*, S. 222).

[78] *Erste Philosophie II*, S. 448; oben S. 48.

der Apperzeption oder Auffassung der Hyle, und d.h. der Perzeption eines Gegebenen in bzw. mit seinem geschichtlichen Horizont. Sie vollzieht sich als „Synthesis der Erscheinungen", als ein, wie wir sagten, unausdrückliches Subsumieren der selbstgegebenen Erscheinungsreihen unter einen allgemeinen Sinn, als Erfassung des Seienden durch „Vermittlung" des Bekanntheitshorizonts.

Es könnte der Anschein entstehen, als bestünde Konstitution in einer Aktivität, als sei nämlich mein lebendiger Erfahrungsakt der Synthesis der Erscheinungen so geartet, daß ich, um überhaupt Seiendes haben zu können, einen expliziten Akt der Subsumierung vollziehen müßte, um auf diese Weise die Vermittlung des Bekanntheitshorizonts zustandezubringen.

Aber die Synthesis der Erscheinungen ist zwar Auffassung der Hyle, d.h. sie ist Synthesis der vorgegebenen Materie als Hervorbringung der Erscheinung, ist Apperzeption. Und doch ist Apperzeption „kein Schluß, kein Denkakt",[79] keine intellektuelle Aktivität, die auf irgendeiner direkteren „bloßen Anschauung" aufbauen mußte, um so erst Habe des Gegenstandes bzw. der Welt werden zu können. Im lebendigen Vollzug der Erfahrung, in der apperzeptiven Wahrnehmung, habe ich den Gegenstand selbst; er, das Haus, der Baum, die Landschaft oder allgemeiner: meine nicht nach einzelnen Gegenständen ins Auge gefaßte, mich umgebende Umwelt, ist selbst da, steht anschaulich und unvermittelt vor mir, „unvermittelt", sofern ich nicht zunächst Zeichen, Abbilder, Symbole von Gegenstand bzw. Umwelt in meinem „Inneren" habe, die ich allererst interpretieren müßte, um zum wahren, an sich seienden Gegenstand und Welt zu gelangen: „Und vor allem darf man nicht [scil. auf der Suche nach einer „reinen" Erfahrung] ... alsbald rekurrieren auf die vermeintlich unmittelbar gegebenen ‚Empfindungsdaten', als ob sie das wären, was die rein anschaulichen Gegebenheiten der Lebenswelt unmittelbar charakterisiert. Das wirklich Erste ist die ‚bloß subjektiv-relative' Anschauung des vorwissenschaftlichen Lebens".[80]

Diese subjektiv-relative Anschauung ist, wie wir gezeigt haben, ursprüngliche Gegebenheit vom Objektiven selbst. Im lebendigen Vollzug der Erfahrung habe ich den Gegenstand selbst, aber als intentionalen Gegenstand, d.h. als von dieser oder jener Seite, in dieser oder

---

[79] *Cartesianische Meditationen*, S. 141.
[80] *Krisis*, S. 127, vgl. auch S. 236; *Erste Philosophie I*, 16. Vorlesung, vor allem S. 117–119; *Formale und transzendentale Logik*, S. 144 usw.

jener perspektivischen Orientierung, als so oder so aspektmäßig aus-
sehend, als „bloß subjektiv-relativ". Ich habe den Gegenstand selbst –
als Erscheinendes seiner Erscheinungen und nie ihn selbst als Ganzes,
als universale Synthesis aller seiner möglichen Aspekte.

Indem ich aber den Aspekt, das einzige, was ich wirklich vom Gegenstand habe, die einzige Wirklichkeit, doch als Gegenstand auffasse, von dem dieser Aspekt eben Aspekt für mich ist (denn würde
„Aspekt" nicht „Aspekt von Gegenstand" bedeuten, so hätte dieser
Begriff für mich überhaupt keine Bedeutung)[81], indem ich also immer
auf ein Ganzes gerichtet bin, dessen andere Aspekterscheinungen mir
nicht aktuell, d.h. durch Perzeption, gegeben sind, indem ich die
Horizonte, das „Nicht-mehr" der Retention und das „Noch-nicht" der
Protention durch Vergegenwärtigung[82] als Gegenwärtiges setze, gehe
ich über das wirklich Gegebene, über die immanent fließende Phase
der lebendigen Gegenwart hinaus, ich ad-perzipiere; ich nehme wahr
und im selben Akt nehme ich mit wahr, greife zurück und greife vor,
antizipiere, vergegenwärtige, und täte ich dies nicht, könnte ich überhaupt nicht wahrnehmen. Aber die Vergegenwärtigung, die Mitmeinung, ist nicht ein „plus", das zu einer irgendwie denkbaren „ur-
sprünglicheren" Erfahrung hinzuträte, sondern in ihrer passiven
Synthesis mit dem Selbstgegebenen ist sie die einzig mögliche Welterfahrung, die ursprünglichste, sie ist die Wahrnehmung, die Habe der
Welt – als genetisch-geschichtliches Phänomen.[83]

---

[81] Vgl. *Analysen zur passiven Synthesis*, S. 6: „Die Aspekte sind . . . nichts für
sich, sie sind Erscheinungen-von nur durch die von ihnen nicht abtrennbaren intentionalen Horizonte".

[82] Freilich handelt es sich um eine passive, anonym verlaufende Vergegenwärtigung und nicht um einen expliziten Akt, wie etwa eine Wiedererinnerung. Ein solcher vergegenwärtigender Akt würde seinerseits neben der Aktivität des thematischen Erinnerns auch Passivität enthalten müssen. Diese passive Vergegenwärtigung
bedeutet für die Wahrnehmung, daß sie eine Synthesis aus reiner Perzeption und
Einbildungskraft ist. Hierin sind sich Husserl und Kant einig; vgl. z.B. *Kritik der
reinen Vernunft*, A 120, Fußnote: „Daß die Einbildungskraft ein notwendiges In-
gredienz der Wahrnehmung selbst sei, daran hat wohl noch kein Psychologe gedacht . . .". Im Verständnis der die Erscheinung des Gegenstandes motivierenden
Synthesis dürften allerdings die Systeme Kants und Husserls kaum noch Kongruen-
zen aufweisen.

[83] In diesem Charakter der Apperzeption erblicken wir den echten, erst durch die
transzendentalphänomenologische Besinnung vermittelten Sinn der Unmittelbar-
keit der Erfahrung, die eine Vermittlung, ja einen „Dualismus" nicht scheut, sondern im Gegenteil, indem sie den Dualismus – die Synthesis der Erscheinungen
durch Auffassung der Hyle – in sich aufnimmt, sich als lebendig-unmittelbare Erfassung der Welt behaupten kann. Mit diesem intentionalen Begriff von Apperzep-

Welterfahrung ist Ad-perzeption. Das Perzipierte als die selbstgegebenen Erscheinungsreihen, die aufgefaßte Hyle, ist das jeweils Übersprungene und als solches dem Bewußtsein reell zugehörig. Das Bewußtsein geht in der Erfahrung durch das Reelle hindurch und über es hinaus auf das in diesem Reellen sich Darstellende, das als solches, weil identisch verharrend, nicht mehr ein reelles Stück des Bewußtseins, sondern eben Irreelles, Ideelles oder Ideales ist.[84] Im Vollzug der Erfahrung *transzendiert* das Bewußtsein seine reelle Komponente und ist bei dem Idealen, als das der Gegenstand und durch seine Horizonte die Welt, die ganze Wirklichkeit für diese Erfahrung ist.

Die Erfahrung, die diese im lebendigen Vollzug des Lebens anonym verlaufende Transzendenz des Bewußtseins als intentionale Konstitution der Welt explizit macht, ist transzendentale Erfahrung, die in Form einer ,,Wiederaufbaubewegung"[85] als transzendentaler Idealismus die Konstitution der Welt darlegt. Erst dieser transzendentale Idealismus kann und muß nach unserer Darstellung, in der wir allen wesentlichen Schritten der Besinnung Husserls streng zu folgen suchten, die Möglichkeit von Epoché und Reduktion herausstellen und ihre Notwendigkeit für eine Letztbegründung der Wissenschaft zwingend machen.

Um diesen Idealismus aufbauen zu können, gingen wir von einer skeptischen Epoché aus, die uns von der vorgegebenen Welt zur durch Erfahrung gegebenen Welt bzw. zur Welterfahrung führte. Der Ausgang von der Skepsis sollte aber gewährleisten, daß wir Einsichten gewinnen würden, mit denen die Letztverantwortung erreicht und damit zugleich die Skepsis als die Antiphilosophie endgültig besiegt wäre. Kehren wir nun zu diesem Fragenkomplex zurück.

---

tion ist im übrigen der cartesianische Dualismus von *cogitatio* und gegenständlicher Welt endgültig überholt, und es bestätigt sich also auch von dieser Seite her ,,Husserls Abschied vom Cartesianismus", wie ihn Landgrebe in seiner so betitelten Abhandlung innerhalb einer allgemeineren kritischen Auseinandersetzung mit Husserl dargestellt hat. (Vgl. *Der Weg der Phänomenologie*, S. 163 ff.).

[84] Vgl. hier S. 135–136.

[85] Dieses Wort entnehme ich der Abhandlung Gadamers ,,Die phänomenologische Bewegung", *Philosophische Rundschau*, 11 (1963), S. 32. Gadamer sagt dort: ,,Konstitution ist nichts anderes als die Wiederaufbaubewegung, die der vollzogenen Reduktion folgt." Der ,,Wiederaufbau" der Welt in der Besinnung ist aber auch notwendig, um den Vollzug der Reduktion – allerdings der transzendentalen – überhaupt verstehen zu können.

III. DAS PROBLEM DER ERSCHEINUNG

§ 33. DAS PROGRAMM EINER APODIKTISCHEN ERFASSUNG DER ERSCHEINUNG

a. Der Abbau der Apperzeption

Im lebendigen Vollzug der Erfahrungsakte sind Perzeption und Ad-perzeption, Selbstgegebenes und Mitgemeintes, wirklich Gesehenes und Horizont, eins. Das Selbstgegebene ist unauflöslich verknüpft mit etwas, was nicht selbst da ist. Wahrnehmung im aktuellen Vollzug ist deshalb kein reiner Akt der Gegenwärtigung, sondern zugleich Vergegenwärtigung, und nur so kann sie des Gegenstandes habhaft werden. Was aber dem Erfahrenden nicht „selbst vor Augen steht", sich nicht selbst gibt, sondern nur im vergegenwärtigenden Vorgriff, ist eine Gegebenheit, die dem Prinzip der Rechtfertigung nicht entspricht, dem Prinzip, das seinerseits Letztbegründung der Wissenschaft ermöglicht. Denn nur über das Selbstgegebene kann ich in Evidenz urteilen, kann ich apodiktisch sagen, daß es ist und so und so ist. Will ich eine Wissenschaft in radikaler Letztverantwortung aufbauen, so muß ich von der Apperzeption auf eine reine Wahrnehmung zurückgehen: „Wo ich reine Wahrnehmung habe, also nichts als Wahrnehmung, da habe ich ein absolutes Selbst. Richtet sich das Urteilen nach diesem Selbst bzw. nach dem reinen Wahrnehmungsgegebenen, so ist es ‚zweifellos' ".[1] Diese reine, zweifellose Wahrnehmung kann, weil sie apperzeptionslos sein muß, nur Perzeption sein.

Nun ist durch die Apperzeption im Vollzug der Erfahrung die Geschichte des Erfahrenen in der Form des habituellen Erwerbes jeweils anwesend. Die Forderung der Beschränkung auf die Perzeption ist die Forderung nach der Befreiung von dieser Geschichte, nach ihrer Ein-

[1] Manuskript B I 22, S. 20.

klammerung, Ausschaltung. Indem ich nicht mehr ad-perzipieren, sondern nur perzipieren darf, muß ich die Geschichte, die Tradition, die sich in der und durch die Apperzeption meldet, stillegen; denn es gilt, falls ich in Apodiktizität vorgehen will, „in keinem Punkt über das Wahrgenommene als solches hinauszugehen, es rein als solches, rein in seinem subjektiven Wie der Gegebenheit zu beschreiben...".[2] Das „Wahrgenommene als solches", der intentionale Gegenstand, ist das aspektmäßig aussehende Objekt. „Worüber jeder zweifellos aussagen kann, ist ... das so Aussehende als so Aussehendes", wie wir schon zitierten, d.h. das „bloß Subjektive", die phänomenologisch betrachtete Lebenswelt im Wandel ihrer subjektiven Gegebenheitsweise.

Das aspektmäßige Aussehen ist in einer Hinsicht die Erscheinung, der Fluß der Phasen in der immanenten Zeit. In der Erscheinung meldet sich aber in anderer Hinsicht zugleich der Gegenstand und durch ihn horizontmäßig die Welt – in der jeweiligen Perspektive, in der subjektiven Sicht des Erfahrenden. Stelle ich mich reflexiv auf die Erscheinungen ein und beschreibe ich das Seiende in seiner bloßen Subjektivität als lebensweltliches Vorkommnis, so versage ich mir die absolute an sich seiende Wirklichkeit, die Welt, wie sie da für alle, objektiv, seinsmäßig in sich selbst ruhend in ihrer absoluten Wahrheit vorliegt. Statt in dieser weiter zu leben, kehre ich zurück zu „ meiner Wahrheit", der bloß subjektiv-relativen meiner Erlebnisse als der Erscheinungen der Lebenswelt, ich sehe und erfasse die Wahrheit in ihrer „Relativität", in ihrer unaufhebbaren Subjektbezogenheit. „Man hat die Wahrheit dann nicht fälschlich verabsolutiert, vielmehr je in ihren – nicht übersehenen, nicht verhüllt bleibenden, sondern systematisch ausgelegten – Horizonten. Man hat sie mit anderen Worten in einer lebendigen Intentionalität (die da ihre Evidenz heißt), deren eigener Gehalt zwischen ‚wirklich selbstgegeben' und ‚antizipiert', oder retentional ‚noch im Griff', oder als ‚ich-fremd appräsentiert' und dgl. unterscheiden läßt...".[3] Durch die Horizonte trete ich in die Unendlichkeit des Lebens ein: „Wie aber, wenn die Wahrheit eine im Unendlichen liegende Idee ist? ... Wie wenn alle und jede reale Wahrheit, ob Alltagswahrheit des praktischen Lebens, ob Wahrheit noch so hoch entwickelter Wissenschaften wesensmäßig in Relativitäten verbleibt...?"[4]

---

[2] *Phänomenologische Psychologie*, S. 159.
[3] *Formale und transzendentale Logik*, S. 246.
[4] a.a.O., S. 245.

Nun ist die subjektiv-relative Wahrheit, das „bloß Subjektive", wie wir sahen, das Kennzeichen der Skepsis.

Husserl hält die skeptische Umkehr für notwendig, weil nur dadurch die Gefangenschaft in der objektiven Welt gebrochen werden kann. Aber er bekämpft zugleich jede Art von Skepsis, gleich ob in der Gestalt der Sophistik, des Empirismus, des Historismus usw., weil sie, die Relativität der Wirklichkeit auf das Subjekt der Erfahrung falsch deutend, auf die eine oder andere Weise die Möglichkeit einer Theorie bzw. Wissenschaft, die zu an sich seienden Wahrheiten gelangt, zunichte macht. Die „Relativität" war in sich selbst ein gesundes Prinzip; es mußte aber von den negativen, wissenschaftszerstörenden Elementen befreit werden, die Skepsis mußte „wahrgemacht", d.h. in ihre Wahrheit überführt werden.

Husserl verzichtet nicht auf die Relativität der Wahrheit des Wirklichen, wie das obige Zitat aus der *Formalen und transzendentalen Logik* so deutlich sagt; Wahrheit ist ein durch und durch subjektbezogener Begriff. Husserl glaubt aber, die Subjektivität der Wahrheit in ihrem vollen und richtigen Sinn erfassen zu können, indem er zeigt, daß die Welterfahrung trotz ihres umfassend subjektiv-psychologischen Charakters bzw. trotz all ihrer Unvollkommenheit, Unadäquatheit uns die Welt selbst gibt, Seiendes selbst, daß unsere Erlebnisse nicht innerlich-psychologische Vorkommnisse in einer abgekapselten, weltfremden bzw. innerweltlichen Subjektivität sind, einer Subjektivität, die dann, fatalerweise auf diese ihre psychischen Erlebnisse angewiesen, jede „objektive" Wahrheit im Keime ersticken müßte – mag der Empirismus noch so sehr Wissenschaftscharakter beanspruchen. Die Überwindung des skeptischen Relativismus oder der skeptischen Auslegung der Wahrheit wird möglich durch den Aufweis, daß die Erlebnisse als solche psychischen Vorkommnisse zugleich Erscheinung und dadurch Habe der Welt selbst sind, bzw. daß die Welt nicht etwas außerhalb der Erscheinungen in einem „mystischen Draußen und An-sich"[5] Liegendes ist, sondern nur eine durch die Erscheinungen selbst genetisch-geschichtlich gewordene, eine „immanente" Transzendenz ist, was wiederum heißt, daß Erlebnis als Erscheinung kein innerweltliches, raumzeitliches Vorkommnis ist, sondern im Gegenteil ein welt- oder seingebendes.

Weil die Erscheinung (das „Phänomen") von solch absoluter Art ist, könnte sie, falls man zu ihrer adäquaten Erfassung gelangt,

---

[5] *Phänomenologische Psychologie*, S. 431.

die wissenschaftstheoretische Überwindung der Skepsis möglich
machen, indem sie methodisch den Boden für den Aufbau einer
letztbegründeten Wissenschaft abgeben würde; denn sie ist ja, wie wir
ausführten, ein Reelles, das als solches einer immanenten Wahrnehmung fähig ist, in der sie reell beschlossen ist und d.h. eben, in der sie
sich durch sich selbst und nicht wieder durch anderes Reelles, durch
andere Mannigfaltigkeiten hindurch gibt. Was sich so darbietet, das
bietet sich in der Evidenz der reinen Selbstgegebenheit dar; es
läßt keinen Zweifel an seinem Sein und Sosein aufkommen und wird
m.a.W. apodiktisch erfaßt. In der Erscheinung, die Bestandteil des
Bewußtseins und zugleich Anwesenheit der Welt selbst ist, hätte die
Wissenschaft dasjenige in der Hand, was ihr die Möglichkeit verleihen
könnte, sich voraussetzungslos und auf diese Weise letztradikal
zu konstituieren.

Um diese Reduktion vollziehen zu können, war es aber nötig, mit
dem schlechthinnigen Seinsanspruch der seienden Wirklichkeit durch
die transzendentalphänomenologische Epoché zu brechen. Die Möglichkeit dieser Epoché bzw. der Reduktion suchten wir durch den Aufbau des transzendental-genetischen Idealismus zu begründen, der uns
die Einsicht in die letzte Verfassung von Bewußtsein und Wirklichkeit
vermittelte.

Was hat uns nun der transzendentalgenetische Idealismus über Erscheinung und erscheinende Wirklichkeit gelehrt? Er hat uns gezeigt,
daß Erscheinung in einer Hinsicht reelle Komponente des Bewußtseins
als des Flusses des Erscheinens der Wirklichkeit ist, daß sie in anderer
Hinsicht die Wirklichkeit selbst ist, sofern diese nicht mehr ist als
immer nur eine jeweilige Synthesis von Erscheinungen und deshalb zu
Recht als so oder so erscheinend, als aspekt- oder perspektivenhaft, als
orientiert, mit einem Wort als „bloß subjektiv” bezeichnet werden
kann.

Aber was ich als „Aspekt”, „Perspektive”, „orientierte Seite” bezeichnen kann, ist zwar subjektives Moment: das „Übersprungene”,
aber das Übersprungene gibt es nur in der Weise der aufgefaßten Hyle,
es ist immer auch schon Apperzeption. *Nur durch diese, durch die
Ad-perzeption, ist es überhaupt möglich, Erscheinungen als Aspekt, d.h.
also eine orientierte Anwesenheit der Wirklichkeit zu besitzen*; nur durch
sie ist es mir möglich, den „Anblick” zu erfassen und durch den Anblick eine Welt, meine subjektiv-relative Welt. Die Erscheinung kann
nur Anwesenheit des Gegenstandes sein, indem ich über sie hinaus-

gehe, und das heißt: indem ich die hyletischen Momente, die Empfindung auf das Gegenständliche hin überschreite. So und nur so
konstituiert sich Erscheinung.

Über das Hyletische hinausgehen heißt, über die Phase des aktuell
„Erlebten" in der lebendigen Gegenwart hinausgehen oder mit
anderen Worten, das *wirklich* Perzipierte ad-perzipieren. Auch die
Erscheinung bedarf der Apperzeption, um überhaupt als
„Erscheinung von" (Aspekt, Seite, Teil usw.) bewußt und in
ihrer Erfassung beschrieben werden zu können. Die Apperzeption – d.h. die Intentionalität – ist Genesis, sie ist möglich nur
durch die erworbene Geschichte. Das Erworbene ermöglicht erst,
Etwas als Etwas zu sehen. Der Erwerb enthält die ganze universale,
intersubjektive Tradition.

Ich kann freilich Reduktion auf die Erscheinung vollziehen und dabei
das „Subjektive" meiner Perspektive, Orientierung usw. herausstellen.
Aber genau genommen verdankt „meine" ganz subjektiv verstandene
Erscheinung ihr Erscheinungsein erst der universalen Apperzeption,
die sie gerade als diese meine „Erscheinung von" bestimmt und möglich macht. Gewiß, ich kann „meinen" Standpunkt darlegen und dabei
glauben, ich ginge rein, voraussetzungslos vor, aber mein Standpunkt wird erst dadurch überhaupt ein Standpunkt, daß er von seinem
Horizont getragen wird. Die „volle Erscheinung" kann in diesem
Sinne nie von letzter Reinheit im Sinne der reinen Perzeption sein.

Erscheinung ist nur möglich durch Apperzeption, durch Geschichte.
Apperzeption ist Auffassung der Hyle. Die Forderung nach Ausschaltung der Apperzeption, die Forderung nach reiner Perzeption, ist
also im Grunde die Forderung nach dem Regressus auf die Hyle
durch den Abbau der Apperzeption, wie Husserl an einer Stelle ganz
klar formuliert: „Das Erlebnis der raumweltlichen Wahrnehmung ist
Wahrnehmung des Dinges durch ‚Apperception'. Wie reduzieren wir
auf reine Perzeption, wie befreien wir uns abstraktiv von den ‚Horizonten', von den ‚Vergegenwärtigungen' als mitfungierenden? Hier zeigt
sich ein Stufenbau von apperzeptiven Funktionen, und im Abbau,
der immer neu relative Perzeption ergibt, kommen wir auf letzte
Perzeptionen, die nicht mehr apperzeptiv sind: die hyletischen Felder
und Daten".[6]

---

[6] Manuskript C 7 I, S. 12. Husserl denkt hierbei an eine neue Reduktion: die
erste war die Reduktion auf meine jetzige Weltwahrnehmung. Aber diese Weltwahrnehmung ist apperzeptiv. Daher die Notwendigkeit der zweiten Reduktion. Dieser

Die Erscheinung, die sich nicht wieder durch Erscheinungen hindurch, sondern sich absolut gibt, kann nicht die Erscheinung als Anwesenheit der Wirklichkeit sein, sondern müßte die Hyle, das vorgegenständliche Empfindungsbewußtsein sein. Damit ist im Grunde
schon klar gesagt, daß eine horizontfreie Erfassung der Erscheinung, d.h. desjenigen Bewußtseinsmoments, in dem wir erst mit Gegenständen und dann mit Welt zu tun haben, unmöglich ist. Doch unabhängig von dieser Feststellung müssen wir uns noch fragen, um
welche Hyle es sich hier handelt. Haben wir nicht gesehen, daß auch
Hyle nur „genetisch" möglich ist, daß auch in ihrer Sphäre das Gesetz
der „Assoziation" – „etwas erinnert an etwas" – herrscht, daß also

Passus zeigt übrigens, wie der Abbau als Rückgang zum Reich der unmittelbaren
Erfahrung nicht nur den Rückgang auf die Lebenswelt durch Absehen von den
Idealisierungen der positiven Wissenschaften bedeutet, wie Husserl ihn in *Erfahrung
und Urteil* und in der *Krisis* vornehmlich charakterisiert. Vgl. z.B. § 10 von *Erfahrung und Urteil:* „Der Rückgang auf die Evidenz der Erfahrung als Rückgang auf
die Lebenswelt. Abbau der die Lebenswelt verhüllenden Idealisierungen". Der
Abbau der apperzeptiven Horizonte betrifft prinzipiell und ganz allgemein jegliche Objektivierung, sowohl die der Wissenschaften wie die des vorwissenschaftlichen „gesunden Menschenverstandes"; das zu beseitigende „Ideenkleid" der
Wissenschaften ist nur ein Teilmoment innerhalb der objektivierenden Apperzeption, die Wissenschaft ist ein Erwerb unter anderen. Vgl. *Krisis* S. 136: „Also jedenfalls muß für die Aufklärung dieser [scil. der objektiven Wissenschaft der Neuzeit]
wie aller sonstigen Erwerbe zuerst die konkrete Lebenswelt in Betracht gezogen
werden . . ." und ganz klar die Fußnote auf S. 141, in der Husserl Wissenschaft als
„eine besondere Art von Zwecktätigkeiten und zweckmäßigen Leistungen" betrachtet, einen besonderen „Beruf" neben anderen Berufsarten oder „Interessen".
„Das alles", sagt er dort, „sind, menschlich betrachtet, Besonderheiten menschlichen Lebens und menschlicher Habitualitäten, und das alles liegt im universalen
Rahmen der Lebenswelt, in die alle Leistungen einströmen . . . Selbstverständlich erfordert das neue theoretische Interesse an der universalen Lebenswelt selbst
in ihrer eigenen Seinsweise eine gewisse Epoché hinsichtlich *aller dieser Interessen.* . ." (von mir hervorgehoben). Wenn Husserl in § 44 diese Epoché realisiert,
dann werden durch sie sowohl die Wahrheiten an sich der objektiven Wissenschaften wie die Situationswahrheiten des handelnden-praktischen Lebens ausgeschaltet.
Auch S. 178: „Unsere Epoché (die die jetzige Thematik [nämlich die der Lebens-
welt] bestimmende) verschloß uns jedes natürliche Weltleben . . . Keine objektive
Wahrheit, ob in vorwissenschaftlichem ob wissenschaftlichem Sinne . . . tritt je in
unserem Kreis der Wissenschaftlichkeit". Die grundlegende philosophische Bedeutung der Lebenswelt entzieht sich, wie wir schon andeuteten (vgl. oben S. 12),
dem festen Schema Lebenswelt – objektive Welt der Wissenschaften, obwohl
Husserl vor allem in *Erfahrung und Urteil* und in der *Krisis* Objektivierung primär
als Mathematisierung, Logifizierung versteht. Aber nicht minder entscheidend ist
für ihn, daß die Wahrheit des Markthändlers oder des Schusters eine Objektivierung des subjektiv-lebensweltlichen Anblicks ist. In ihr vor allem manifestiert sich
die „Macht des common sense" (*Krisis*, S. 183), die den Antipoden der Lebenswelt
darstellt.

auch sie Geschichte, nämlich in der Weise der vorgegenständlichen
Ad-perzeption ist? Wie kann ich sie zum thematischen Objekt einer immanenten Wahrnehmung ohne Ad-perzeption machen? Um über etwas Aussagen machen zu können, muß ich es mir gegenüber, vor
meinem betrachtenden Blick festhalten, es objektivieren, muß ich,
bildlich gesprochen, den lebendigen Fluß der Erlebnisse zum Stehen
bringen, Identifikation, Einheit herstellen. Mache ich die Hyle in der
immanenten Wahrnehmung zum Thema, so erlebe ich sie nicht
mehr, sondern ich objektiviere sie. Und auch wenn ich dabei abstraktiv die apperzipierende Funktion des Bewußtseins beiseite lasse und
Hyle rein als Hyle, d.h. etwa den Klang, die Farben, noch nicht als
„Farben von konkreten Dingen" aufgefaßt[7] betrachte, so werde ich
doch diese Hyle, weil sie schon vor der Auffassung Produkt einer genetischen Synthesis ist, nur genetisch (ad-perzeptiv) beschreiben können.
Die hyletischen Felder und Daten sind genauso „apperzeptiv" wie die
raumweltliche Wahrnehmung des Dinges, nur daß die Apperzeption
hier „vorgegenständlicher" Natur ist. Obwohl die Hyle hier noch nicht
vom Bewußtsein auf einen Gegenstand hin transzendiert wird, kann
sie uns keine adäquate Gegebenheit verschaffen. Will ich nun aber
über die Hyle in ihrer darstellenden Funktion als „Abschattung von",
„Darstellung von" aussagen, will ich sie als wirklichkeitsvorgebendes
Bewußtsein betrachten, so muß ich sie zur Erscheinung werden lassen.
Im selben Augenblick aber habe ich notwendigerweise genetisch-
weltlich apperzipiert, die Geschichte – die Welt – herangetragen und
d.h. die absolute Voraussetzungslosigkeit zerstört.

Der Abbau der Apperzeption ergibt immer neue „relative Perzeptionen". Wo kann ich in diesem Abbau, regressus haltmachen und
eine nicht mehr „relative" Perzeption finden, d.h. eine solche, die sich
nicht mehr durch Apperzeption, Horizont, Genesis, durch andere
Erscheinungen zeigt, sondern „selbst durch sich selbst"? „Wie befreien wir uns von den Horizonten, von den Vergegenwärtigungen",
um eine Grenze zwischen „geradehin" Wahrnehmen und reiner Reflexion ziehen zu können? Denn nur wenn wir eine solche Grenze gezogen haben, d.h. wenn wir mit einer *reinen* Erfahrung anfangen
können, können wir sagen, daß wir die Natürlichkeit hinter uns gelassen haben. Einige Seiten nach dem oben angeführten Zitat von C 7 I
schreibt Husserl: „In der Natürlichkeit vollziehe ich immerfort
Wahrnehmungen, Erinnerungen, . . . als Akte, als neue Meinungen,

---

[7] *Erfahrung und Urteil*, S. 75.

Geltungen aufgrund der alten Geltungen. Welt ist immerzu vorgegeben, alle Wahrnehmungen, in denen alle sonstigen Geltungen wurzeln,
sind ad-percipiert; all dergleichen klammere ich ein. Ich lasse ausschließlich Selbstgeschautes unter Ausschluß aller Mitgeltungen zur
Geltung kommen. Ich fange mit einer reinen Schau, einer reinen adäquaten Wahrnehmung an und gewinne durch sie neue ursprüngliche
Apperceptionen, die ich mir selbst als transcendentales Ich erwerbe
und erworben habe; ich begründe für mich ein neues Leben – ... ein
Leben in ,transcendentaler Apperception' unter ständiger systematischer Ausbildung transcendentaler Apperceptionen, ... die das phäno-
menologisierende Ich von der reinen Schau aus ständig neu erwirbt".[8]
Die Möglichkeit der ,,transcendentalen Apperception" liegt in der
Möglichkeit der ,,reinen" Schau, der adäquaten Wahrnehmung und
das heißt der Erfassung der rein perzipierten Erscheinung. Perzeption
ohne Ad-perzeption ist aber unmöglich, ist auf keiner der durch den
,,Abbau" freigelegten Stufen zu verwirklichen. Der Abbau wird nur
eine immer schon apperzipierte Wirklichkeit erreichen; das ,,neue
Leben", das ich mir durch Ausklammerung der Apperzeption verschaffen will, wird jeweils zurückweichen, es kann nur Telos sein, es
bleibt mir ewig unerreichbar. Mit anderen Worten: die Unterscheidung zwischen ,, ,wirklich selbstgegeben' einerseits und ,antizipiert'
oder retentional ,noch im Griff' oder ,als ich-fremd appräsentiert' andererseits"[9], mit der Husserl die falsche Verabsolutierung der Wahrheit vernichten und diese in ihren ,,Horizonten" erfassen will, erweist
sich als eine e n d l o s e, unerfüllbare, ja unmögliche Aufgabe; denn in
jenes ,,wirklich Selbstgegebene", wenn ich es nicht nur formell nennen,
sondern objektiv, d.h. als Aspekt der Wirklichkeit, bestimmen will,
wird sich das ,,bloß Antizipierte", die Apperzeption, notwendigerweise
miteinmischen als das, was jenen selbstgegebenen Aspekt überhaupt
Aspekt sein läßt. Die Konstitution der reinen Wissenschaft als Negation der negativen Skepsis scheint ein zum Scheitern verurteiltes Unter-
fangen.

b. Kritik der immanenten Wahrnehmung

Durch die Apperzeption sind wir über die Aspekte hinaus auf Gegenständliches gerichtet. Wir können aber jeweils vom Ganzen auf
seine Teile, Seiten zurückkommen, die in einer vorangegangenen

---

[8] Manuskript C 7 I, S. 29/30.
[9] *Formale und transzendentale Logik*, S. 246; oben S. 175.

Wahrnehmung noch als die immanent-subjektiven Mannigfaltigkeiten, als die „Erscheinungen" fungierten.[10] Vom Gegenstand auf
seine Erscheinungsweisen als Aspekte des Gegenstandes zurückkommen, die Korrelation zum Thema machen, heißt Reflexion üben.
Aber Gegenstand-Gegebenheitsweise sind, wie wir sahen, korrelative
und damit relative Begriffe: was vorhin „Gegebenheitsweise" hieß,
„übersprungene Erscheinung", kann jetzt Gegenstandspol, Aktthema
heißen und sein.

Wir können also zwar jederzeit jeweils Reflexion üben. Aber in
diesem Reflexionsakt werden wir doch immer wieder einen Objektpol
haben, der sich wie alle Objektpole durch Mannigfaltigkeiten hindurch zeigen wird; immer werden wir jeweils ad-perzipierte Hyle zum
Gegenüber haben. Ebenso wie die Begriffe Gegenstand-Gegebenheitsweise ist „Reflexion", d.h. der Akt, durch den ich jene Korrelation
erfassen kann, auch nur ein relativer Begriff; sie bringt uns zwar die
subjektiven Mannigfaltigkeiten, in denen sich die Dinge darstellen, vor
den Blick, aber sie zeigt uns diese Mannigfaltigkeiten, wenn wir ihren
Charakter als Erscheinungs-Aspekte der Wirklichkeit aufrechterhalten
wollen, nur als aufgefaßte Hyle. Die phänomenologische Reflexion
schwankt somit in ihren Fundamenten.

Im § 24 sahen wir mit Husserl den Grundcharakter der immanenten
Wahrnehmung darin, daß ihr, weil sie immanent ist, die Spannung
zwischen Objektivem und den es darstellenden subjektiven Erscheinungen fehlt und ihr darum eine unmittelbare Erfassung des Gegebenen
möglich ist. Nun räumt Husserl selbst eine gewisse Unvollkommenheit
der reinen oder immanenten Wahrnehmung ein. In den *Ideen I* z.B.
unterscheidet Husserl zwischen der Unvollständigkeit bzw. Unvollkommenheit der Dingwahrnehmung und der Unvollkommenheit der
Wahrnehmung von einem Erlebnis. „Aber", sagt Husserl, „d i e s e Unvollständigkeit bzw. ‚Unvollkommenheit', die zum Wesen der Erleb-
niswahrnehmung, ist eine prinzipiell andere als diejenige, welche im
Wesen der ‚transzendenten' Wahrnehmung liegt, der Wahrnehmung
durch abschattende Darstellung, durch so etwas wie Erscheinung".[11]

Wenn sich aber die Erscheinung als Aspekt und d.h. als Anwesenheit der Wirklichkeit nur durch die immer noch mitfungierende Apperzeption erfassen läßt, wenn der regressus zur reinen Perzeption nicht
einmal bei der Hyle-Empfindung als assoziativ-genetischem Struktur-

---

[10] Vgl. oben S. 142ff.
[11] *Ideen I*, S. 103.

moment haltmachen kann, so läßt sich der „prinzipielle" Unterschied zwischen Erfassung von Transzendentem und Erfassung von Immanentem als Gebung der Wirklichkeit, wie Husserl in den *Ideen I* behauptet, nicht mehr aufrechterhalten.

Die Unvollständigkeit der Erfassung des Erlebnisses im fraglichen Zusammenhang besteht darin, daß wir ein Erlebnis erlebend es nicht zugleich zum Objekt der immanenten Wahrnehmung machen können, sondern immer nur nachträglich; wenn die immanente Wahrnehmung ansetzt, so ist das lebendige Erlebnis schon abgeflossen, wir haben es in der Form der Retention und können ihm nur „gleichsam nachschwimmen"; eine „vollständig ‚mitschwimmende' Wahrnehmungserfassung (ist) unmöglich".[12] Die Unvollständigkeit ist also durch die *zeitliche* Struktur des immanenten Bewußtseinsflusses gegeben.

Nun ist aber die Unvollkommenheit der „äußeren" Wahrnehmung von eben derselben Art: einen Gegenstand nur durch „Abschattung" haben können, heißt, wie ausgeführt, nur eine Seite, einen Teil von ihm wirklich erfahren, wobei aber die als Hyle fungierende Seite aufgefaßt, apperzipiert wird als der wahrgenommene Gegenstand selbst. Apperzeption ist nur möglich durch die Antizipation des Nicht-selbst-Gegebenen; diese Antizipation kann die Erfahrung allein aufgrund dessen vollziehen, was sie schon als erworbene, sedimentierte Geschichte besitzt. Geschichte hat die Subjektivität wiederum, weil sie durch die Retention die vorangegangenen Phasen ihres Lebens fortwährend in näherer oder fernerer Distanz bewußt haben kann.

Die „Darstellung" oder „Abschattung" des Objektiven ist die zeitliche Unvollkommenheit eines Bewußtseins, das die Einheit seines Lebens der Retention verdankt. Auch in der „äußeren Erfahrung" müssen wir dem Gegenstand nachschwimmen; auch hier ist eine mitschwimmende Erfassung seiner unmöglich; nur durch die Retention, durch die wir uns die verdeckten Seiten vorgegenständlich und unthematisch vergegenwärtigen, kann er für uns da sein.

Die Unvollkommenheit der Erfassung ist in beiden Fällen retentionaler Art. Aber im Grunde heißt das: in beiden Fällen haben wir es mit Erscheinung zu tun, in der äußeren Wahrnehmung, weil wir *wirklich* nur einen Aspekt – Seite, Teil – des Gegenstandes sehen, in der inneren, weil wir diesen Aspekt wieder explizit sehen wollen. Ebenso wie sich die Unterscheidung von Gegebenheitsweise und Gegenstand

[12] ebda.

als relativ und fließend erwies, so relativiert sich also auch die Rede
von zwei Erfassungsarten, nämlich äußerer und innerer: immer werde
ich Erlebnis als Erscheinung im Sinne des Aspektes von der Welt nur
durch Apperzeption vor meinen erfassenden Blick bringen können;
die Grenze zwischen äußerer und innerer Wahrnehmung ist fließend.
Weil die Erscheinung im lebendigen Vollzug der Erfahrung die bewußtseinsmäßige Verfassung des Übergangenen, aber apperzeptiv
Thematisierbaren aufweist, darum bin ich auch für meine Reflexion
auf sie an diese Verfassung gebunden. Die fließende Grenze
zwischen innerer und äußerer Wahrnehmung verschiebt
sich damit ins Unendliche, und das besagt für die konkrete Erfahrung, daß in letzter Instanz keine „innere", „immanente" Erfahrung oder Wahrnehmung, keine Reflexion möglich ist, die durchaus
verschieden wäre von einer äußeren, nach außen, auf die Welt, die
Gegenstände gerichteten Wahrnehmung. Da auch die Reflexion ihren
Gegenstand – das Erlebnis – nur apperzeptiv in den Griff bekommen
kann, ist auch sie „äußere" Wahrnehmung. Die Weltwahrnehmung
– weil sie prinzipiell nur mit einem Aspekt zu tun hat, welcher als
solcher bloß rein subjektives Erlebnis ist, das durch die Apperzeption
und das heißt durch Rück- oder Vorgriffe (Erinnerungen, Erwartun-
gen) zum Gegenstand gemacht wird – ist im Grunde eine Reflexion.
Reflexion und äußere Wahrnehmung unterscheiden sich nicht in
ihrem Wesen, sondern nur durch ihren jeweiligen Gegenstand; in
beiden Fällen findet der Vollzug in derselben Sphäre statt, haben wir
mit etwas zu tun, das nicht selbst das Erlebnis ist, durch das wir es
haben.

c. Das Versagen der Phänomenologie vor ihrem Programm

Der Abbau der Apperzeption kann also weder bei der Erscheinung
als Aspekt-Anwesenheit der Wirklichkeit noch auch beim Feld der
sinnlichen vorgegenständlichen Empfindungsdaten, der Materie, haltmachen, sondern er muß noch tiefer hinabsteigen, um den Ort zu
finden, an dem er sich von jeglicher Apperzeption und d.h. Geschichte
befreien kann.

Hinter der Wahrnehmung und Empfindung als differenzierter, ak-
tiver bzw. passiver Habe der Welt steht, wie wir gezeigt haben, die absolute zeitlose Subjektivität als Anfang der Differenzierung, der Geschichte.

Die Besinnung zur Letztverantwortung, die durch die Befreiung von den geschichtlichen Horizonten einen apodiktischen Boden schaffen will, kann diesen Boden nur in dieser vom regressus her letzten Subjektivität erlangen. Erst hier findet sie reine Interesselosigkeit, völlige Entweltlichung. Die Einklammerung jeglicher Apperzeption, d.h. die Etablierung des absolut uninteressierten Selbstzuschauers kann nichts mehr behalten als den absoluten Fluß der transzendentalen Subjektivität, für deren Bezeichnung bzw. die Bezeichnung ihrer absoluten Eigenschaften „uns die Namen (fehlen)",[13] die demnach unfaßbar ist. Mit anderen Worten, bei der urkonstituierenden Subjektivität angelangt, hat die Besinnung alles Nennbare, Aussagbare auf dem Weg des regressus hinter sich gelassen. Die Wirklichkeit – die nur durch Geschichte (Apperzeption) da sein kann, ist ihr entschwunden. Das Urego, das keine Geschichte hat, hat keine Welt mehr. In dem Ort der urfungierenden Subjektivität gibt es nichts.

Alles, was ist, ist, indem es für das Bewußtsein ist. Für das Bewußtsein sein, heißt, genetisch-apperzeptiv sein. Das Ich, das sich selber apperzeptionslos zuschaut, schaut seinem Nichtsein zu; es kann sich nur als Nichts, als Negation, Abwesenheit von jeglicher Wirklichkeit erfahren. Aber das heißt im Grunde: es kann nichts erfahren. Die absolute Erscheinung, diejenige also, die sich selbst durch sich selbst und nicht wieder durch Erscheinungen, d.h. apperzeptiv gibt, ist selbst die absolute Subjektivität in diesem ihrem Nichts-sein. Die absolute Erscheinung ist völlig inhaltslos.

Das, was seine Existenz aus sich selbst schöpft, indem es nicht für ein anderes, sondern für sich selbst ist, das, worauf alles andere seinsmäßig angewiesen ist, was *nulla re indiget ad existendum*, was also in höchster Weise seiend ist, die höchste Dignität des Seins hat, das ist zugleich und eben deshalb nichts – aber das heißt: Es ist kein Seiendes, das sich als solches hätte genetisch-geschichtlich und d.h. für die Subjektivität konstituieren müssen. Es ist Sein und nicht Seiendes, und darum selbst unfaßbar.[14]

[13] *Zur Phänomenologie des inneren Zeitbewußtseins*, S. 75.
[14] Aufgrund dieser Einsicht dürfen die von uns hier gebrauchten Termini: Nichts, Negation, Abwesenheit usw. nicht wieder so verstanden werden, als ob damit irgendein Inhalt, irgendeine apperzeptive Bestimmung ausgedrückt werden sollte, sondern sie müssen wörtlich verstanden werden als Kennzeichen der Prädikatslosigkeit. Die Aussage über das Ich als Nichts soll zugleich die Idee der Unsagbarkeit vermitteln. Über das Nichtsein des Ich vgl. K. Held, *Lebendige Gegenwart*, S. 125 und die dort gegebenen Verweise auf die Behandlung dieses Problems in der übrigen Husserl-Literatur.

Ich kann apodiktisch sagen: ich bin. Wie kann ich das bezweifeln? Der Zweifelsversuch ist die Bestätigung meines Seins. Mein Sein und das Sein meiner in der lebendigen Gegenwart sich vollziehenden Erlebnisse ist mir apodiktisch gegeben; will ich daran zweifeln, so kann ich das nur durch ein Zweifelserlebnis tun, das mir in Apodiktizität bestätigen würde, daß ich erlebe. „Ich bin ein absolut undurchstreichbares Faktum".[15] Ich bin, ich erlebe; ich erfahre Dinge, Personen, Werte, Zahlen; ich habe auf diese Weise eine Welt, meine jeweilige Lebenswelt, Umwelt; ich verschaffe mir sogar durch meine Erfahrungen diese Welt, aber ich verschaffe sie mir genetisch-geschichtlich durch apperzeptive Differenzierung. Will ich diese Welt thematisieren, die bloß subjektiv-relative, so muß ich notwendigerweise die Apperzeptionen ins Spiel setzen und dann bin ich kein „uninteressierter Selbstzuschauer" mehr.

Welt ist keine natürliche Vorgegebenheit, sondern immer schon Geschichte des absolut Einzelnen. Die Erlebnisse sind reine Erlebnisse, weil sie Welt nicht voraussetzen, sondern welt-, seinsstiftend sind. Aber dies sind sie durch die seins- und sinnstiftende Intentionalität – durch Ad-perzeption, Geschichte. Gerade weil sie in diesem Sinne „Bewußtsein von" sind, ist es unmöglich, sie in einer anderen, „geschichtslosen" Reinheit zu erreichen.

Die natürlich-vorphänomenologische wird zur phänomenologisch-geschichtlichen Welt. Ist jeder Aspekt – das Aussehende als so Aussehendes – nur durch seinen Horizont möglich, wird Geschichte immer notwendig da sein müssen. Klammere ich Geschichte (Apperzeption) ein, dann verliere ich die Wirklichkeit. Wir geben uns eine Welt und von dieser Welt können wir nicht mehr los, auch nicht in der Reflexion. Gehört die Welt genetisch zur Konkretion der transzendentalen Subjektivität, so muß diese, wenn sie sich besinnt, mit dieser Tatsache unumgänglich rechnen.

Der transzendental-genetische Idealismus als Einsicht in die letztwahre Wirklichkeit bringt den sich Besinnenden durchaus um die Möglichkeit, beim Versuch, eine letztbegründete Wissenschaft des wirklich Seienden aufzubauen, einen Standort außerhalb der Zeit, d.h. der immanent-geschichtlichen Zeit einzunehmen. Es ist das Scheitern einer absoluten Reflexion, die in ihrem Vollzug die Wirklichkeit behalten und sie voraussetzungslos beschreiben will.

Die Erfassung der reinen – horizontfreien – Phänomene sollte die

---

[15] Manuskript B I 22 I, S. 15.

reine Phänomenologie sein. Diese Erfassung sollte als Wissenschaft durch den Vollzug der Reduktion methodisch gesichert werden. Die Suche der Möglichkeit dieser Reduktion ist die philosophische Besinnung, aber diese – der transzendental-genetische Idealismus – führt zur Erkenntnis der Unmöglichkeit des apperzeptionslosen Seins bzw. Erkennens des Phänomens. Die reine Phänomenologie wird von der Philosophie, durch die sie begründet werden sollte, zugrunde gerichtet. Damit stehen wir vor einem Versagen der phänomenologischen Reduktion als Methode einer reinen Wissenschaft, die die Konstitution eines jeglichen Seienden im transzendentalen Zusammenhang voraussetzungslos beschreiben wollte.[16]

§ 34. DIE TRANSZENDENTALE SKEPSIS

Wir haben die Epoché und Reduktion als die Folge des transzendental-genetischen Idealismus erweisen wollen. Dieser Idealismus erweist jede Realität als eine sich apperzeptiv-genetisch konstituierende Einheit im Fluß der absoluten Subjektivität. Das ist die Seinsverfassung des Seienden, und dieser Verfassung muß die Erkenntnis Rechnung tragen, soll sie wahr sein. Die reine Phänomenologie, wenn sie sich als Wissenschaft von der erfahrenen Wirklichkeit konstituieren will, kann von den apperzeptiven Horizonten nie absehen, von der in jedem für den Menschen Seienden und zuoberst in der Welt sedimentierten Geschichte und Tradition. Oder allgemeiner: jede Wissenschaft, die man unter Anwendung der Reduktion aufbauen will, kann unmöglich von den Erkenntnissen absehen, die die Besinnung, die der Vorbereitung des Vollzuges dieser Reduktion diente, zutage gefördert hat. Haupteinsicht oder -ergebnis ist die genetische Struktur der Wirklichkeit.

Daß Husserl selbst, zumindest am Ende seines Denkweges, von

---

[16] Das ist die Antwort, die wir durch den Aufbau des transzendentalgenetischen Idealismus auf die Frage geben, die Husserl sich selbst stellt und die wir als Motto vor die Einleitung stellten: „Aber ist das Urimpressionale nicht schon apperceptive Einheit, ein Noematisches vom Ich her, und führt die Rückfrage nicht immer wieder auf apperceptive Einheit?" (vgl. oben S. 1). Damit ist zugleich auch unsere Lösung des Problems der „Kritik der Kritik" gegeben, das wir als die Frage nach der Möglichkeit der apodiktischen Erfassung des Selbstgegebenen, der Erscheinung, d.h. als das Problem der Reduktion als der „Beschränkung auf die Sphäre der reinen Selbstgegebenheiten . . . der reinen Evidenz" (Die *Idee der Phänomenologie*, S. 61, oben S. 6/7), durch welche Reduktion sich nach Husserl die Philosophie konstituieren soll, bestimmt hatten.

dieser grundlegenden Einsicht durchdrungen war, bezeugen seine
letzten Arbeiten. In seiner Abhandlung „Vom Ursprung der Geometrie"[17] z.B. geht er in streng erkenntnistheoretischer Meditation auf die
„inner-historische"[18] Entwicklung jener Wissenschaft ein. Diese
„innere Historie" ist nicht die „Tatsachenhistorie",[19] nicht die
„philologisch-historische Frage"[20] nach den ersten Geometern, sondern spielt sich im Apriori der genetisch (historisch) konstituierenden
Subjektivität oder Vernunft ab. Aber was Husserl in dieser Arbeit
darstellt, ist im Grunde nichts anderes als eine Veranschauli-
chung des genetischen Charakters eines jeglichen für den Menschen
Seienden: „Die sozusagen fertige Geometrie, von der die Rückfrage
ausgeht, ist eine Tradition . . .".[21] „Unsere aus Tradition vorliegende
Geometrie . . . verstehen wir als einen Gesamterwerb geistiger Leistungen . . .".[22] „. . . Offenbar muß die Geometrie . . . geworden sein
aus einem ersten Erwerben . . .".[23] Der erste Erwerb ist die Einsicht
in die Möglichkeit, die vorwissenschaftliche Umwelt der Dinge als
Material für „Idealisierungen"[24] zu gebrauchen, und d.h. für Flächen,
Punkte, Linien, die unbedingt allgemein als apodiktische Invariante
gelten. Die Sprache als Mittel der Kommunikation und schriftlichen
Fixierung der gewonnenen Erkenntnisse sichert dann diese Erwerbungen und ermöglicht den Nachkommen die Reaktivierung der
ursprünglichen Einsichten.

Diese erkenntnistheoretische Besinnung als „historische Enthüllung"[25] hat nach Husserl die traditionelle Erkenntnistheorie nicht vollziehen können, weil sie noch immer eine Trennung zwischen „erkennt-
nistheoretischem und genetischem Ursprung"[26] machte. Die Erkenntnistheorie ist aber eine „eigentümlich historische Aufgabe",[27] ist
genetisch-historische Suche der Erwerbungen und Ursprünge, Enthüllung der Geschichte des jeweils Seienden; denn Geschichte ist
„von vornherein nichts anderes als die lebendige Bewegung des Mit-

---

[17] *Krisis*, Beilage III, S. 365ff.
[18] a.a.O., S. 386.
[19] ebda.
[20] a.a.O., S. 366.
[21] ebda.
[22] a.a.O., S. 366/367.
[23] a.a.O., S. 367.
[24] a.a.O., S. 383.
[25] a.a.O., S. 379.
[26] ebda.
[27] ebda.

einander und Ineinander von ursprünglicher Sinnbildung und Sinn-
sedimentierung".[28] Die Geschichte tritt so in die Herzmitte der transzendentalen Betrachtung. Aber Husserl will, wie gesagt, die „innere
Geschichtlichkeit", das Apriori der Geschichtlichkeit für die Forschung geltend machen, nicht die empirische Geschichte: „Die historische Welt ist freilich zunächst vorgegeben als gesellschaftlich-ge-
schichtliche Welt. Aber geschichtlich ist sie nur durch die innere Geschichtlichkeit jeder Einzelnen . . .".[29] Bei aller „historischen Enthüllung", Erschließung der Tradition, soll doch keine „gewöhnliche Tatsachenhistorie", kein „Historismus" betrieben werden. Das eigentliche
Problem ist das „innerhistorische",[30] das „erkenntnistheoretische".[31]

Aber diese Husserlsche Unterscheidung zwischen der empirischen
Tatsachenhistorie und der Geschichtlichkeit oder „inneren Historie"
darf wiederum nicht mißverstanden werden; es kann sich nicht um
zwei Sachen handeln, die irgendwie neben- oder nacheinander verlaufen. Die Tatsachengeschichte ist die Geschichtlichkeit – transzendental, vernunftteleologisch gedacht; die historische Welt ist die
inner-historische Welt selbst, als sich in der transzendentalen Subjektivität machende. Damit ist Folgendes gesagt: Jede Realität und die
Welt im Ganzen hat eine Geschichte, einen Anfang der Tradition;
diese Geschichte kann, wenn man erkenntnistheoretischen Motivationen nicht folgt, einfach als die positiv-empirische oder weltliche
Historie beschrieben werden – als das Werden durch die „tatsäch-
lichen" Jahrhunderte. Aber diese Geschichte selbst ist, indem sie für
den Menschen ist, – und wäre sie es nicht, dann wäre sie überhaupt
nicht, – Seinsstiftung dessen, was durch sie geschieht, des Werdens der
Geschehnisse. Es gibt keine „Geschichte an sich", wie auch keinen
Gegenstand und keine Welt an sich, sondern nur diejenige, die der
Mensch genetisch-transzendental macht.

Das Apriori der Geschichtlichkeit, die „innere Historie", ist nur der
formale Rahmen der transzendentalen Subjektivität; mit diesen Be-
griffen ist nur allgemein der Umstand bezeichnet, daß diese genetisch-
geschichtlich konstituierend ist, daß sie erwirbt und mit dem Erworbenen neues Seiende apperzipieren kann usw. Die Geometrie stellt
nur *ein* Beispiel eines solchen Erwerbs dar.

---

[28] a.a.O., S. 380.
[29] a.a.O., S. 381, Fußnote 1.
[30] a.a.O., S. 386.
[31] ebda.

Nun ist aber im Sinne des Programms der voraussetzungslosen, letztbegründeten Wissenschaft von der Beschäftigung mit dieser Realität wie mit jeder anderen gefordert, sie dürfe sich nur an das Phänomen, das Wahrgenommene als solches halten; die Forderung der Reinheit verlangt, „in keinem Punkt über das Wahrgenommene als solches hinauszugehen, es rein als solches, rein in seinem subjektiven Wie der Gegebenheit zu beschreiben . . .".[32] Die Unerfüllbarkeit dieser Forderung haben wir aber durchschaut, die Reinheit liegt „im Unendlichen", ist eine „unendliche Idee".

Die fertige Geometrie, von der Husserl ausgeht, ist, wie er selbst durch das Adjektiv „fertig" ausdrückt, eine Tradition. Um die Rückfrage nach ihrem letztgeschichtlichen (transzendentalen) Sinn in absoluter Reinheit – Voraussetzungslosigkeit – stellen zu können, müßte diese fertige Geometrie am Anfang der Besinnung von den apperzeptiven Horizonten der Tradition befreit und als absolute Selbstgegebenheit vor den Blick gebracht werden, damit über sie in Letztverantwortung ausgesagt werden könnte. Wollte man das aber durchführen, dann würde im selben Augenblick der Sinn „Geometrie" verloren gehen, der Gegenstand, den man beschreiben wollte; denn dieser Gegenstand „Geometrie" ist eben nur eine Einheit in und aus Apperzeption.

Anders gesagt: die Geometrie, die am Anfang der Besinnung steht, ist die tatsächlich-historische, mit dem Sinn, den ihr die positive Geschichte gegeben hat, und nur in und mit diesem Sinn, d.h. unter Be-, rücksichtigung von Horizont, Apperzeption, ist es überhaupt möglich sie zu thematisieren und dann von Flächen, Linien, Punkten zu reden. Wenn das aber die Geometrie ist, von der die Besinnung ausgeht, dann hat sich damit auch schon die „Welt" in die Reflexion eingeschlichen.

Kann ich von Ad-perzeption nie absolut absehen, so ist es mir im Grunde auch nicht gelungen, die „Natürlichkeit" endgültig zu besiegen. Sie – die natürliche Welt, die ich mir genetisch gegeben habe – verschwindet nicht, sondern bleibt im Horizont und bedingt so von vornherein alle meine Handlungen, auch diejenigen, durch die ich zur wissenschaftlich-philosophischen Reinheit, Voraussetzungslosigkeit gelangen wollte.

Hat der sich Besinnende mit der Natürlichkeit nicht fertig werden können, so hat er die Skepsis wieder nicht „ins Herz treffen"[33]

---

[32] *Phänomenologische Psychologie*, S. 159; oben S. 175.
[33] *Erste Philosophie I*, S. 57.

können; der Einblick in die genetisch-geschichtliche Verfassung der transzendentalen Subjektivität bzw. der für sie seienden Wirklichkeit, der in leidenschaftlicher Konsequenz vollzogene Rückgang der Besinnung auf die Einsamkeit des Meditierenden, der dann entdeckt, daß es keine an sich seiende Welt gibt, sondern immer nur die subjektiv-relativ erscheinende Lebenswelt – die je für mich seiende, die nicht Erscheinung von einer wahren Welt ist, sondern dieser allererst Sein verleiht –, der also entdeckt, daß sich nichts seiner Konstitution entzieht – auch nicht der Andere, auch nicht Gott, weil alles, was ist, ist, indem es für ihn ist –, dieser Rückzug hat die Skepsis im wörtlichen Sinn wahrgemacht. Sie als das Gespenst der Unvernunft ist da und droht und wird immer der Vernunft drohen.

Die Skepsis steckt in den Sätzen: alles, was ist, ist, indem ich es erfahre; die Welt ist, aber daß sie ist, ist meine Aussage usw. Soll es gelingen, die Skepsis zunichte zu machen, so müßte gezeigt werden, daß diese Aussagen keinen transzendentalphilosophischen Charakter haben, daß sie statt seinsgebend zu sein nur Erscheinungen sind, d.h., daß ihr Sein von einem seinsmäßig höher gestellten Wesen ermöglicht wurde. Aber die Beweisführung für diese Möglichkeit wäre dann immer noch „meine" Beweisführung. Um sich als objektive Beweisführung behaupten zu können, müßte sie dieses „meine" zu einem Moment ihrer selbst herabsetzen können, d.h. seine seinsgebende Kraft vernichten und es als etwas Konstituiertes erweisen. Wäre das nun aber nicht wieder nur durch Erkenntnisse, Einsichten möglich, die dann abermals „meine" Einsichten wären? Entweder gerate ich im Versuch, „aus mir" herauszukommen, in einen endlosen regressus, oder ich sehe mich als das letztkonstituierende, einzige Ich und kann die Skepsis nicht endgültig vernichten.

Ist aber die Skepsis idealiter Anfangssituation der Philosophie, d.h. der einzig echten Form wahren Lebens, so ist das „Wahrmachen" ihrer, das sie nicht vernichtet, sondern in die Reflexion aufnimmt, eben das, was Husserl will. Das Denken bedarf ihrer; da die Vernunft nur durch Aufnahme der skeptischen Denk- und Lebenshaltung zu sich selbst kommen kann, bleibt sie auf die Unvernunft angewiesen.

ABSCHLUß

Wir haben die Besinnung – Husserls Grundgedanken folgend –
ständig durchgeführt als S u c h e nach der Möglichkeit einer Methode,
die eine Wissenschaft – eine Theorie – in strenger Voraussetzungslosigkeit begründen könnte. Diese Methode als die R e d u k t i o n auf die
reinen – horizonts-, apperzeptionsfreien – Phänomene erwies sich als
unmöglich.

Und doch konnten wir im Verlaufe der Besinnung mit Husserl den
wahren ontologischen Status jeglicher Wirklichkeit aufweisen als in-
tentional-genetisches Korrelat der transzendentalen Subjektivität.
Dieser Aufweis wurde uns andererseits nur dadurch möglich, daß unsere Besinnung d u r c h   e i n e   s k e p t i s c h e   E p o c h é mit der Natürlichkeit des Lebens und hierdurch mit der an sich seienden Wirklichkeit einen Bruch vollzog und sich so auf die Erlebnisse in ihrer a b -
s o l u t e n Natur einstellen konnte. Er wurde möglich, weil die Besinnung durch die Epoché die Unweltlichkeit, die „Unnatürlichkeit"
bzw. die Transzendentalität des Bewußtseinslebens entdeckte. Das
Ende der Besinnung ist also durchaus die absolute „kopernikanische
Umwendung", wie Husserl sie wollte, ist die Einsicht in die philosophische Einsamkeit des Reflektierenden bzw. des Menschen überhaupt, der in Wirklichkeit kein Stück einer vorhandenen, fraglos vorausgesetzten Welt ist, sondern ihr Machender; es ist die Einsicht in die
F r e i h e i t des Menschen. Diese Einsicht ist die Krönung der Besinnung; sie ist der Ort, an dem die skeptisch-methodische Epoché des
Anfangs transzendentalphilosophische Dimension erreicht. Die methodische Epoché wird die Epoché s c h l e c h t h i n, die nicht um eines anderen, sondern u m   i h r e r   s e l b s t   w i l l e n vollzogen wird; die „bloß
methodische" Epoché verwandelt sich in ihre eigene Wahrheit. Hier
nimmt sie ihre echt philosophische Gestalt an, hier ist sie „metaphysische Entscheidung". Indem sie solches ist, Einsicht in die letzte
Seinsverfassung von dem, was ist, macht sie sich selbst allerdings als
Verfahren zur Begründung einer Wissenschaft, die in Reduktion auf
apperzeptionsfreie Erscheinung voraussetzungslos vorgehen würde,
unmöglich.

Wird aber gesehen, daß der Mensch nicht aufgeht im Reich des Un-
persönlich-Objektiven, sondern daß dieses Reich erst vom Menschen
sein Sein empfängt, so können wir mit Husserl von der Epoché sagen,
daß sie „. . . eine völlige personale Wandlung zu erwirken berufen ist,

die zu vergleichen wäre zunächst mit einer religiösen Umkehrung, die aber darüber hinaus die Bedeutung der größten existentiellen Wandlung in sich birgt, die der Menschheit als Menschheit aufgegeben ist."[1] Diese praktische, für Husserl vielleicht letztwahre Bedeutung der Epoché, die erst durch die theoretische Errichtung des transzendental-genetischen Idealismus hervortreten konnte, sagt uns, was wir unter positiv-dogmatischem und freiem Leben phänomenologisch zu verstehen haben.

[1] *Krisis*, S. 140.

LITERATURVERZEICHNIS

I. WERKE HUSSERLS

1. Husserliana

Edmund Husserl, *Gesammelte Werke* (Husserliana)
Aufgrund des Nachlasses veröffentlicht vom Husserl-Archiv (Louvain) unter
der Leitung von H. L. van Breda. Den Haag 1950 ff.

Bd.   I: *Cartesianische Meditationen und Pariser Vorträge.*
              Hrsg. St. Strasser Den Haag 1950.

Bd.   II: *Die Idee der Phänomenologie. Fünf Vorlesungen.*
              Hrsg. W. Biemel. Den Haag 1950 (2. A. 1958).

Bd.   III: *Ideen zu einer reinen Phänomenologie und phänomenologischen Philo-
              sophie.* Erstes Buch. *Allgemeine Einführung in die reine Phänomeno-
              logie.*
              Hrsg. W. Biemel. Den Haag 1950. (zitiert: *Ideen I*).

Bd.   IV: *Ideen zu einer reinen Phänomenologie und phänomenologischen Philo-
              sophie.* Zweites Buch. *Phänomenologische Untersuchungen zur Kon-
              stitution.*
              Hrsg. M. Biemel. Den Haag 1952. (zitiert: *Ideen II*).

Bd.   V: *Ideen zu einer reinen Phänomenologie und phänomenologischen Philo-
              sophie.* Drittes Buch. *Die Phänomenologie und die Fundamente der
              Wissenschaften.*
              Hrsg. M. Biemel. Den Haag 1952. (zitiert: *Ideen III*). Darin: Nach-
              wort zu den Ideen I, S. 138 ff. (zitiert: Nachwort, *Ideen III*).

Bd.   VI: *Die Krisis der europäischen Wissenschaften und die transzendentale
              Phänomenologie. Eine Einleitung in die phänomenologische Philosophie.*
              Hrsg. W. Biemel. Den Haag 1954. (zitiert: *Krisis*).

Bd.   VII: *Erste Philosophie* (1923/24). Erster Teil. *Kritische Ideengeschichte.*
              Hrsg. R. Boehm, Den Haag 1956 (zitiert: *Erste Philosophie I*).

Bd. VIII: *Erste Philosophie* (1923/24). Zweiter Teil. *Theorie der phänomenolo-
              gischen Reduktion.*
              Hrsg. R. Boehm. Den Haag 1959. (zitiert: *Erste Philosophie II*).

Bd.   IX: *Phänomenologische Psychologie.* (Vorlesungen Sommersemester 1925).
           Hrsg. W. Biemel. Den Haag, 1962.

Bd.   X: *Zur Phänomenologie des inneren Zeitbewußtseins* (1893–1917).
           Hrsg. R. Boehm. Den Haag, 1966.

Bd.   XI: *Analysen zur passiven Synthesis* (1918–1926).
           Hrsg. Margot Fleischer. Den Haag, 1966.

2. Außerhalb der Husserliana Veröffentlichtes

Edmund Husserl: *Logische Untersuchungen.* Halle (Saale) 1928[4]. (drei Bände).

– „Philosophie als strenge Wissenschaft", in: *Logos*, Bd. I (1910/11) S. 289 ff.
  (zitiert nach der Ausgabe von W. Szilasi in *Quellen der Philosophie*).

– *Formale und transzendentale Logik. Versuch einer Kritik der logischen Vernunft.*
  Halle (Saale) 1929.

– *Erfahrung und Urteil. Untersuchungen zur Genealogie der Logik.* Redigiert und
  herausgegeben von Ludwig Landgrebe. Hamburg 1954.

3. Unveröffentlichte Manuskripte. (Es werden nur diejenigen aufgeführt, aus denen zitiert wurde).

Ms. B I 6 I   Epoché hinsichtlich aller Traditionen.

Ms. B I 9 XIII   Weg über psychologische Reduktion.

Ms. B I 10 I   Rückfrage auf den Erfahrenden und Erkennenden als
                    solchen.

Ms. B I 14 VI   Erfahrung als Handlung führt auf einen unendlichen Re-
                    gress; wie ist ursprüngliche Erwerbung der Welt möglich?

Ms. B I 14 X   In personalistischer Einstellung Betrachtung des mensch-
                    lichen Weltbewußtseins . . . Übergang in die transzenden-
                    tale Einstellung . . .

Ms. B I 14 XIII   II. Paradoxien des Seins der Welt in der Welthabe.

Ms. B I 22 I   Evidenz des ego cogito.

Ms. B I 22 II   Evidenz – Apodiktizität.

Ms. B I 22 IV   Kritik der cartesianischen Epoché.

Ms. C 3 VI   Rückfrage zur Hyle. Hyletische Urströmung und Zeitigung.

Ms. C 7 I   Von der Epoché aus eine Reduktion auf das primordiale
                    Sein des Ego als urtümliches Strömen.

II. ANDERE SCHRIFTEN

Adorno, Th. W.: *Zur Metakritik der Erkenntnistheorie. Studien über Husserl und
die phänomenologischen Antinomien.* Stuttgart 1956.

Asemissen, H. U.: *Strukturanalytische Probleme der Wahrnehmung in der Phäno-menologie Husserls.* Köln 1957.

Biemel, W.: ,,Die entscheidenden Phasen der Entfaltung von Husserls Philoso-phie", in: *Zeitschrift für philosophische Forschung* 13 (1959), 187 ff.

Boehm, R.: *Vom Gesichtspunkt der Phänomenologie.* Den Haag 1968.

Boehm, R.: Die Phänomenologie", in: *La philosophie contemporaine.* Firenze 1969.

Cahiers de Royaumont.: Philosophie Nr. III: *Husserl.* Mit Beiträgen von Wahl, van Breda, Ingarden, Fink u.a.

Claesges, U.: *E. Husserls Theorie der Raumkonstitution.* Den Haag 1964.

Diemer, A.: *Edmund Husserl. Versuch einer systematischen Darstellung seiner Phänomenologie.* Meisenheim am Glan 1956.

Eley, L.: *Die Krise des Apriori in der transzendentalen Phänomenologie Edmund Husserls.* Den Haag 1962.

Fichte, J. G.: *Grundlage der gesamten Wissenschaftslehre.* (1794).

Fink, E.: ,,Die phänomenologische Philosophie E. Husserls in der gegenwärti-gen Kritik", in: *Kantstudien,* 38 (1933), 319 ff.

Fink, E.: ,,Operative Begriffe in Husserls Phänomenologie", in: *Zeitschrift für philosophische Forschung* 11 (1957), 231 ff.

Gadamer, H. G.: ,,Die phänomenologische Bewegung", in: *Philosophische Rundschau* 11 (1963), 1 ff.

Gadamer, H. G.: *Wahrheit und Methode. Grundzüge einer philosophischen Her-meneutik.* Tübingen 1960.

Gurwitsch, A.: *Théorie du champ de la conscience.* Brüssel 1957.

Heidegger, M.: *Sein und Zeit.* 9. A. Tübingen 1960.

Held, K.: *Lebendige Gegenwart. Die Frage nach der Seinsweise des transzenden-talen Ich bei E. Husserl.* Den Haag 1966.

Kant, I.: *Kritik der reinen Vernunft.* (Akademie-Ausgabe)

Kern, I.: *Husserl und Kant.* Eine Untersuchung über Husserls Verhältnis zu Kant und zum Neukantianismus. Den Haag 1964.

Landgrebe, L.: *Der Weg der Phänomenologie.* Gütersloh 1963. Darin vor allem: ,,Husserls Abschied vom Cartesianismus", S. 163 ff.

Landgrebe, L.: ,,Das Methodenproblem der transzendentalen Wissenschaft vom lebensweltlichen Apriori", in: *Phänomenologie und Geschichte.* Gütersloh 1967.

Merleau-Ponty, M.: *Phénoménologie de la perception.* 18. A. Paris 1945. Auch deutsch in der Übersetzung von R. Boehm unter dem Titel: *Phänomenologie der Wahrnehmung.* Berlin 1966.

Merleau-Ponty, M.: *Signes.* Paris 1963.

Ricoeur, P.: ,,Étude sur les Méditations Cartésiennes de Husserl". *Rev. philos. Louvain*, 52 (1954), 75–109.

Ricoeur, P.: ,,Kant et Husserl". *Kantstudien*, 46 (1954–1955), 44–67.

Sartre, J. P.: *L'être et le néant*. Paris 1948, deutsch: *Das Sein und das Nichts*. Hamburg 1966.

Seebohm, Th.: *Die Bedingungen der Möglichkeit der Transzendental-Philosophie*. Bonn 1962.

Szilasi, W.: *Einführung in die Phänomenologie Edmund Husserls*. Tübingen 1959.

Tugendhat, E.: *Der Wahrheitsbegriff bei Husserl und Heidegger*. Berlin 1967.

Van Breda, H. L.: ,,Note sur réduction et authenticité d'après Husserl", in *Phénoménologie-Existence*, Paris 1953, S. 7 ff.

Van Breda, H. L.: ,,La réduction phénoménologique", in *Cahiers de Royaumont* III.